学生工作"精致化"建设理论与实践

JINGYIQIUJING ZHENYUZHISHAN

精益求精 臻于至善

王秀明 主编

华南理工大学出版社
·广州·

图书在版编目（CIP）数据

精益求精　臻于至善/王秀明主编. —广州：华南理工大学出版社，2015.4
（学生工作"精致化"建设理论与实践）
ISBN 978-7-5623-4580-0

Ⅰ.①精… Ⅱ.①王… Ⅲ.①高等学校-学生工作-研究 Ⅳ.①G645.5

中国版本图书馆 CIP 数据核字（2015）第 072263 号

精益求精　臻于至善
王秀明　主编

出 版 人：韩中伟
出版发行：华南理工大学出版社
（广州五山华南理工大学17号楼，邮编510640）
http：//www.scutpress.com.cn　E-mail：scutc13@scut.edu.cn
营销部电话：020-87113487　87111048（传真）
策划编辑：庄　严
责任编辑：周　芹
印 刷 者：广州市新怡印务有限公司
开　　本：787mm×1092mm　1/16　印张：17.75　字数：399千
版　　次：2015年4月第1版　2015年4月第1次印刷
定　　价：36.00元

版权所有　盗版必究　　印装差错　负责调换

编 委 会

顾　　问：刘　庄
主　　任：王秀明
副 主 任：宋启林　李国岳
成　　员：（按姓氏字母排序）
　　　　　蔡秋华　车志雄　陈　超　陈　亮　陈伟业
　　　　　陈学文　范宜波　甘寿国　黄海燕　韩俊梅
　　　　　胡小波　赖志成　李保平　李昌郴　刘　薇
　　　　　刘新强　刘志玲　陆文耀　庞福海　丘志君
　　　　　宋启林　宋艳坤　汪前元　温万虎　吴　斌
　　　　　吴　刚　吴文忠　徐佑荣　许丽华　曾英杰
　　　　　钟　兰　周少龙
执行编辑：弓青青　黄海生

序

精益求精　臻于至善

——对"精致化"学生工作理念的思考

"天下难事，必作于易；天下大事，必作于细。"凡大事业皆由易事、小事累积而成，细节往往决定成败。当今世界已进入精致化时代，高校也不例外，如何通过"精致化教育培养高素质人才"是当前教育工作者亟须思考的教育命题。而"精致化"的首要任务就是建设一个符合现实需要的高等教育学生工作机制和模式。因此，研究"精致化"理念的内涵和本质，认清"精致化"理念对学生工作的意义，寻求科学实施"精致化"理念的措施和方法，将"精致化"理念内化为学生工作者的行为指南，并体现在工作的每一个细节中，为我们学生工作者提供新的思路和要求，是当前学生工作理论研究的前沿，符合未来高校学生工作发展趋势。

一、"精致化"学生工作理念的内涵及本质

管理学中的"精细化"概念最早由中国台湾学者经过阐释和修正后上升为"精致化"思想引入教育领域，认为当代教育的重要目标即追求教育过程及绩效的精致化。那么，对于教育过程中非常重要的学生工作而言，精致化的内涵如何界定呢？我认为，以人为本的"精致化"理念，其"精致化"指的是在工作内容上体现针对性，在工作设计上体现科学性，在工作方法上体现艺术性，依靠以人为本的管理和服务，注重科学精神和人文精神，根据学生特点和培养目标，激发每一位学生的内在潜力、意志力和创造力，信任学生、鼓励学生，除教师引导外，更要培养学生自我教育和自我发展的主体能力，从而具备可持续的竞争优势。因此，"精致化"理念的本质即以学生成长为核心，以学生发展为根本，通过管理和服务过程与方法的精心、精细、精巧来培养高素质人才，其理念高度契合现代教育的要求。该本质也正体现了"精细化"与"精致化"的区别，即"精细化"多用于形容"事物"，"精致化"则关注有生命的"人"，涉及人的思想、心态和品格等，具有更多人文色彩。

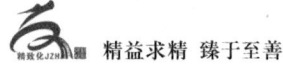

那么,"精致化"要求与传统的学生工作方式有何关系和区别呢?具体而言,传统学生工作更多体现为宏观制度管理、整体方案规划、就业需求导向和活动相对表象等特点,已不能完全符合未来教育发展的趋势,需要有一个去伪存真的过程。而"精致化"则要求学生工作必须在科学、宏观的顶层设计的基础上,高屋建瓴地从微观层面进行具体的业务设计和方法选择,深层次地关注学生思想、文化和修养,有意识、有目的地全方位打造高素质人才,精确地解决高等教育长期面临的矛盾和难题,在工作转型和建设中体现"精致化"理念,为人才培养目标的实现服务。因此,"精致化"学生工作理念的理论创新不仅仅是局部的、独立的、零散的,而是系统的、长效的、稳定的、宏观整体的工作机制和模式,是现代教育理论发展的必然,应成为我们未来学生工作的引领和导向。

二、将"精致化"理念引入学生管理与服务工作的意义

(一)精致化是现代学生管理和服务工作的必然趋势

高校学生管理与服务工作是一项系统工程,必须结合中国高等教育发展方向,准确定位学校的人才培养目标,根据学校特点制定科学的学生工作长效机制,关注和顺应学生个性特点,精心策划各项学生管理工作方案,坚持科学精神和人文精神的统一,为每位学生提供优质的服务,以促进学生全面、和谐和可持续的发展,而这正是"精致化"思维和工作方式的体现。

(二)精致化是培养新型高素质人才的时代要求

随着全球化、多元化和信息化时代的到来,学生们的思维方式、价值观念和行为方式都会有深刻的时代烙印,这使得我们的学生工作必然面临着复杂的挑战。如何管理和服务学生、如何培养学生是我们需要思考的重要问题。为此,重新审视传统学生管理的视角和思路,用精致化的理念创新工作方法,立足学生,提升学生的各种能力素质,满足学生全面、充分和科学发展的需求,使其成为社会需要的新型人才。

(三)精致化是"90后"大学生个性化的特征使然

面对"90后"大学生的个性特点,提高学生工作实效的基础和前提是首先要提高针对性,充分尊重"90后"大学生在价值观念上的差异,顺应其成长规律,实施个性化工作方案的设计,结合社会、家庭和学生等多方面因素,思其所想,供其所需,既发挥学生"自我教育"的主体作用,又充分发挥学生工作者的管理服务功能,最大程度地从学生个体发展出发开展各项工作。

三、"精致化"学生工作理念的内化与实施

正因为"精致化"理念的实践对象是"人",是学生,而学生的成长又是琐细、复杂的,因此"精致化"理念自然成为高校学生管理与服务工作的应有之义,要求每一个环节都体现一种"精致文化",逐步形成一种"广金精神",并通过各种"精致化"的具体机制、规划和措施来支撑和维系这种精神,渗透于学生管理

和服务的全过程。那么，如何落实和推进"精致化"理念，将其植入和内化到工作实践中呢？我认为，应该首先提升学生工作队伍的必备素质，全面理解和领会精致化理念的内涵和本质要求；其次根据当代学生特点对相关管理和服务进行差异化分析；最后分步骤、有重点地逐步推动各方面工作的进行。

（一）"精致化"学生工作队伍的必备素质

在"精致化"理念的实践中，学生工作队伍的素质和能力是其能够科学落实的前提和保证。我认为，在持续推进"精致化"工作的过程中，学生工作者应具备以下三种主要素养：

首先是过硬的思想政治素质，这是学生工作者综合素质的灵魂。在"精致化"理念下，学生工作者不仅是"管理者""服务者"，亦是"教育者"。所谓"身教重于言传"，只有保持自身坚定的政治信仰和良好的品德素养，才能全面而深入地掌握学生的思想、心理动态，科学引导学生理性地认识知识、认识社会、明辨是非，树立正确的世界观、人生观和健康的核心价值观。

其次是处理复杂问题的专业素养，这是"精致化"理念对学生工作者的必然要求。为适应当代大学生的特点，妥善应对和处理学生工作中各种庞杂的问题，学生工作者不仅需要具备广博的知识，如思想政治工作知识、教育与心理知识、公共关系知识和广泛的社会文化知识及一定的科技知识等，还要具备沟通与表达能力、执行与应变能力、分析与预测能力、处置与应急能力等专业素养。如此，才能主动地持续改进工作方法，设计缜密的工作流程，处理好程序化和个性化的问题。

再次是不断思考和创新的意识，这是实现"精致化"理念的必要保障。即学会借鉴国内外教育领域的先进理论和思想，在学校统一的办学理念的指导下，将其内化为自身的工作习惯，形成不同部门的工作特色和体系，结合学校及学生特点，将成功经验创造性地与实际工作相结合，从而实现更高品质的"精致化"。

（二）"精致化"学生工作理念的差异化分析

对于高校中曾发生的一些学生意外事件，我想我们应该更多思考今后的工作理念、工作方法和专业程度。因为传统的"粗放式"工作模式已不适应当代学生的特点和教育发展趋势，应适时地根据学生群体的个性化特征，选取不同维度的分类标准，将学生工作系统构建成为一个规范的、可覆盖各类学生的管理与服务网络，为学生"量身定制"具有针对性的分类指导方案。

首先，对于不同的年级，我们的学生工作应有不同的侧重点。对新生年级，相关部门应制定更规范、更合理和更精准的入学引导方案，通过入学讲座等活动使学生尽快融入广金的大家庭，尽早明确和制定大学学习生活规划；对中间年级，学生工作应体现如何实践育人，使学生素质得到全面发展；对毕业年级，则应结合学生理想及社会需求，进行就业指导和培训、制定扬帆计划等以助力起航。

其次，对具有不同特点的学生采用灵活的指导和管理方法。例如，督促各系部定期排查思想偏激、心理脆弱、经济贫困、学业困难、学籍异动、离群独居、就业困难、网络成瘾、罹患疾病和受过违纪处分的学生，重点辅导，助其健康顺利成长；针对一般的学生群体，要及时关注和解决其学习和生活中的困惑和难题，科学引导其挖掘自身潜力，历练成材；针对在某方面有突出特长的学生群体，则需要学校各相关部门及各系部为其搭建施展才华的舞台，提供更多发展机会。

再次，按照学生群体的政治属性差异，在学生工作中可将学生划分为"学生群众""学生团员"和"学生党员"等不同类型，由学校党委统一协调组织部、学生处、校团委和各系部党总支等，统一规划，协同开展思想政治创新理论和形势政策教育、入党积极分子教育、新生党员教育等多种教育工作。另外，还可以按照学生群体的兴趣差异，将学生划分为"文艺骨干""体育骨干""科研骨干""创业骨干""社团骨干""社会实践骨干"等不同类型，成立学生课外活动指导中心，搭建学生社团指导、学术科研竞赛、文体竞赛、社会实践等发展平台，开展富有成效的分类指导工作。

（三）推进"精致化"学生工作理念的具体步骤

在构建了科学、宏观的顶层设计之后，对于"精致化"理念的推行，我个人认为，可大体分为如下两步。

第一步，研讨阶段。主要由相关工作者展开"精致化"学生工作理念的大讨论，解析其理论本质、现实应用以及工作要求，总结出符合我校发展实际和特色的"精致化"内涵，形成高度共识，并深入理解、领会和丰富"精致化"理念。当然，还可以在学生中征集好的思想和创意，利用现代互联网和数字传媒与学生建立实际的沟通与交流，关注学生面临的实际困难和问题，把服务工作细化到学生学习生活的点滴，营造精致和谐的校园文化。同时，可以在校报或部门网站上开设"精致化"专题论坛，教师和学生皆可发表文章，探究其内涵、外延及践行思路，掀起一场思想风暴，促进并推动学生工作者共同思考和开展理论探索。

第二步，践行阶段。该阶段可根据第一步形成的共识，具体思考"怎样贯彻精致化"，提出符合我校人才培养目标的学生工作改革和发展策略，并在实际工作中落实"精致化"理念，使该理念成为所有工作者的自觉行动。如，学校现有学生工作管理和服务的规章制度是否需要修改、完善和充实，以形成符合当代大学生特点的、具有本校特色的管理服务体系，成为各级工作者的行为准则和责权保障，也可为学生提供行动和办事指南。同时，构建"全面参与、全面实施、全面监控"的"三全"运行机制，学生工作的各相关职能部门既相互独立，又相互配合，有分工更有协作，避免工作中互相推卸责任和管理服务死角的现象，按规行事，提高学校制度的执行力，做好制度运行中的风险防范和控制工作，将求"精"、求"致"的工作目标内化为师生的潜在意识，处处体现以人为本、细微之处见实效的"精致化"理念的精髓。

希望通过研讨能让学生工作者更多地关注学生个体，更多地注重工作的科学性和规律性，更多地强调过程、细节及绩效，更多地注重多工作部门的协调和配合，更多地从关注学生学业到关注学生深层次的思想和心灵。同时，必须避免为了"精致化"而"精致化"的机械工作倾向，有所为亦有所不为，"精致化"只是众

多工作维度中的一个维度,是一项系统工程,防止以偏概全、视野狭窄等问题出现。即学生工作者既要改变传统粗放的工作方式,又要在"精致化"理念的指导下事事力求精益求精,积极探索、开拓创新、持之以恒,围绕人才培养管理与服务工作的初衷和根本,统筹兼顾,打造富有生机和活力的本校学生管理和服务工作体系。

四、对未来"精致化"学生工作的几点建议

在多次与学生工作者的座谈中,我们发现以往工作存在两个问题,一是学生"有问题找不到人",这反映了学生工作相关部门之间责任不明晰,制度不够完善以及工作针对性不强;二是学生"找到人却解决不了问题",即制度是有的,但执行力度有限,这说明我们在工作的实效性方面有待改进。在对"精致化"的研讨中,可重点就此问题展开探索,了解学生发展的具体需求,制度设计不仅要具有现实性更要有前瞻性,进而积累丰富的专业经验。由此,提出几点建议与大家商榷。

第一,客观认识我校当前的学生工作现状。制度的完善需要在充分调研的基础上进行,因此,我们首先要对学校目前学生管理和服务工作现状进行思考和讨论,把实施高等教育质量工程与推进学生管理与服务工作的要求统一起来,将目前的工作现状与理想的"精致化"目标进行比较,以生为本、科学地从"精致化"视角出发,发扬本校现有优势、找出潜在问题、明确各种不足,进而提出加强和改进现有学生工作模式的措施和对策。

第二,提高学生工作队伍的培训质量。目前,为学生工作者提供的各类培训往往主题简单,内容上存在重复的现象,难避形式主义之嫌,这与精致化的目标要求尚存在一定差距。因此,未来学生工作队伍建设应注意建立精确定位、分门别类的培训机制,根据工作者承担的不同工作职能和所处的不同工作层次,将学生工作队伍划分为管理工作者、服务工作者、一线工作者等不同类型,开展分门别类的培训工作,提高培训的针对性和实效性。围绕激发和挖掘学生工作者的积极性和潜能,多安排互动性、体验性强的培训活动,多安排技能性强的业务培训活动,多安排传授操作方法的实践培训活动。

第三,建立及时的信息收集网络,鼓励基层创新并加强经验推广。通过政策制度的支持,在"精致化"的目标和原则下,制定合理绩效评估机制和有效的奖惩机制,鼓励系部、基层和一线工作者大胆创新、放手实践,勇于针对学生工作中存在的热点、难点问题进行深入探索,以创造性的思维、创新性的方法和前沿性的实践,提出改进对策,探寻科学有效地解决问题的方法和途径。同时,构建一个科学高效的经验挖掘和转化推广机制,及时发现、整理基层的创新工作方法,实现先进经验向决策制定部门的汇聚与集中,再加以整理、归纳和提升,逐步形成稳定长效的工作机制和具有普适意义的制度规定。并进一步通过校刊校报、研讨会、现场办公会、队伍培训等工作平台,将已经上升为"范式"的先进做法加以普及推广,以求在经验交流和知识转移的过程中实现思想的升华和再创造。这是实现"精致

化"学生工作理念的必要保证。

五、结语

"精致化"理念是一个目标，也是一种境界。它既不能急于求成，也不是无法企及，它就存在于学生日常工作的每一个细节之中。只要不断修正和改变粗放的工作方式，事事精益求精，臻于至善，精雕细琢，就可以由量变最终成就"精致化"的质的飞跃。当"精致化"被每一个学生工作者内化为一种理念时，它将不只是一种制度要求，也不仅是一种工作方法和习惯，它必将作为一种行为方式对我们的学生工作产生深远影响，"精致文化"也由此自然形成了。诚然，学生工作的"精致化"管理与服务体系是一项系统工程，涉及学校管理的诸多层面，需要我们持之以恒、不断求索、踏实践行，精心对待每一件小事和每一个工作步骤，并善于归纳总结，将成果制度化，如此，方可能打造出一所具有丰富内涵和精良品质的学校。希望通过本书（文）抛砖引玉，在"精致化"理念的研讨中闪现出更多具有理论支持、科学分析和实践论证的创造性成果，也相信学校学生工作会由此形成一个良性、可持续发展的新局面。

广东金融学院党委副书记、纪委书记　王秀明

2015 年 3 月于广州

目 录

教授视角

从精细到精致：高校职业指导的人性化探索 …………………… 吴晓义（3）
戴明环与高校学生工作精致化 ………………………………… 宋启林（9）
马克思人本思想与高校思想政治教育精致化研究 ……………… 杨　明（13）
大学生思想政治教育的精致化诉求 …………………………… 邹国振（18）
精致教学与校园文化相融通的实践探索
　　——以"公共管理学"课程教学为例 ………………… 李保平（24）
以精致化管理与服务促进学校跨越式发展
　　——从人才培养模式创新切入 ………………………… 安雪梅（30）
构建精致化高校学生工作创新体系研究
　　——以广东金融学院为例 ……………………………… 吴文忠（37）
精致化视角下优化学生管理工作的探索
　　——基于广东金融学院的实践调查证据 ……………… 吴炎太（48）
论高校学生工作精致化管理的应有之义与实施路径 …………… 江金锁（58）
学生工作精致化管理的理论思考 ……………………………… 王铁林（63）
对学生工作"精致化"建设的几点理解 ………………………… 盖翊中（69）
职业教育导向下的高校就业工作精致化探索 ………………… 李勇杰（71）

博士视角

本科毕业论文指导工作的精致化问题研究 …………………… 刘洪波（79）
"精致化理念"：让人文教育生根发芽 ………………………… 黄　灯（84）
交易费用、精致化管理与学生管理工作 ……………………… 潘光辉（87）

精致化管理与班主任工作 ……………………………………………… 吴亚豪（93）
精致化的校园文化建设任重道远
　　——以广东金融学院为例 ………………………………………… 谷向伟（98）
经济学教育中的批判性思维训练与大学生思想政治教育工作精致化……
　　………………………………………………………………………… 蓝宝江（104）

书记视角

大数据时代背景下推动精致化学生工作线上行 …… 刘新强　丘志君（111）
对大学生精致化管理问题的认识与思考 …………………… 甘寿国（117）
以创业教育为导向　加强高职生"精致化"管理的思考 …… 赖志成（120）
精致化管理的主客体确立 …………………………………… 吴　刚（124）
科学发展观视域下的高校就业思想政治教育问题与对策 …… 曾英杰（127）
"微时代"的青年分类引导工作探索
　　——基于"精致化"的理念思考 ………………………… 陈　超（134）
学生党建工作的精致化问题研究与探讨
　　——以金融系学生党建办公室视角分析 ………………… 胡小波（138）
试论诺丁斯关怀理论对高校精致化管理的启示 …………… 何承栋（144）
精致化学生工作视角下高校学生干部队伍建设的实践思考
　　……………………………………………………………… 蔡秋华（151）
运用精致化理念提升高校女生工作
　　——以处理某女生宿舍纠纷为例 ………………………… 李淑君（156）
浅析以"精致化"理念促进我校职业培训班的学风建设 ……………
　　…………………………………… 莫照宁　孙　澍　谢飞玲（160）

辅导员视角

试论高校心理健康教育的"精致化" ………………………… 彭颖淑（167）
高中发展学生党员的精致化管理研究
　　——以广东金融学院金融系学生党支部为例 …………… 黄镜秋（172）
学生工作精致化管理视野下的个性化就业指导 …………… 余汉钧（177）
国际教育学院推行精致化管理的实践探索 ………………… 林　升（182）
以"精致化"教育管理理念引领高校学生党建工作 ……… 范斯义（187）

论"精致化"就业指导体系的建立
　　——以法学专业为例 …………………………………… 肖婉娴（191）
高校学生工作以人为本的精致化理念探析 ………………… 吴　雨（197）
高校学生工作以人为本的精致化理念探析 ………………… 孔雪英（201）
高校班主任工作精致化浅议 ………………………………… 方有恒（206）
"精致化"目标下的高校学生党支部工作机制的创新与实践………
　　………………………………………………………… 周　鸣（212）
以人为本，尊重为大
　　——浅谈对"精致化"管理的理解 ………………………… 石飞鹏（220）
工商管理系2012级大学生日常精致化管理工作探索 ……… 史颖文（224）
高校中横向与纵向的精致化管理模式初探 ………………… 金俊彤（231）
"精致化"理念下浅谈当代大学生心理问题的对策研究…… 黄珍军（234）
以精致化建设引领系级特色文化建设
　　——以广东金融学院金融系为例 ………………………… 车明珍（240）
精致化管理理念下的高校贫困生资格认定工作 …………… 孙章龙（245）
精致化大学校园文化建设研究 ……………………………… 侯　嵘（249）

学生视角

大学校园文化的精致化建设思考
　　——"幸福班集体"活动经验总结 ……………………… 霍煜妍（257）
高校院系团学联组织精致化建设思考
　　——以广东金融学院公共管理系为例 …………………… 殷晓蓝（261）
以精致化建设引领高校学生工作
　　——以广东金融学院"模拟公务员大赛"为例 …………… 郑剑鸿（265）

后记 ………………………………………………………… 李国岳（269）

教授视角

清华大学老校长梅贻琦先生说的"所谓大学者,非谓有大楼之谓也,有大师之谓也"这句名言,一语道破了办学软实力的重要性。何谓软实力,对于学生工作而言,就是要培育学生工作指导理念,构筑学生工作精神高地,使学生工作人员拥有昂扬向上的进取心、干事创业的精气神、春风化雨的创造力、攻坚克难的好担当。软实力无疑是做好学生工作的内在驱动力,也是增强学生工作针对性、科学性和艺术性的关键所在。学生工作光强调硬件还远远不够,任性地抱着"大楼逻辑"一路狂奔,恐怕会让学生工作偏离方向。当前,学生工作真的需要培养一批让学生"一开始就要扣好人生扣子"的思想引领者。

从精细到精致：高校职业指导的人性化探索

吴晓义①

摘　要：高校职业指导是一项极具个性化的助人工作，不同的受助对象由于其成长环境、个性特征和发展意向的不同，对职业指导的需求也各不相同。从"精细"到"精致"既是经济社会发展对高校职业指导的客观要求，也是高校职业指导自身走向科学化、人性化的内在需要。"精致化"是主张尊重人性、尊重差异、因材施教、引发主动、整体优化、全员全程的工作理念，也是倡导精益求精、追求卓越、至善至美的工作境界。它对高校职业指导工作的基本要求是：以服务对象为中心，把满足服务对象的需要作为全部工作的出发点和落脚点。

关键词：高校；职业指导；精细化；精致化

作为学生工作的重要组成部分，我国高校职业指导工作在指导理念上大致经历了如下三个发展阶段：从季节性就业指导到粗放的职业指导；从粗放的职业指导到精细化职业指导；从精细化职业指导到精致化职业指导。目前，我国大多数高校的职业指导理念，正处在从精细化向精致化转变阶段。这一阶段的主要目标是：让职业指导工作更加人性化。

一、职业指导的功能定位

职业指导是为求职者就业、就业稳定、职业发展和用人单位合理用人，提供咨询、指导及帮助的过程[1]。在高等学校它既有为求职者就业和用人单位合理用人提供咨询、指导的服务功能，也有通过教学和辅导引导学生正确认识专业和专业学习，促进学生就业、就业稳定和职业发展的教育功能，以及通过对就业信息的调查、梳理和就业工作的总结、反思为学校的发展定位和人才培养提供合理化建议的研究功能。

但是，由于新中国成立初期我国实行的是计划经济体制，高校的职业指导工作在20世纪80年代之前基本上处于缺位状态。改革开放之后，随着大学生就业的逐步市场化，一些高校开始在学生工作中引入职业指导，指导的方式主要是毕业前的

---

① 吴晓义，男，教授，广东金融学院公共课教学部主任。研究方向：职业生涯规划与职业能力开发。

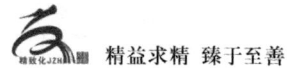

思想教育和办理就业手续中的流程指导与服务。

1995年，国家教委办公厅下发通知，要求高校开设就业指导课程。在这种背景下，就业指导课程开始进入我国部分高校的课程体系，就业指导工作也开始由专门的机构——就业处（科）具体负责。不过，从理念和内容的角度看，这时的高校职业指导工作，仍停留在帮助就业的层面。各高校重视就业结果的统计与比拼，片面追求高就业率，却忽视了学生的就业质量；大多数学校的就业指导课程选择在大三下学期开设，课程内容偏重就业流程和求职技巧，试图通过短时间的突击式教学，以达到迅速提高学生就业能力的目的。这种单一的就业指导方式虽然能够帮助学生解决一些紧迫的现实问题，但在学生个人职业生涯发展方面，却收效甚微。

进入21世纪，随着我国社会主义市场经济体制改革和教育体制改革的深化，高校的就业指导工作也从"季节性促销"的就业指导，逐步向"发展性规划"的职业指导转变[2]。自此，真正意义的职业指导才开始在我国高校得以恢复①。2005年，教育部颁发了普通高等学校《职业发展与就业指导》课程教学大纲，要求各高校不但要面向全体学生开设不少于48学时的"职业发展与就业指导"课程，而且要将职业指导工作贯穿学生四年大学生活的始终。

在教育部的高度重视和大力推动下，各省（市）的教育主管部门纷纷介入职业指导工作。在一些基础比较好的省（市），教育厅的就业指导中心不但每年定期召开"就业指导工作专题会议"，而且还成立了全省（市）的《职业发展与就业指导》教学指导委员会，有针对性地开展教学研究、教师培训、教学竞赛和教学检查等工作。各高校也相继建立了就业指导中心和就业指导教研室，开展与职业指导相关的咨询和指导、信息采集与处理、职业素质测评、职业设计和帮助实施等活动，并以不同方式开设了"职业发展与就业指导"课程。但从总体上看，这一时期的高校职业指导还比较"粗放"，大多数高校的职业指导工作都存在如下几方面问题：

一是缺乏个性化的职业指导教学。高校职业指导的主要形式是面向全体学生的职业发展与就业指导课程和职业指导讲座。"职业发展与就业指导"课程基本上采用大班授课的方式，以教师课堂讲授为主，即使有交流互动也很难深入，根本无法解决学生个体的深层次的职业选择和职业发展问题。

二是缺乏个性化的职业指导服务。高校的职业指导服务也是以面向学生群体的活动为主的，如面向全体学生的就业信息发布、校园招聘和就业手续办理等，效率虽高但却很难满足学生的个性化要求。即使是面向特殊群体开展职业指导服务，通常也是以团体辅导的方式进行，缺乏对学生个性化需求的考虑。

三是缺乏个性化的职业测评解读。为帮助学生更好地进行自我探索，许多高校都购买了职业素质测评软件，学生可免费在网上进行职业素质测评，并能获得软件

---

① 我国部分高校在民国时期就已经开展了职业指导工作，比如庄则宣教授1912年就开始在清华大学开设"职业指导"课程，并开展了相关职业指导活动。

自动生成的职业素质测评报告。这种报告虽是根据学生的测评结果给出的，但它给出的却是对一类学生的共性评价，而不是对学生个体的个性化评价。对于这种测评报告，各高校基本上都没有配备专业人员对测评报告进行解读。

上述问题的存在，无疑与高校职业指导人员的数量和资源配置有关。但从本质上看，还是因为学校负责相关工作的人对职业指导的作用和功能缺乏正确的认识。2008年笔者对我国不同地区的27所本科院校的职业指导工作进行了调查，调查统计结果显示：能够认识到职业指导教育功能的就业工作负责人仅为6.2%，能够认识到职业指导研究性功能的就业工作负责人仅为3%，大部分高校的就业工作负责人关注的还是职业指导的服务功能和学校的就业率。

二、职业指导的精细化

随着高校毕业生就业形势的日益严峻，粗放的职业指导理念已经不能满足高校学生工作的客观要求。在这种背景下，一些学校借鉴精细化管理思想，提出了精细化职业指导理念，即面向不同性格特征、不同发展特点、不同就业取向的学生群体，在普遍的、常规的共性职业指导的基础上，分门别类地开展有针对性的个性化职业引导、职业辅导和资源匹配，对学生做精细培养，提高其就业能力，促进其职业发展[3]。

精细化是20世纪50年代发源于日本的一种企业管理理念，它强调通过规则的系统化和细化，使管理各单元精确、高效、协同和持续运行。其最基本的特征是重细节、重过程、重基础、重具体、重落实、重质量、重效果，讲究专注地做好每件事，在每个细节上精益求精、力争最优[4]。精细化职业指导的倡导者，就是要将精细化管理的上述思想和作风，贯穿于高校职业指导工作的各个环节[5]。其具体要求如下。

（1）认清对象。认清对象就是要了解职业指导对象的群体特征和个体差异，搞清其对职业指导的真实需求。高校职业指导工作的主要对象是"90后"大学生和已经市场化了的用人单位。"90后"大学生从总体上讲具有追求独立、关注自我、思想开放、讲求实际和善于利用网络获取信息等特点[6]，但具体到每个学生和每个学生在不同时期对职业指导的实际需求，却又存在着较大的个体差异。至于用人单位，虽然从总体上说大学生就业市场是一个买方市场，用人单位有较大的选择权，但具体到不同的企业和不同的招聘人员，其对学校提供帮助和指导的要求也有很大差别。因此，开展职业指导工作的前提性条件，就是认清不同服务对象的不同需求，做到因人因事制宜。

（2）瞄准目标。瞄准目标就是要搞清职业指导工作的目标指向，进而有的放矢地做好职业指导工作。精细化职业指导的核心是由过去的粗放型指导向系统化指导转变，由传统的经验型指导向科学化指导转变。它不仅要求职业指导人员借助各种科学手段，对学生的职业发展状况进行评估，找出职业发展问题，分析职业发影响因素，抓住职业指导中的关键环节，从而有针对性地进行指导[7]中，而且要求职业指导人员具体问题具体分析，针对不同对象、不同要求，施以更为有效的职业指导策略，采取更加专业、细致、完善的方式与方法，为服务对象开展职业咨询与职业服务工作[8]。

（3）细化过程。细化过程就是要对规划和目标层层分解与落实，其精髓是通过对每个要素和环节的细化、量化和规范化，让整体规划能有效贯彻到每个关键点，最终形成合力将作用最大化和最优化[9]。细化过程要求高校领导、部门负责人、教师、辅导员及家长通力合作，以了解企业的具体情况和用工需求为基础，针对学生个体的个性特征、就业需求，通过梳理个人素质、个性特点、能力发展、学识技能，指导其了解社会和自我，培养其自主意识，促进其通过有目的的主动学习来储备个人能力[10]。

经过近五年的发展，精细化职业指导理念已经为众多职业指导工作者所熟知，一些高校还将其应用于职业指导实践，并取得了明显的成效。与粗放式职业指导相比，精细化职业指导无疑是一大进步。因为职业指导毕竟是一项非常个性化的工作，每一个服务对象都有其独特的个性特征和不同的职业发展需求，职业指导只有做到精细化，才有可能真正满足服务对象的需求。当然，职业指导的服务对象毕竟是人而不是物，精细化虽然能够区分服务对象的差异，细化职业指导的过程，进而提高职业指导的针对性和有效性，但它对人的非理性和复杂性却关注不足。因此，本文认为有必要借鉴"精致化"管理和"精致化"学生工作的成功经验，将"精致化"作为高校职业指导工作的指导理念和目标追求，促进高校职业指导工作迈上更高的台阶。

三、职业指导的精致化

"精致化"最早源于管理领域，通常称作"精致化管理"。台湾学者将这一概念应用到基础教育领域，提出了"精致教育"理念。后来，北京大学为了实现学生工作由"被动防御型"向"引领发展型"的根本转变，将"精致化"理念引入学生工作，形成了从管理理念、价值追求、教育内容，到管理制度、工作流程、工作方法的"精致化"学生工作模式。

本文之所以提出将"精致化"作为高校职业指导工作的指导理念和目标追求，是因为它比"精细化"更人性，因此也更符合高校职业指导工作的规律。"精致化"的核心思想是"以人为本"，它注重发挥学生个人的主体性和主动性，倡导"科学管理"与"人本管理"的融合，科学精神与人文精神的统一，主张在工作中追求卓越、精益求精。

当然，在"精细化"职业指导理念已经为各高校所接受，并在提高职业指导工作的质量方面取得了很大成绩的情况下，倡导将"精致化"作为高校职业指导工作的指导理念和目标追求，必须首先厘清"精致化"与"精细化"的区别与联系，并在实践中处理好"精致化"与"精细化"的关系。

笔者认为，"精致化"不是对"精细化"的否定，而是对"精细化"的升华。"精致化"是以尊重人性为前提的"精细化"，它不仅注重定量分析、强调绩效评估、善用先进手段、讲求工作效率，而且尊重人在指导过程中的主导地位、尊重被教育者的个体差异性、强调教育的人文效益和学校文化的育人功能。"精致化"职业指导的突出特征是：

（1）尊重差异，因材施教。"精致化"职业指导理念的本质是以学生成长为核心，以学生发展为根本。它不但强调学生的主体地位，而且尊重学生的个体差异，主张根据每一个学生不同的学科专业、不同的人格特征、不同的社会背景、不同的成长阶段和不同的发展目标，有针对性地提供深入细致的个性化职业指导。而要切实做到这一点，高校职业指导工作必须根据不同学生的特点和需要对相关工作进行差异化分析，在工作内容上体现针对性，在工作设计上体现科学性，在工作方法上体现艺术性。

（2）情理交融，引发主动。"精致化"职业指导的突出特点是将服务对象看作有血有肉有情感的人，而不仅仅是会说话的机器。它主张通过富于启发性的教学和充满真情的关心和指导，引发学生的积极性和主动性，进而实现每个学生"自由而全面的发展"。它要求以"精致化"思想为指导，以学生的发展需求和成长规律为依据，通过精心设计打造的课程、耐心细致的教学和服务、精雕细刻的环境和管理，使学生自主、健康地成长和发展。

（3）整体优化，全员全程。"精致化"职业指导正视学生成长的长期性和复杂性，它将高校职业指导工作视为一项系统工程，主张通过整合能够整合的全部教育资源，利用能够利用的一切教育手段，共同完成这一艰巨复杂的育人工作。"精致化"职业指导强调"既见树木，又见森林"，它要求职业指导工作不仅要重目标、重绩效，而且要重整合、重过程，要从人才培养的总目标出发，精益求精地设计好每一个工作环节，精耕细作地完成好每一项育人任务。

从"精细"到"精致"，既是经济社会发展对高校职业指导的客观要求，也是高校职业指导自身走向科学化、人性化的内在需要。作为一种价值追求，"精致化"并不是某种具体的模式、标准和目标，而是倡导精益求精、追求卓越、至善至美的工作境界。它对高校职业指导工作的基本要求是：以服务对象为中心，把满足服务对象的需要作为全部工作的出发点和落脚点。

参 考 文 献

[1] 劳动和社会保障部培训就业司，中国就业培训技术指导中心. 创新职业指导——新理念[M]. 北京：中国劳动社会保障出版社，2005.
[2] 乔钰，宋文敬. 面向大学生开展精细化职业指导[J]. 学理论，2013（5）：291-292.

[3] 熊义志,王丹. 彩虹计划:精细化就业引导模式的探索与实践[J]. 教育与职业,2011(12):83-85.
[4] 范爱民. 精细化管理[M]. 北京:中国纺织出版社,2005.
[5] 马家峰. 对加强大学生职业指导"精细化"工作的理性思考[J]. 湖北广播电视大学学报,2012,33(9):49-50.
[6] 尹汉萍. 90后大学生特点及思想政治教育研究对策[J]. 中国科教创新导刊,2010(17):161.
[7] 蔡立丰. 试论"精细化"理论在高校职业指导工作中的运用[J]. 湖北社会科学,2012(9):164-166.
[8] 宋杨,程煦. 试论如何开展精细化职业指导[J]. 人力资源管理,2013(12):359-360.
[9] 汪中求,吴宏彪,刘兴旺. 精细化管理[M]. 北京:新华出版社,2005.
[10] 叶媛,张豫. 高校开展"精细化"职业指导初探——结合何清儒的职业指导思想[J]. 教育教学论坛,2014(2):206-207.

戴明环与高校学生工作精致化

宋启林①

摘　要： 戴明环是世界著名质量管理专家戴明博士提出的质量管理理论，即通过计划、实施、检查、改进的不断循环，不断提高产品质量，使产品质量达到尽善尽美的程度。笔者认为，戴明环不仅适用于产品质量管理，也适用于学生工作质量管理和学生工作精致化建设。本文将戴明环引入学生工作精致化，分析和说明了戴明环在学生工作精致化中所起的作用。

关键词： 戴明环；学生工作；精致化

广东金融学院党委副书记王秀明博士借鉴北京大学等高校在大学生思想政治教育中实施精致化理念的做法，提出将精致化理念推广到整个学生工作之中。2013年2月，他在《广东金融学院报》上发表了《精于求精　臻于至善——对"精致化"学生工作理念的思考》一文。在该文中，他指出："精致化"理念的本质，一在于过程的"精"，即"精心"（尽心尽力）、"精细"（注重细节）、"精巧"（注重方法）；二在于目标和结果的"致"，即达到"极致"，也就是追求卓越；"化"就是师生的互动，是从"精"到"致"的过程。精致化的根本要求是以人为本，即"以学生为本"，其目标是把学生培养成为卓越的人，途径是人文化、科学化、艺术化的教育、管理、指导和服务。王秀明博士提出学生工作精致化理念，其根本目的在于全面提升学生工作的质量，这与管理学中的质量管理是一脉相承的。本文将PDCA（即戴明环）质量管理理论引入学生工作精致化建设之中，探讨PDCA在学生工作精致化中的作用。

一、PDCA的基本内容

PDCA是美国著名质量管理专家戴明（W. Edwards·Deming，1900—1993）提出的。PDCA是计划（Plan）、实施（Do）、检查（Check）、改进（Action，也有译为处理、矫正、修正等）的英文单词的缩写，又称为戴明环。1990年，戴明认为"研究（Study）"比"检查"更为恰当，于是将PDCA改为PDSA。不过，笔者以为，PDCA比PDSA更契合国人的思维习惯，所以，本文仍然采用PDCA的提法。

---

① 宋启林，男，教授，广东金融学院党委宣传部（党委统战部）部长。研究方向：伦理学、价值哲学。

完整的戴明环包括四个阶段八个步骤。第一阶段是计划（P），包括四个步骤：①分析现状、发现问题，②分析质量问题中的各种影响因素，③分析产生质量问题的主要原因，④针对主要原因找到解决的措施，解决措施要回答5W1H：Why（为什么要制定这个措施）、What（要达到什么目标）、Where（在何处执行）、Who（由谁负责完成）、When（何时完成）和怎样完成（How）；第二阶段是实施（D）：⑤按计划好的方案去做；第三阶段是检查（C）：⑥把执行结果与计划中要求达到的目标加以对比；第四阶段是改进，也译为处理（A）：⑦总结成功的经验，并加以标准化；⑧如没有解决或新出现的问题，启动新的PDCA加以解决。

戴明环具有如下几个特点：①大环套小环。一件事情往往不止包含一个事项，内含的每个事项都可以按照PDCA进行处理，这样就形成大环套小环的情况；事情越复杂，内含的事项越多，小环就越多，出现环环相扣的"盛况"。②循环往复、螺旋上升。戴明环不是运行一次就完结了，而是循环往复地进行。但是这种循环往复不是西西弗斯在一座陡峭的山上推石头的过程（一种无效的重复劳动），而是每经过一次循环，原有的问题得到解决，并发现新的问题，从而推动PDCA循环下去，并使产品质量得到改进。所以，戴明环是一个螺旋上升、不断进步和完善的过程。③科学方法。戴明环应用了科学的统计观念和处理方法，可作为推动工作、发现问题和解决问题的有效工具。

作为一种产品质量管理理论，戴明环理论对日本和美国都产生了难以估量的影响，戴明也被日本人尊为"品质之神"。现在我们关注的是，这样一种理论，是否适合于学生管理？是否有助于学生工作导向精致化？答案是肯定的。因为戴明环所揭示的不仅仅是产品生产质量管理的一般规律，而是一切工作质量管理的普遍规律，当然适合引入到学生工作之中。而且，如上所述，戴明环是一个引领质量螺旋上升、不断优化的过程，这与学生工作精致化所追求的卓越和"极致"是不谋而合的。

二、PDCA在学生工作精致化中的作用

PDCA包含四个阶段和八个步骤，每一个阶段和步骤对学生工作精致化都具有非常重要的作用。下面，笔者对P、D、C、A在学生工作精致化中所起的作用具体进行分析和说明。

（一）计划（Plan）

古人云：凡事预则立，不预则废。又言：谋定而后动。说的都是做事必须要有计划地进行，学生工作精致化建设当然也不例外。

在启动学生工作精致化建设活动之前，我们要从理论上解决如下问题：①为什么要开展这项活动？这里存在着"因果论（因为……所以……）"（Why）和"目的（标）论（为了……）"的回答（What）。从因果论的角度来看，之所以要开展学生工作精致化建设活动，是因为目前的学生工作还存在着一些（或诸多）不完善的地方，精致化有助于改进和完善学生工作，所以，需启动开展这项活动；从目

的（标）论的角度来看，开展精致化建设活动，可是使学生工作不断走向卓越，并藉此培养卓越的人才。②怎样开展这项活动（How）？学生工作精致化建设活动作为一个整体，包括宣传发动（引起观念转变）、理论武装（了解精致化教育的有关理论和知识）、调查研究（了解学生工作的现状）、制定措施、贯彻实施和检查改进等阶段，对每个阶段包括的事项一一分解，然后确定谁来做（Who）、什么时候开始什么时候完成（When）、需要哪些外部支持。③活动要达到什么样的标准（质量要求），以及达到要求（没有达到要求）有什么奖励（惩处）？这也是在计划阶段必须做好的，否则工作人员就不知道应该将事情做到什么程度才算达到了要求，且在检查阶段也没有标准可以遵循。

从这里可以看出，计划实际上是工作的模拟；计划做得好，工作就成功了一半。在我看来，一项好的计划至少应满足四个条件。一是目标的可欲性和可行性，二者缺一不可。可欲而不可行，意味着可望而不可即，陷入空想；可行而不可欲，工作就缺乏动力机制，陷入推而不动。二是路径清晰。从起点到终点的"逻辑"过程要清清楚楚。三是资源的合理配置。"巧妇难为无米之炊"，没有相应条件（包括人、财、物）的支持，学生工作精致化是难于推行的。四是工作好坏的可评价性。要按照做细、做深、做实、做精的要求制定科学合理的工作质量标准，便于工作结束时进行考核和评价。

（二）实施（Do）

列宁说过："一个行动比一打纲领还重要。"再美好的理想，再完美的计划，如果不去实施，都是华丽的辞藻。实施是将计划变为现实的唯一途径。

在实施阶段，执行力显得尤为重要。对个人而言，执行力取决于行动者的意愿、能力和意志力：意愿是执行的动力，能力是执行的条件，意志力是执行的保障。对团队来说，执行力取决于团队成员对团队目标的认同、团队成员的凝聚力、团队成员个人能力与目标的协同性、团队领导人的个人素质以及团队文化。好的团队是执行力得以保证的决定性条件。

对团队目标的认同是团队执行力的先决条件，没有对目标的认同，团队成员就不会"心往一处想"，也就不能"劲往一处使"。对团队目标的认同度越高，凝聚力就越强。凝聚力是团队的向心力和粘合力，缺乏凝聚力的团队就是一盘散沙；团队有了凝聚力，就有了战斗力，正所谓"团结就是力量"。团队成员个人能力与目标的协同性是指相对于团队来说，团队成员个人能力之间具有互补性和协调性，能力的集合能够提升团队的整体优势，这对实现团队目标也是极为重要的。团队领导人是团队的"领头羊"和"磁场"，以其个人能力和人格魅力将团队仅仅团结在一起，带"领"和引"导"团队成员为团队目标而奋斗。团队文化是团队的软实力，是团队价值观念之所在，是团队精神气质之体现，是实现团队目标的精神力量。

在执行力方面，效率和质量是最为重要的。效率是指是否按时完成任务和在一个单位时间内完成的任务量。质量是指所做的事情是否达到应有的要求或标准。笔者认为，效率与质量是衡量执行力的两个最重要的指标。不能按时完成任务，质量

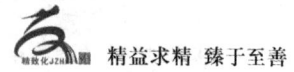

根本无从谈起；同时，虽然按时完成了任务，但不一定就有质量。工作质量包括三个层次：做完、做好、做漂亮。做完不等于有质量，做好是质量的基本要求，做漂亮（即做成精品）才算达到了精致化的要求。这要求团队领导人在下达任务时，既要有明确的时间要求，也要有明确的质量标准。

（三）检查（Check）

检查是推进和改进学生工作的重要手段，是实现学生工作精致化不可缺少的环节。这里的检查是指自我检查（自查）。在检查阶段，首先要根据学生工作的范围和内容制定一个检查清单，以免检查时出现遗漏，同时制定一个检查情况登记表，便于记载检查情况；二是根据检查清单、逐一进行检查，并认真填写检查情况登记表；三是对照工作质量评价指标体系，逐项进行甄别，明确哪些工作做好（"漂亮"）了，哪些工作还存在不足和缺陷，并做好记载。检查工作是否做得好，关键在于是否摸到了实情。此外，由于检查是自我检查，实事求是和认真仔细是自查能否取得实效的关键。实事求是就是客观地看待工作中的成绩和不足，认真仔细就是要注重检查的全面性，尤其要注意一些重要的细节问题。只有这样，才能摸到工作的实情，真正发挥检查的作用。

（四）改进（Action）

改进是实现学生工作精致化的不二法门，只有通过反复改进，才能使学生工作朝着精致化不断迈进。在改进阶段，要将学生工作中出现的好的做法和经验加以标准化和固化，使之成为日后工作的标准和样板；同时要分析工作缺陷和不足产生的原因，制定相应的措施（回到P），弥补缺陷、克服不足，使学生工作不断得到完善。

总之，在学生工作精致化建设中，戴明环发挥着重要作用。如果在学生工作中重视和善用戴明环，通过一次又一次PDCA循环，就一定能够实现学生工作精致化的目标。

马克思人本思想与高校思想政治教育精致化研究

杨 明[①]

摘 要：马克思人本思想是探索实现"人的自由而全面的发展"的意义视域，"高校思想政治教育精致化"则是马克思人本思想的路径选择。高校思想政治教育精致化是马克思人本思想的现实努力，是哲学思想的跋涉和实践。"精"是过程规范，"致"是目标程度，两者的辩证统一是实现高校思想政治教育的路径依赖。高校思想政治教育精致化，是追求卓越、精益求精，以人的全面发展为终极目标的理念；是强调细节和过程，品质和效度，以人文关怀为丰富内涵的实践；更是崇尚创新、回归自然，以社会主义核心价值观为导向的价值追求。

关键词：马克思人本思想；思想政治教育；精致化

马克思人本思想是深刻认识人类社会客观发展规律的理论深化，其核心就是"以人为本"，强调实现人的全面自由的发展和人的真正解放。高校思想政治教育精致化是马克思人本思想的理论渗透和实践延伸。"精"是过程规范，"致"是目标程度，"化"则是过程和目标辩证统一的动态过程，"精致化"是马克思人本思想的极致体验过程，是哲学思想的跋涉和实践。高校思想政治教育精致化，是追求卓越、精益求精，以人的全面发展为终极目标的理念；是强调细节和过程，品质和效度，以人文关怀为丰富内涵的实践；更是崇尚创新、回归自然，以社会主义核心价值观为导向的价值追求。

一、马克思人本思想与精致化过程实践

马克思人本思想把人的解放、人的自由全面发展作为人类社会发展的最高理想。《共产党宣言》指出："代替那存在着各种阶级以及阶级对立的资产阶级旧社会的，将是一个以各个人自由发展为一切人自由发展的条件的联合体。"[1]其反映人本思想在社会发展变化中的本质规定以及社会管理的根本要求，"是指交融、整合科学管理和管理细节，以求得质量和效益同步提高的管理理念和策略。"[2]政治思想教育精致化过程实践强调"通过实践创造对象世界，改造无机界"[3]和自我实

[①] 杨明，男，法学博士，教授，广东金融学院思想政治理论课教学部主任。研究方向：马克思主义基本原理和科技文化。

现的价值理念，也就是强调人的主体地位和人的内在价值。所以，思想政治教育精致化过程实践是服务于人的生命和生活的本体自觉，是实现人的社会性、精神性、价值性的生存方式，是完成人的本质生成的实践活动。

思想政治教育是"人"的过程活动，是直指"人心"的教育。精致化过程实践是寻求和实现"意义"的生命和生活活动，是从实际生活的多维度出发，回归具有生命力和充满生命气息的生活本体的实践。精致化过程实践就是了解、分析教育对象思想形成和发展的根源和动力的过程，是社会规范个体化、自我意识社会化的过程，也是马克思主义实践本体论的理论自觉过程。通过精致化过程实践，完成思想政治教育的理论建构、科学设计和系统演进，从而提升教育对象的"自强奋斗意识、自立学习意识、自我发展意识、自我创造意识、自我修养意识、自我管理意识、自我评价意识和自我完善意识"，[4]实现在舒展生命形式、提升生活境界中丰富马克思人本思想。

思想政治教育是人的生存方式，是"在者"形成和发展的不可缺少的动力与手段。思想政治教育精致化就是生活世界的回归，立足于生活世界，在生活中找依托，以人为主体、以生活为中心、以教育为导向。实现思想政治教育"贴近实际、贴近生活、贴近教育对象"，更加明确地把关心人、尊重人、发展人、开发人的潜能作为思想政治教育的宗旨，真正体现以人为本的精神，关注人的精神需求，注重人文关怀，满足人的精神需要。让人们在现实生活中学会生存、学会做人、享受人的尊严、人的幸福等权利，全面提升人的生活质量和精神境界。人在精致化过程实践中，获得思想品德的认知和理解，完成思想品德的建构和发展，从而得以建立、发展和丰富自己的思想性和精神性，为人的社会性和人的价值实现创造可能。

思想政治教育精致化作为人的一种精神性实践活动，具有实践特性的内在规定性，是"使人成为人"的人的生成实践。这不仅包括人的存在和生成，也包括思想政治教育的存在与生成；不仅呈现主体实践活动的目的、价值和意义，也展现主体"使人成为人"的螺旋式动态超越。因此，思想政治教育精致化就是遵循人的生成的内在规律，关注多因素对人的生成的影响，充分发挥人的自觉能动作用。

总之，人的精神需要的实现是实现人的自由而全面发展的必要条件和必然构成部分，思想政治教育精致化实践过程一方面为人的精神需要的实现和精神境界的提升提供可能，同时又为人的精神境界提升提供科学正确的方向，实现、充实和完善人的精神属性，从而促进并实现每一个人自由而全面的发展。

二、马克思人本思想与精致化路径依赖

"精致化"概念的提出源于管理学，精致化管理是相对于"粗放型"而言的管理，是科学管理和人本管理的融合，是科学精神与人文精神相互交融的管理；[4]是泰勒的科学管理理论、戴明的质量管理理论等现代企业管理思想和马克思人本思想相融合的方法论实践。"科学管理"是运用科学的管理方法实现思想政治教育资源的最优整合，是运用戴明的计划、执行、检查、处理四个阶段优化思想政治教育规

范、协调和提升高校思想政治教育水平。"人本管理"则是马克思人本思想的表征，是在充分理解教育对象的心理、把握教育对象行为规律的基础上，把组织意志变为教育对象的自觉行动，让思想政治教育具有内在驱动力、持久影响力。思想政治教育是人、财、物以及相关资源的配置和统筹，需要科学管理；同时，思想政治教育更是直指"人心"的活动，是关乎"人"的思想、"人"的灵魂的视界。"精"注重过程规范，"致"注重程度品质，两者的辩证统一是实现高校思想政治教育精致化的路径依赖。

泰勒科学管理的核心是标准化、协同化、专业化、流程化。从科学管理的角度历史地看待思想政治教育，标准化、协同化和专业化都不同程度地渗透在思想政治教育实践中。其实，"流程化"即过程管理是思想政治教育成败的关键，是思想政治教育精致化的基点和突破口。"流程化"就是对思想政治教育的操作步骤、方法和资源等要素实施有效的管理，对思想政治教育的流程进行设计、解构、再造、完善和优化，有效提高思想政治教育效率、执行力和运行成本，从而实现思想政治教育框架结构的扁平化、组织管理的柔性化、层次格局分权化和结点沟通网络化。戴明的质量管理理论为思想政治教育"流程化"提供了可操作的平台。将PDCA循环，即戴明环应用于思想政治教育领域，将"提升思想政治教育过程管理中的工作效率"[5]。P（Plan）是拟定措施、制定计划，即5W1H（为什么制定该措施（Why）？达到什么目标（What）？在何处执行（Where）？由谁负责完成（Who）？什么时间完成（When）？如何完成（How）？）措施和计划是执行力的基础，尽可能使其具有可操作性；D（Do）是实施，是PDCA的核心，是实现思想政治教育步骤、方法和资源的融合、调整和监测执行的全过程；C（Check）是检查，是思想政治教育阶段性成效的评审、验证和确认过程；A（Action）则是改进和提升，是思想政治教育创新发展过程。PDCA综合性上升循环实现思想政治教育的条理化、系统化和科学化。

事实上，科学管理蕴含着朴素的人本主义思想，体现了追求效率与价值盈余的结合，流程规范与文化认同的统一，是"人本管理"的前提。所以，思想政治教育精致化是马克思人本思想引领科学管理的升华，是符合大数据时代特点的知识管理，是"细化"科学管理过程的自觉与实践。思想政治教育具有多样性、重构性和自主性等特点，必须在理性继承和精心设计教育路径与流程的基础上，优化管理环境，在科学管理中融入人本精神，实现对科学管理的自然超越。思想政治教育归根结底是"人"的教育，是张扬人的主体价值地位和优化生命存在的动机和意义的教育；是以教育主体意识觉醒为前提，以提升人格平等为基础的人文素质和科学精神教育为目标，以实现马克思人本思想为核心的思想政治教育精致化。

"精致化"是高校思想政治教育的内在要求，是高校思想政治教育创新的必由之路。科学管理是精致化管理的前提，没有科学管理就无所谓精致化管理；反之，精致化管理是思想政治教育的提升。精致化管理是一种细节、一种心情、一种心态、一种智慧，更是一种品质。精致化管理将思想政治教育视作动态发展的过程，坚持从细微处入手，坚持思想政治教育内容的针对性、操作的科学性、设计的合理性和方法的艺术性。

三、马克思人本思想与精致化价值追求

马克思人本思想是在超越现实的束缚中追求人性的崇高和旨趣，获得内心的自在和自由，集聚变革的愿望和动力，从而实现思想政治教育精致化的价值追求。精致管理是一种追求卓越、精益求精的管理，是求真、求善求美的动态过程。求真，就是以科学工作者精神规范人；求善，就是以人文精神、以伦理道德充实人；求美，以审美情趣、高尚情操陶冶人。

"真"是人的本质显露的一种理想的自然状态。思想政治教育就是从价值诉求出发对真理的反思和对存在的追究。思想政治教育精致化实践过程深化了"人的本质"的生成内涵，促进人的社会化，培养人的社会性，完成人的社会性的本质生成。它使思想政治教育实践主体得以正确把握自己在复杂社会关系中的位置，在与社会规范的调适中塑造自身的社会形象。同时，在思想政治教育主体之间、主客体之间的交互实践活动中，教育者与受教育者完成"视界"融合，实现共同发展。"善"是社会化的人对自身行为进行有效调节的最高价值。思想政治教育之善的观念规范并引导思想和行为，具有应然性和超越性。精致化的实践过程注重实现价值主体的利益，引导主体追求合理正确的价值需求和价值目标，使主体的社会活动具有一定的目的价值性，从而实现主体的自在、自觉、自由。"美"是真与善有机结合的形象化。人作为一种实践的存在，不仅是自然的自在性的存在，又是作为一种实现自己理想的追求、自己目的的自为性的存在。马克思说，人也按照美的规律进行塑造和生产，而我们达到的这种自在和自为的统一才是一种真正的自由性。

思想政治教育精致化是实现人的全面发展的一种方式或途径，人的活动本身是一种理想性的、超越性的、创造性的活动。列宁在《哲学笔记》中指出：世界不会满足人，人决定用自己的行为改变世界，人给自己构造世界的客观图画。由此彰显人在世界中的主体价值地位，优化生命存在的动机和目的，设定人的多方面和谐发展的格局。关注人、培养人和发展人既是思想政治教育的出发点，也是它的归宿。思想政治教育为人的全面发展提供了深厚的动力资源，为人的全面发展设定了一种普遍性的价值坐标。思想政治教育实践活动实现人的全面发展。人的精神需要的实现是实现人的自由而全面发展的必要条件和必然构成部分，每个人都有精神层面的需要与追求。思想政治教育实践活动一方面为人的精神需要的实现和精神境界的提升提供可能，同时又为人的精神境界提升提供科学正确合理的方向，实现、充实和完善人的精神属性，从而促进并实现每一个人的自由而全面的发展。

精致化是一种理念、一种思维、一种境界、一种文化。高校思想政治教育精致化是一种追求全面发展、个性自在的理念意蕴；是一种追求卓越、精益求精的思维方式；是一种至真、至善、至美的境界视域；是一种充满人文关怀、和谐美好的校园文化。让师生走向自主与自觉，让管理实现科学和有序，让学校充满人文关怀，

实现教育的和谐与自然，人的自由与解放。这是教育的使命，也应是精致化教育与管理的使命，更是教育的力量源泉之所在。这是教育发展的趋势，也是教育人崇高的使命。

参 考 文 献

［1］马克思，恩格斯. 马克思恩格斯全集：第4卷［M］. 北京：人民出版社，1979.
［2］王铁军. 精致化：学校管理的新理念、新策略［J］. 江苏教育学院学报（社会科学版），2007（3）：9－12.
［3］马克思. 1844年经济学哲学手稿［M］. 北京：人民出版社，2000.
［4］史东根. 主体性教育思想浅说［J］. 北京教育，1993（5）：95－97.
［5］华向理，康杰. 基于PDCA循环的高校思想政治教育过程管理［J］. 当代教育理论与实践，2012（8）：101－102.

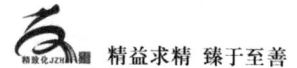

大学生思想政治教育的精致化诉求

邹国振①

摘 要：大学生思想政治教育自身明确的目的性、突出的复杂性、广泛的社会性以及全面的开放性决定了它是一项长期而艰巨的精致化工程。大学生思想政治教育精致化必然追求卓越的价值、完善的过程、高效的机制、精巧的方法和优质的效果。由此，推进大学生思想政治教育精致化应该坚持以人为本的逻辑起点，建立整体教育与个体教育相互结合的机制，促进教育内容的横向联动，推进教育过程的纵向贯通，实现教育方法的有效转换，同时解决大学生思想政治教育精致化的相关课题。

关键词：思想政治教育；大学生；精致化

大学生思想政治教育"怎么做"和"如何做得好"是非常重要的基本问题。要解决这两个问题，应从大处着眼，小处着手，着力于微观操作和具体执行，注重过程，关注细节，以实现较高的思想政治教育效益，即要推进大学生思想政治教育精致化。推进大学生思想政治教育精致化是大学生思想政治教育改革和发展的重要方向，既是理论问题，更是实践问题，其核心就是思想政治教育在适应社会发展要求，认真贯彻落实党和国家关于大学生思想政治教育基本任务的同时，要特别重视大学生思想政治教育的具体过程、途径、方法、手段及效果，从而提升大学生思想政治教育的境界和层次，追求更加卓越的价值、更加完善的过程、更加高效的机制、更加精巧的方法和更加优质的效果。事实上，大学生思想政治教育要充分发挥其功能和作用，必须解决好它"怎么做"和"如何做得好"这两个基本问题，必须特别重视思想政治教育的具体过程、途径、方法、手段及效果，必须推进大学生思想政治教育精致化。

一、大学生思想政治教育精致化的依据

推进大学生思想政治教育精致化，不仅是高等教育发展与改革向深层次推进的必然结果，[1]也是由思想政治教育自身明确的目的性、突出的复杂性、广泛的社会性和全面的开放性等基本特性所决定的。

---

① 邹国振，男，教授，广东金融学院思想政治理论课教学部副主任。研究方向：马克思主义理论与思想政治教育。

（1）由大学生思想政治教育的目的性所决定。思想政治教育具有明确的目的性。大学生思想政治教育是要用科学的理论武装人、正确的思想教育人，其根本的目的就是要帮助和引导大学生提高认识世界和改造世界的能力。而认识世界和改造世界不是一件轻而易举的事情，是一项非常艰难的工作，也是一个循环往复、无穷无尽的过程，需要思想政治教育者下真功夫、苦功夫、长功夫不断推进，完善思想政治教育的整个过程，通过不断改造主观世界来帮助和引导大学生提高认识世界和改造世界的能力。这就要求推进思想政治教育精致化，倡导精益求精、追求卓越的教育境界。只有推进大学生思想政治教育精致化，才能实现大学生思想政治教育帮助和引导大学生提高认识世界和改造世界的能力这一根本目的。

（2）由大学生思想政治教育的复杂性所决定。大学生思想政治教育是一种复杂的社会教育实践活动。其复杂性主要表现在：一是影响因素的广泛性。党组织、共青团、各种社团、老师、同学会对学生产生影响作用，报刊、书籍、广播、电视、网络、家庭环境、经济条件、个人经历、社区环境等一样都会对学生产生影响作用。这些作用有时是一致的，有时不尽一致甚至相互冲突，需要整合。二是影响机制的多重性。大学生思想政治教育过程不是简单的教与学的过程，机制构成要素相当复杂，不同的学生对教育内容的选择存在着很大差别，同样的教育内容对教育对象和教育本身的影响往往存在很大的差别。三是影响方式的多样性。大学生思想政治教育的影响方式多种多样，有即显的，也有潜在的；有直接的，也有间接的；同一教育活动也可能产生不同的结果。突出的复杂性要求大学生思想政治教育要实现科学化、精致化，要十分注重过程和细节的管理，要求做到周到、细致、严密、严谨，这就必然要求推进大学生思想政治教育精致化。

（3）由大学生思想政治教育的社会性所决定。大学生思想政治教育具有广泛的社会性。其主体不限于大学教师及其他教育者；党组织、工会、共青团、妇联等人民团体，工厂及其他各种社会组织，以及家庭等都具有一定的思想政治教育的职能，其中的很多人在一定条件下、在一定的场合都是思想政治教育主体。[2]330正因如此，其作为一个综合工程，要依靠全社会共同来完成。在充分调动社会各方面积极性的同时，更要求学校教育者明确自己的职责和责任，以专业的精神和积极的态度，用较高的水平和较强的能力，专注于大学生思想政治教育事业，在科学高效的基础上做好大学生思想政治教育工作，充分开发利用校内外教育资源，以最少的投入取得最大可能的效果，实现大学生思想政治教育的精致化。

（4）由大学生思想政治教育的开放性所决定。广泛的社会参与开放了大学生思想政治教育的空间，也扩大了大学生思想政治教育的资源范围。除校内常规教育活动外，社会实践活动对学生也在施加各种各样的影响，互联网的发展更是打开了大学生思想政治教育的时空隧道。全面开放的教育模式，多重介入的教育力量，多渠道实施的教育活动，为大学生思想政治教育提供了更为广阔的发展空间，也给大学生思想政治教育带来了很大的挑战。社会不良现象导致部分学生的价值观发生扭曲，集体利益观念日益淡薄，对一些关乎道德品质的现象态度模棱两可等问题的出现。全面的开放性对大学生思想政治教育提出更高的要求,更需要推进大学生思想政治教育的精致化,以卓越、完善、高效、精巧、优质的教育来消除各种不良影响。

二、大学生思想政治教育精致化诉求

实现大学生思想政治教育精致化,必定追求卓越的思想政治教育价值、完善的思想政治教育过程、高效的思想政治教育机制、精巧的思想政治教育方法和优质的思想政治教育效果。

(1) 追求卓越的思想政治教育价值。思想政治教育是指一定的阶级、政党、社会群体遵循人们思想品德形成发展规律,用一定的思想观念、政治观点、道德规范,对其成员施加有目的、有计划、有组织的影响,使他们形成符合一定社会、一定阶级所需要的思想政治品德的社会实践活动。[2]50思想政治教育的价值在于它对社会进步和人的全面发展起着重要作用,大学生思想政治教育存在的价值也就在于它具有社会价值和个体价值。因此,大学生思想政治教育精致化的根本目的在于提高思想政治教育对社会进步作用的社会价值和对大学生全面发展作用的个体价值。尽最大努力追求思想政治教育对社会进步和人的全面发展的意义,就成为大学生思想政治教育内在的要求。大学生思想政治教育精致化必然追求卓越的思想政治教育价值,必然要求做到精益求精,不断超越,以达到最完美的境界。具体体现在:一方面,尽最大努力呈现大学生思想政治教育对社会进步发展的经济价值、政治价值、文化价值和生态价值;另一方面,尽最大努力呈现思想政治教育对大学生政治方向引导、精神动力激发、健康人格塑造、行为规范调控等方面的积极作用,尽最大努力呈现思想政治教育对促进大学生全面发展的内在价值。

(2) 追求完善的思想政治教育过程。思想政治教育过程是一个非常复杂的过程。完善的思想政治教育过程是提高大学生思想政治教育科学性和有效性的重要保障。因此,大学生思想政治教育精致化要特别强调思想政治教育过程的控制和管理,特别注重追求完善的思想政治教育过程。大学生思想政治教育活动是一种有目的、有组织、有计划的教育影响过程。大学生思想政治教育精致化就必然要求教育者在对大学生实施教育影响时,要有明确的计划性,坚持正面引导,做到精心组织,增强教育影响过程的可控性和针对性,使整个思想政治教育过程更为有效。大学生思想政治教育素质的提高是一个需要积累的过程。思想政治教育不可能一蹴而就,需要反复进行。大学生思想政治教育精致化就必然要求教育者遵循循序渐进原则,一个个阶段地进行,一个个环节地落实,坚持不懈,使大学生在整个教育过程都能受到长期、反复、有效的教育和引导。

(3) 追求高效的思想政治教育机制。大学生思想政治教育是一个极其复杂的系统工程,各个系统、各个要素、各个环节相互影响,相互作用。合理的运行机制是实现大学生思想政治教育精致化的重要基础。因此,大学生思想政治教育精致化要注重思想政治教育的机制建设,注重追求高效的思想政治教育运行机制。首先,要建立高效的预警机制。大学生思想政治教育必须增强敏锐性、预见性、前瞻性、主动性，保证及时有效地掌握大学生的思想动态，科学决策，建立起反应敏捷、运转高效的预警机制，才能把大学生思想政治教育工作做深、做细、做实。其次，要建立高效的调控机制。大学生思想政治教育要按照所设定的目标和任务有序、协调地开展，实行目标管理，健全反馈体系，强化调控作用，及时、准确地对思想政治教育系统运行过程进行有效的指挥和调节，克服工作的盲目性、随意性。再次，要建立完善的保障机制。要形成统一领导、职责明确、齐抓共管的工作机制，为大学生思想政治教育提供有力的组织保障；要建立健全各项规章制度，使思想政治教育做到规范化、制度化，为大学生思想政治教育提供有力的制度保障；要建立一支政治强、业务精、作风正的思想政治教育队伍，为大学生思想政治教育提供有力的队伍保障；要加大投入，改善条件，为大学生思想政治教育提供有力的物质保障。最后，还要建立科学的评估机制，全面、科学、准确地评估思想政治教育的内容、方式方法及其效果，[3]294从而保证大学生思想政治教育工作的有效管理和调控。

（4）追求精巧的思想政治教育方法。思想政治教育目标的实现、效果的好坏，离不开方法的正确运用。精巧的方法是实现大学生思想政治教育精致化的重要手段。大学生思想政治教育精致化必然追求科学精巧的方法。首先方法要"精"，要管用、适用。要从大学生的实际出发，针对不同教育任务、不同对象，选择不同的教育方法，有的放矢，实现教育方法的多样化和个性化，提高思想政治教育方法的针对性。其次方法要"巧"，要灵活、巧妙。影响大学生思想的因素很多、很复杂，变化又快，因此，大学生思想政治教育不能指望靠粗糙、单一的方法解决，要灵活运用多种方法，形成教育合力，产生综合效果。随着时代的进步，对象的变化，大学生思想政治教育要做到精致化，必须研究和改进传统方法，追求更加科学精巧的方法。

（5）追求优质的思想政治教育效果。提高思想政治教育的实际效果是大学生思想政治教育中十分重要又非常迫切的问题。如果思想政治教育不能产生实效，大学生思想政治教育实际上就失去了它应有的价值、功能、地位。突出育人效果，把思想政治教育的实际效果放在关键地位，才能真正推动大学生思想政治教育工作精致化的发展。实现大学生思想政治教育精致化必然要注重思想政治教育的实际成效，追求优质的思想政治教育效果。这就要求大学生思想政治教育者、管理者与组织者要增强质量意识、效率意识，重内涵、重质量、重实效，摒弃表面文章和虚夸作风，做到高标准、高质量、高效率，不断增强大学生思想政治教育的吸引力、亲和力、感染力、作用力，促进大学生群体思想、道德、文化、身心等全面、协调、持续、健康发展，最终实现思想政治教育的根本目标和主要任务。[4]

三、大学生思想政治教育精致化路径

推进大学生思想政治教育精致化归根结底是一个实践命题，路径选择至关重要。路径选择的关键在于把握好教育理念与教育视角的有机结合，横向内容和纵向时序的和谐统一，实现方法转换，解决相关问题。具体地讲，就是要坚持以人为本的逻辑起点，建立整体教育与个体教育相互结合的机制，促进教育内容的横向联动，推进教育过程的纵向贯通，实现教育方法的有效转换，同时解决大学生思想政治教育精致化的相关课题。

（1）坚持以人为本的逻辑起点。以人为本是大学生思想政治教育的本质要求和最根本的价值原则。因此，推进大学生思想政治教育精致化最终指向全体学生的发展，必然要坚持以人为本的逻辑起点。坚持以人为本的逻辑起点，就是要立足于学生的全面发展，充分尊重学生的主体地位与人格人性，尊重思想政治教育规律与大学生成长成才规律。在推进大学生思想政治教育精致化的具体实践中，就要确立以学生为中心的服务意识，从学生成长成才需求出发，充分调动学生自我教育的积极性和主动性，将教育机制由"自上而下"向"自下而上"转变，激发学生由外在牵引向内在驱动转变。就要多角度强化人文关怀，唤醒学生对社会、对国家的情感共鸣。就要注重借助鲜活的事实和可操作的方法，既尊重学生的独立人格、鼓励多样化的个性发展，又使学生的成才成长符合党和国家对他们的要求，促进学生全面发展和个性和谐发展，实现个人成长与社会发展的良性互动，实现思想政治教育的根本目的。

（2）倡导因材施教的分类教育。大学生思想政治教育具有整体性与个体性辩证统一的特征。教育要面向全体学生，但不同群体、不同学生又存在差异。因此，大学生思想政治教育精致化就要建立整体教育与个体教育相结合的教育视角和教育方式。既要通过思想政治理论课、系列主题教育活动，面向全体学生大力进行主旋律教育，为大学生奠定共同的思想价值基础，又要针对不同学生群体的具体特征与特殊需要，细化学生群体，细化教育内容，开展有针对性的分类教育，做到因群施教，进一步发展到针对不同学生的个性特点和知识结构，合理安排具体教育内容，实现一对一的针对性教育引导，做到因人施教。

（3）促进教育内容的横向联动。大学生思想政治教育是包括思想教育、政治教育、道德教育和心理教育的一个有机整体。它们各自具有不同的特点、地位和作用，彼此相互作用、相互促进、相互影响。思想教育在整个思想政治教育中处于指导地位，是进行政治教育、道德教育和心理教育的必要条件，只有树立正确的世界观、方法论，才能进一步开展政治教育、道德教育和心理教育。政治教育决定着思想教育、道德教育、心理教育的性质、方向、内容和效果，在整个思想政治教育中处于核心地位。道德教育是当前大学生思想政治教育的重点。心理教育构成了思想、政治、道德教育的基石，任何思想、政治、道德教育要取得实效，都离不开教育主体的心理素质。推进大学生思想政治教育精致化就要推进教育内容的横向联动，实现思想教育、政治教育、心理教育和道德教育之间的相互结合。通过思想教育、政治教育来提高大学生思想政治水平，通过心理教育、道德教育为大学生思想政治教育提供后盾和保障。发挥思想政治理论课、日常思想教育、社会实践教育、校园文化建设、党团活动以及心理咨询等各种思想政治教育途径的作用，实现多角度、全方位育人。

（4）推进教育过程的纵向贯通。思想政治教育贯穿于大学生学习和生活的各个阶段、整个过程。它既包括教育者的施教过程，也包括受教育者的接受过程。推进大学生思想政治教育精致化要贯穿教育始终，做到全程育人。既要根据大学生在不同时期不同发展阶段的思想特点、心理特征，通过不同的方法和手段进行有针对性、分阶段的教育，又要研究把握好大学生思想政治教育的接受规律，抓住校园文化的熏染感知、课堂教学的知识内化和社会实践活动的外化固化等关键教育环节，促进大学生对思想政治教育的有效接受。

（5）实现教育方法的有效转换。科学的思想政治教育方法是实现大学生思想政治教育目的的重要手段，是保证大学生思想政治教育效果的重要条件。长期以来，学生思想政治教育主要依赖于思想政治理论课教学，灌输有余，启发不足。传统的以灌输式为主、比较单一的教育方法，忽视了受教育者在教育过程中的主体性和选择性。思想政治教育不能指望靠单一的、灌输式的方法解决问题，而要综合运用各种方法。大学生思想政治教育精致化要求思想政治教育的方法必须与时俱进，有创新、有发展，要由单一整齐的方法向丰富多元的方法体系转换。要积极探索满足学生主体多样性发展的咨询辅导方法，提供个性化的咨询辅导服务，满足不同学生主体特殊性、多样化的发展需求；要积极发展与现代传媒相协调的隐性教育方法，如渗透式教育方法、陶冶式教育方法、实践体验式教育方法，等等，与现代传媒发展相适应，应对现代传媒发展的新挑战。

（6）解决思想政治教育精致化课题。大学生思想政治教育精致化是一个重要的实践课题，涉及大量的新课题需要回答和解决。如：推进大学生思想政治教育精致化的规律与途径问题；推进大学生思想政治教育精致化的机制建设问题；推进大学生思想政治教育精致化的具体方法问题；推进大学生思想政治教育精致化的资源整合与开发利用问题；等等。深入解决这些相关课题能够为推进大学生思想政治教育精致化提供扎实丰富的实践基础和知识基础，必将促进大学生思想政治教育精致化更好地发展和提高。

参考文献

［1］张彦. 以"精致化"要求推进大学生思想政治教育新发展［J］. 思想教育研究，2010（4）：24-27.
［2］张耀灿，等. 现代思想政治教育学［M］. 北京：人民出版社，2006.
［3］张耀灿，等. 思想政治教育学前沿［M］. 北京：人民出版社，2006.
［4］高立伟，郑懿. 精致化工程：大学生思想政治教育工作的应然追求［J］. 学校党建与思想教育，2012（7）：29-31.

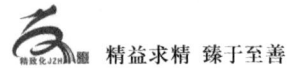

精致教学与校园文化相融通的实践探索

——以"公共管理学"课程教学为例

李保平①

摘　要：课程教学是高等教育的重要基础，而精致教学则是课程教学的总体目标。课程教学只有在精心建设团队和精细改革教学的基础上，才能真正贴近学生实际；只有充分利用学生活动，并精巧设计融通校园文化的机制，才能拓展课程教学的精致空间，进而存续其自身的生命力、吸引力与影响力。

关键词：课程教学；精致教学；校园文化

高等教育离不开课程教学与科学研究这两个强有力的杠杆，而课程教学又是重中之重。课程教学要做到精致，既需要在精神、理念与目标的宏观层面上达于精益求精、成于追求卓越、臻于至善至美的状态，更需要在微观层面上，以精心、精细、精巧的实践操作来诠释精致教学的内涵，并承载精致教学之精神、理念与目标的实现。本文仅以"公共管理学"课程教学为例，从实践探索层面，交流一下如何操作一门课程的教学，才能趋近精致。我们认为，要趋近精致教学，首先要精心打造一支比较有"战斗力"的团队，这是必要的前提条件和坚实基础；其次要对课程教学进行精细改革，以贴近广大学生的需求；最后还要精巧设计一些机制，通过学生活动，对接或融通校园文化建设，以拓展课程教学的精致空间。本文论题冠以"实践探索"，其中，"实践"表示我们过去的和现在的一些经验做法；而"探索"则表明对已有实践经验的成熟或完善，甚至还包括了一些先验的想法。但愿我们的一些做法或想法，能够起到抛砖引玉的作用，进而引发大家的思考。

一、精心建设团队，夯实教学基础

常言道：大学之大，不在大楼而在大师。在信息时代（大数据时代）、复杂社会的情景之下，此话可做进一步深化，即大学在于大师，更在于团队。没有团队的

---

① 李保平，男，教授，广东金融学院公共管理系党总支书记。研究方向：政治社会学。

力量，大师难以独树一帜。作为以教学为主，培养应用型人才的一般高等学校，渴望大师可以理解，但走常规之路还是重在教学团队建设。课程团队建设是高校专业团队、学科团队，甚至科研团队的基本单元，不可小觑。多年来，我系"公共管理学"课程教学，十分重视团队建设，经过不断互动与磨合以及精心打造，形成了以省级《公共管理学精品资源共享课》为平台的课程教学团队。

（1）团队在学位层次、职称结构、年龄结构以及学缘、知识结构等方面进行了合理构建。其中，成员的学位层次较高，6名成员中，博士2人、硕士4人；职称结构分布较均，教授1人、副教授1人、讲师4人；年龄结构合理，46岁以上1人、36～45岁2人、35岁以下3人，平均年龄38岁，可谓年富力强；学缘、知识结构多元化，团队成员大多毕业于省内外重点高校，既有吉林大学、中山大学等"985"工程综合类大学，又有华南理工大学、暨南大学等教育部直属大学，也有广东外语外贸大学、湖北大学等省级重点大学，而且学缘面广，涉及哲学、公共管理、国际政治、工商管理、宪法学与行政法学、电子政务等诸多专业，教师队伍学科交叉性强，为教学与科研合作创造了良好条件；团队的师资配置合理，主讲教师2名、辅导教师2名、兼职实验教师2名，每年可为6～7个班，300名左右的学生提供高质量的教学服务。

（2）团队采取多项措施，注重培养青年教师，成效显著。首先，落实青年教师试讲制度，严把教师上岗关。组织老教师对青年教师进行一对一传、帮、带，通过在教材与资料的取舍、讲课技巧、教学与科研、学生辅导等方面的言传身教，使青年教师尽快进入教学与科研的角色。其次，分任务，压担子，发挥教师的主观能动性。团队鼓励年轻教师积极尝试开展教研和教改，并积极参加教研和教改的竞赛活动，鼓励青年教师在职攻读博士学位、发表论文、出版著作、承担科研项目、进行课题研究等，以教学促科研，科研服务于教学，青年教师迅速成长，纷纷成为教学和科研骨干。团队成员中，35岁以下占大多数，督导员和学生对青年教师教学评价较高，其中张文慧在2013年教务处组织的"实验课教学评比活动"中排名第一，罗光华老师的校级案例教学改革项目受到教务处表扬。第三，鼓励和支持青年教师参加教学研讨会和学术交流。请校外知名教授学者前来讲学，安排青年教师去参加各种在国内举办的学术会议和师资培训班、做访问学者等。这些措施不仅培养了大批青年教师，而且使我们的课程建设吸收了很多他人的经验和做法。

（3）团队成员在科学研究及教学改革方面取得了丰硕成果。几年来，团队成员主持、参与了10多项国家、教育部、省厅及校级科研与教改课题，其中，教育部人文社科一般课题"社会排斥的公共政策机制研究"获得免检，申报的省级《公共管理学精品资源共享课》成功立项。团队成员发表科研和教改论文30多篇，其中，"西方社会排斥理论的分析模式及其启示""论征地补偿的政治价值"等论文，分别被《中国社会科学文摘》和《人大报刊复印资料》全文转载，有的论文分别获得2011广东社会科学学术年会优秀论文三等奖、2009南粤新农村建设高峰论坛优秀论文二等奖、中国（广东）文化强国、海洋强国论坛优秀论文奖等，从而扩大了团队科研与教学的影响力。

二、精细改革教学，贴近学生需求

大学要以学生为本，为学生服务是大学各项工作的立足点，课程教学也不例外。以学生为本就是以学生的需求为本，学生需求折射着时代发展的特征及经济社会变革的呼声。课程教学理当顺应时代变革与学生需求，那种以不变应万变的墨守成规的做法一去不复返了，"公共管理学"课程教学必须主动地改革，甚至要精细地改革，才能更加贴近学生需求，从而增强课程教学的吸引力、辐射力与影响力。

"公共管理学"课程教学团队，贯彻结合我校 CPE 以及"一纵三横"的人才培养模式，历经多年努力、总结探索经验，改变了以往在教学内容、方式、方法等方面的单兵突进式零散改革，而采取内容、方式、方法等方面的多元并进式综合改革，也就是由粗糙式改革变为精细式改革。"公共管理学"课程教学改革，从总体上分为三个部分，即课程导学（课前）—案例教学（课堂）—实践教学（课后），具体见图 1：

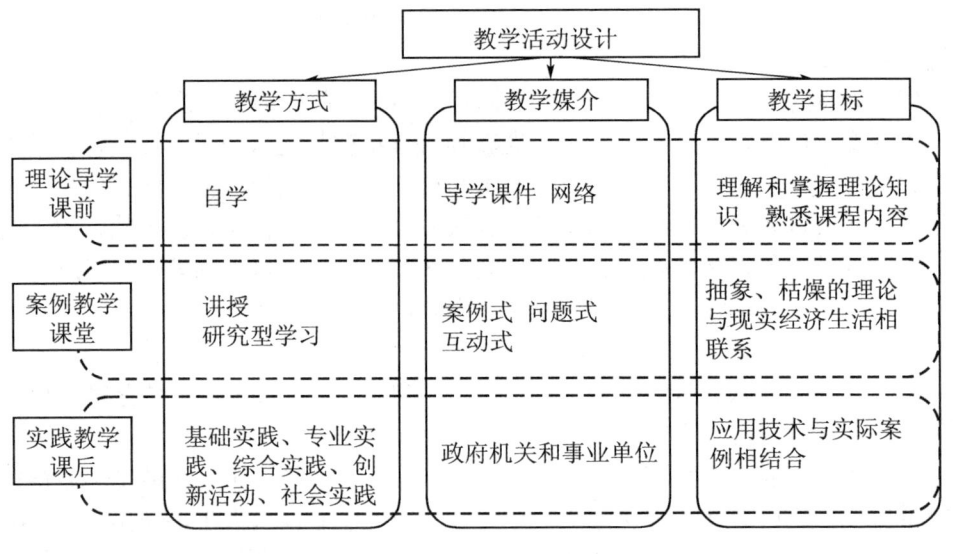

图 1

1. 课程导学（课前）

主要通过学习网站实现，网络教学资源内容见图 2：

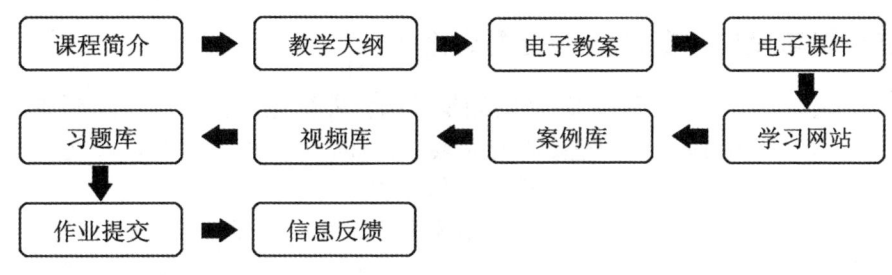

图 2

①学习网站。

收集国内外优秀的参考文献,包括论文、网站、阅读资料、电子图书与期刊等作为课外读物,集中整理在本课程的网站上。目的是鼓励学生通过阅读广泛了解时事政治、社会热点和焦点问题,并运用公共管理学的理论与知识加以剖析,以提高自己理解问题、分析问题、归纳问题、解决问题的能力。

②案例库、视频库。

一是"教学案例",与各章节的知识点相对应,通过案例分析,以锻炼学生分析问题与解决问题及实际动手能力。二是"视频案例",通过形象生动的视频案例使学生增加感性认识,丰富课堂教学形式。

网络教学资源丰富了教学内容,增强了课堂教学的生动、活泼和互动性,调动了学生的学习积极性和主动性,也为学生学习提供了便利。课程组利用作业交批与信息反馈板块,建立了与学生教学互动的机制,教师可以在此给学生发布课件、收发作业、浏览学生的留言、及时回答学生的疑难问题,实现了课堂教学与网络教学、课内学习和课外学习的有机结合。

2. 案例教学(课堂)

主要采用案例+理论的模式。具体路线:内容结构图—引导案例—理论概要(含"学术背景""政策背景""案例思考"等)—总结分析。

3. 实践教学(课后)

通过校内基础实验、专业实验和综合实验,以及校内创新活动、校外实践教学基地和社会实践等等途径来实现。

充分发挥我系现有的电子政务、公共危机管理、管理定量分析三个实验课程,对"公共管理学"相关理论知识和实践技能训练的作用;通过"公务员模拟考试大赛""读书活动""论公行嗓"等活动,不断延伸课堂教学的空间,使学生在自我管理、自我服务、自我提高的过程中,深入掌握相关的理论知识与技能;通过引导学生参加"挑战杯""创新创业实践项目"等活动,不断提升学生科学研究和进入市场竞争的能力;以"天河区统计局""龙洞街道办事处""广州社情民意研究中心"三个实习实践基地为牵引,不断充实学生的现实感知力与知识运用力。

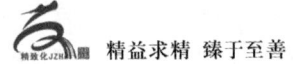 精益求精 臻于至善

三、精巧设计机制，融通校园文化

校园文化可谓"博大精深"，其内涵是什么？外延包括什么？异议颇多，难下定义。但是，对于校园文化的重要性与必要性，却是异议很少。校园文化是大学立校之本，是历代、历届学生累积而成的"软实力"，也是学校生命力与竞争力之所在。校园文化是通过学生活动的载体或主体来体现的，离开学生活动，校园文化就会失去活力与动力。学生活动纷繁复杂，从广义看，凡是有学生参与的活动，都可视为学生活动。我们在此取狭义的学生活动，即指以学生作为主体参与的教学、科研活动。大学课程教学的精神实质是理论与实践相结合。与实践相结合，也包括与学生活动相结合。只有与学生活动相结合，进而与校园文化相融通，课程教学才会具有鲜活力与持久力。

课程教学与校园文化相融通，不是简单、随意地对接，而是需要精巧地设计对接的机制。"公共管理学"课程教学团队，十分注重利用和挖掘我系学生活动资源，并将有限的资源化为与校园文化相融通的机制，从而拓展了课程教学发展空间，更加贴近学生的实际需要，丰富了校园文化内容。

第一，以"学术调研杯"为"孵化器""推进器"，积极提升与扩大学生参加"三下乡""挑战杯""创新创业实践项目"等活动的数量与质量。团队提倡与鼓励各位老师，积极参与由系学生组织——"团学联"开展的"学术调研杯"活动。指导学生设计"活动方案"；结合课程教学前沿与热点问题，提出 20～40 个研究主题供学生选择，通过书面资料向学生介绍这些研究主题的基本情况，学生可根据自己的兴趣自由选题；举办"社会调查研究方法""如何写作文献综述、研究方案及研究（调查）报告"的报告会与辅导会；指导学生调研小组填写《申报书》；召开"申报评审会"，对每个小组结合文献写出的报告或文献综述，以及在报告或综述基础上提出的今后的研究方向和策略或设计的新研究方案，教师进行评点打分，确定入选项目；学生深入基层社会进行调查研究并提交研究报告；最后举行"调研成果报告会"，调研小组制作 PPT 展示自己的研究成果，评定小组评出获奖等次并颁奖。由于教师的直接参与，"学术调研杯"活动的质量逐年提高，其中，有的成果获得"全国金融教育优秀论文三等奖"、广东省"挑战杯"学术论文大赛三等奖，还有更多成果成功申报或已完成国家、广东省、学校三级"创新、创业实践项目"。

第二，以学生活动——"模拟公务员考试大赛""读书活动"和"论公行嗓"为主体，搭建课程教学运用与效果展示平台，丰富校园文化内容。"模拟公务员考试大赛"是校团委确定的、面向全校的学生活动巡礼项目，到目前已经连续举办了八届，积累了丰富的经验，也取得了很好的成效。"模拟公务员考试大赛"从总体上凸显了三方面成效：其一，在公务员培训机构从业人员的指导和参与下，将公务员考试最新知识与技能引入其中，如在课程教学中，就及时吸纳了一些笔试和面试的题目，如"新型城镇化中，房屋拆迁遇到了文物，应该怎么办？""工商局出

台文件，叫停酒店不允许顾客自带酒水的规定，你怎么看？"等等，使"公共管理学"课程内容日新月异。其二，激励学生将理论与实践知识学以致用，通过竞赛考查学习效果，如"单位让你组织一次扶贫济困活动，你怎么组织？""国家出台加大民间文化投资的政策，但却出现了'民间冷''政府热'的现象，你怎么看？"等等。其三，为学生参加正式的各层次公务员笔试、面试提供锻炼平台。模拟公务员考试，无论从程序还是规则，都是按照真实考试设计，不仅是知识和技能的训练，更重要的是心理素质、情景融通、人际交往等情感意志的训练。在特定时空，面对几个专业机构的考官，当面回答问题，考官打分并对每一位考生一一评点，特别是对考生眼神、语速、礼仪等的指点，实在机会难得。

第三，以广州社情民意研究中心、天河区统计局和龙洞街道办事处等实践教学和社会实践基地为延伸场域，拓展课程教学空间和锻炼学生才能。广州社情民意研究中心实践教学基地为学生进行社会调查研究提供了锻炼平台。基地每期可以为30名左右同学提供为期四天的上岗培训，考试合格才可以上岗工作。培训内容系统且具有实际操作性和针对性，在工作过程中也有专门的导师指导，将学生在学校课程教学中学习的理论知识与具体工作内容相对接，学生受益匪浅。特别是中心所存储和实时采集的数据，为学生完成所承担的各种项目和顺利完成毕业论文写作，提供了实证根据和大量素材。清远市清新县三坑镇社会实践基地，承接了我系几届学生进行社会实践，学生在深入乡村为当地中小学生进行授课补习之外，也深入当地移民村对村民生活状况进行实地调查，他们撰写的两篇有关移民扶贫工程的调查报告，先后获得全国金融教育征文三等奖和广东省大学生"挑战杯"学术作品大赛三等奖，也为当地政府制定相关政策提供了参考建议。同学们通过参加实践教学基地和社会实践基础的实习活动，不仅凝练了他们的"问题意识"，还激发了他们的求知欲望；不仅增加了他们的现实认知度，还提升了他们的社会责任感。而对教师来说，参加学生活动，既增进了师生情谊，也汲取了教学养分。

课程教学，需要精心打造团队来夯实教学基础，需要不断进行精细改革来贴近学生实际，更需要充分利用学生活动对接校园文化建设，这是课程教学生命力、吸引力与影响力之所在，也是课程教学达到精致化目标的有效路径。

以精致化管理与服务促进学校跨越式发展

——从人才培养模式创新切入

安雪梅①

摘　要：精致化理念是对新时代高校教学管理、教学服务、人才培养理论的创新，具有极为丰富的内涵和外延。精致化管理是人本管理和科学管理的有机融合，精致化管理也是当今高校学生工作改革和创新的重要发展方向，亦是提高高校教学质量的必经之路。作为一种力图实现管理效益最大化和最优化的现代管理理念，对于我校的学生管理的制度创新、教学改革以及当前进行中的人才培养模式创新均具有极为重要的指导意义和学术价值。

关键词：精致化；管理；创新；人才培养

　　精致化管理理念最早源于美国的"精细管理"概念。这一理念强调管理过程精益求精，要求管理工作做到制度化、标准化、程序化，强调执行力和绩效评估。此后，我国台湾学者受该理念影响，提出"精致教育"的思想。他们将这些思想普遍运用于中小学的基础教育领域，将追求精致化的过程绩效视为当代教育管理的目标之一。

　　2008年以来，国内教育界相继提出精致化管理以及精致化教育的理念，并付诸实践，取得了一定的研究成果。这是我国教育改革更深更广地发展的重要转折点，也是当前教育界所面临的崭新课题。2014年2月26日，国务院常务会议通过了"关于加快发展现代职业教育的决定"，中国高等教育即将面临革命性的调整。这对于我校而言，既是重大的发展机遇，亦是一场严峻的挑战。在高校教育改革和人才结构调整的关键时期，究竟应该采纳何种办学理念来指导未来数年的教学与管理工作，实现学校的跨越式发展，是关系到全体师生切实利益的根本性问题，亟须投入精力研究分析。

　　校党委副书记王秀明博士基于进一步提高我校学生工作的整体水平和质量的前提下，适时地提出了将学生工作导向精致化建设的新思路。这一思路对于教学管理

---

①　安雪梅，女，博士，教授，广东金融学院法律系副主任，知识产权学科带头人，省法律风险管理研究会副会长。研究方向：知识产权与法律风险。

和我校正在开展的人才培养模式创新同样具有重要的指导意义和学术价值。

一、精致化理念的深刻内涵

精致化理念是对新时代高校教学管理、教学服务、人才培养理论的创新，其具有极为丰富的内涵和外延。精致化管理是将优质管理理念运用于高校教育管理体制的一次制度性突破，是社会化大生产和社会分工细化对现代管理的必然要求。学校管理的粗放型与精致化的区别正是导致学校之间、学生之间差异的关键所在。

（一）精致化：优质的教育管理理念

精致化首先是一种优质的管理理念，可普遍适用于高校学生管理、教学管理和后勤服务等多方面。精致化管理是科学精神与人文精神相互交融的管理，是追求卓越、精益求精、周到细致、精雕细刻的管理，是既注重细节、过程，又重视结果的管理，是质量与效益同步提高，教育投入与教育产出均衡的管理。精致管理同时又是贯彻以人为本、回归本真精神的管理，在精致管理理念的实施过程中，实现高校各项管理工作的改革与创新，彰显不同类型高校的办学特色，使办学更为科学。

长期以来，在高校管理工作中存在一种"钟摆现象"，即人为地把科学管理与人本管理对立起来，视为水火不相容的思想与模式。其实，科学管理在注重科学原则、科学方法，强调制度管理、规范管理、标准化管理的同时，并没有否定人的因素的作用。同样，作为确立人在管理过程中主导地位，围绕着调动人的主动性、积极性和创造性去开展管理活动的人本管理，也不能仅仅认为尊重人、信任人、关心人，就是人力资源的开发与利用；恰恰相反，人本管理十分重视组织结构的科学管理和规章制度的变革。精致化管理正是融汇科学管理与人本管理的各自优势，形成一种以文化为特征的管理理念与模式，其价值取向是科学精神与人文精神的融合，是可持续发展的生态哲学观。

作为一项管理工作，精致化注重过程和细节的管理，要求做到周到、精致、精细入微、精雕细刻。没有精致化的管理，优质教育只能是一句空话，必然会流于形式，流于做表面文章。真正的优质教育，既要重视培养严谨缜密的科学态度，也不能忽视人文关怀。精致化的理念就很好地兼顾了这两者，它重视细节，在精致化理念的引导下，高校的管理者能够做到从规划组织到实施的整个过程都精致、精心，使学生在潜移默化中得到成长。

精致化还是一种追求卓越、精益求精的管理境界，把人的发展放在至高无上的地位，通过打造精致化课程，实施精致化教学，向精致管理与服务要质量，从而提高学校管理效能，提高教育教学质量，提升学校品牌；走精品化教育发展之路，营造精致化校园环境及精致和谐的人际氛围，实现至真、至善、至美的理想目标。

精致化理念强调高校管理者要重视人才培养的质量和效率。人才培养的质量是高校的生命线，关系到整个高校的未来的发展前途。高校各项管理工作不仅要提升人才培养的质量，更要优质教育，重视绩效。当今社会，高校管理工作的绩效或功能主要体现在人才培养、科学研究、服务社会和文化传承四个方面。在教育投入经

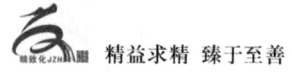

费相对不足的情形下，探索现有资源下的精致化管理，是实现上述四项功能的可行路径。

（二）精致化：高度的责任心和敬业精神

人生活在社会上，总要扮演着这样那样的角色，都有着自己的角色定位。这些角色定位中，不仅体现着个体的社会身份，也包含着社会对个人的期望。而人与人的交往交流又构成了整个社会关系，每个人的行为都直接或间接地影响着他人的生活。因此，每个人不仅要为自身负责，也要承担起对他人、对整个社会的责任。梁启超说过，"人生于天地之间，各有责任。知责任者大丈夫之始也，行责任者大丈夫之终也。"这就是说，每个人都有自己的角色定位，履行一定的社会责任。

从伦理学的意义上说，责任心是一个人的道德良心和责任伦理。一个人有道德良心，就能够自觉自愿地为社会和他人尽义务，同时也把它作为自己的责任。没有这种深刻责任意识，就很难说有一种道德良心。一个人有了责任心，就能自觉主动、尽职尽责，与此同时，个人的价值也才能得到充分体现。责任心也是一种责任伦理，它是指一个人必须具备做人的热情，超越虚荣的责任感和与人与事保持一定距离的判断力，对自己行为的可预见后果承担责任。这一责任伦理的思想对于学校教育、学校管理同样具有重要的价值。

精致化管理所遵循、倡导的责任伦理，既是一种热情、一种责任感、一种判断力，又包含着"对自己行为可预见后果承担责任"，即对学生的未来发展、终身发展负责，对教师的专业发展负责，对学校组织的持续发展负责。精致化不仅要面对现实，而且要着眼于未来，要有终身负责的理念和策略，为学校持续发展精心策划，为学生学业发展精细导航，为教师职业发展搭建成功的舞台。

精致化的内在机制要求高校的教育管理者具有高度的责任心和敬业精神，这是现代教育管理理念对高校教育工作者提出的更高职业素养要求。没有高度的责任感、事业心，没有崇高的敬业精神，就不可能做到精细入微、周到细致、尽善尽美。责任心，意味着忠于职守，尽职尽力，全力履行职责和义务；意味着兢兢业业、勤勤恳恳、认认真真，不敷衍了事，不得过且过，自觉承担应当承担的责任，不将自己应当承担的责任推卸给他人。

（三）精致化：管理决策的规范化和科学性

学校发展的各项制度决策、策划既要有整体的全局意识，又要在细节处有精致化思维。管理的本质是决策。学校发展最重要的环节就是决策、策划工作。所谓决策是学校管理者在一定条件下运用科学的方法对学校发展方案进行研究和选择的过程。策划则是根据决策的理念谋划、设计学校的发展。决策与策划是一种前瞻性、预测性、全局性、长远性的思考与研究，是从发展战略的高度设计、规划学校发展的蓝图和模式，开发并优化组合教育资源，以提高学校适应社会发展、变化的能力和自我发展的能力。

精致化理念能够帮助学校管理层确定行为准则，让各项决策更为精当。学校发展的决策与策划，既是一项整体性、战略性的工作，同时又是一项讲究细节的工作。科学合理的决策、策划是学校管理成功的一半，能够引领学校走向成功，而拙劣、平庸、粗糙的策划，只能导致学校失败或业绩平平。这就要求管理者不仅要从发展战略的高度，而且也要以精致化理念设计、规划学校的发展。既要有发展理念、发展定位、发展目标的策划，也要有发展环境、发展策略、保障机制的策划；既要有全局性、创新性、特色性，又要有操作性、可行性；既要有高屋建瓴的方案，又要从多视角设计各种可能方案；既要考虑到发展的前景，又要注重方案内容的细节。每一项工作内容都由专人负责，制定整个流程，明确每个人的职责，精心、精细地做好每一个步骤、每一个环节，保证每一项工作都是精品。精心是态度，精细是过程，精品是结果。

精致管理的最终目的是为了学生的发展，它绝不是仅指少数拔尖学生的发展，也不意味着部分学生的发展，而是面向全体学生的发展，力求让每一位学生在学校都能够得到最充分的发展。精致化管理要求管理者必须确立以学生为中心的服务意识，确立教育服务的理念。真正确立以学生为中心、以学生发展为本的服务意识，学校的一切工作都是为学生精心设计与实施的。教育无小事，事事见匠心，这正是精致管理、精致教育的本质精髓。

由此可见，源自企业管理理论的"精致化"理念在教育领域焕发出极为丰富的内涵。在现代教育改革进程中，精致管理已经成为整个高校运行的核心工程，其本质意义就在于它是一种对战略和目标分解细化和落实的过程，促使高校战略规划能有效贯彻到每个环节并发挥作用的过程，同时也是提升高校整体执行能力的一个重要途径。从这个角度来讲，学校管理的精致化，将为学校管理迈上科学、规范与可持续发展之路提供有力的制度支撑。而所谓的精致化管理就是指以精益求精的管理态度去落实教学的细节管理，坚持以人为本的管理理念，从而实现教学管理效益的最大化和最优化的一种现代的管理模式。

二、从精致化至科学化：高校人才培养模式创新

为社会输送人才是高校的基本职能，教学是培养人才的主要手段和阵地，因此，服务于教学活动的教学管理是高校管理的核心。精致化教学管理是将"教书育人、服务育人、管理育人"的教育思想和教学管理结合起来，注重细节，精心精致地服务于课堂教学活动，更好地助力学生成才。

人才培养模式是高校教学管理的纲领性文件，它决定了学生的知识结构和能力拓展方向，是决定不同高校之间毕业生未来差距的重要原因。人才培养目标通过具体的课程设置和能力拓展模块实现。而要实现学校各专业的人才培养目标，就必须有一定的人才培养管理模式。因此，高等学校的人才培养模式、课程改革及教学管理模式构成高校教育改革的核心内容，共同构成了高校人才培养的基础工程。

自2009年以来，我校提出了应用型高校的基本定位并在人才培养模式方面创

造性地推行了"CPE"人才培养模式①,将我校各专业人才的知识结构划分为基础教育、专业教育和职业教育三大模块。其中,基础教育模块和专业教育模块包含了专业人才需要具备的基础知识,职业教育模块则由塑造学生职业能力的课程集群组成,其课程设置体现了不同高校之间的办学特色和学生素质差异。然而,在高校人才结构正在发生巨大调整的情形下,当前的人才培养方案亟须调整,精致化理念可为人才培养方案的调整和教学管理模式的创新提供指导性思维。

要践行精致化教育管理理念,就必须积极探求精致化的人才培养和管理模式。新一轮教育课程改革的总体目标是努力构建具有中国特色、充满活力的课程体系,为造就数以亿计的高素质劳动者、数以千万计的专门人才和一大批拔尖创新人才奠定基础。从学校层面来说,要根据时代性、基础性、选择性的原则,在认真学习、领会并努力实践课程标准的同时,积极探索校本化课程体系,充分挖掘、开发校内外课程资源,建设自主开发和编制、可供学生多种选择的校本课程。校本课程开发实质上就是从课程层面探索人才培养的有效模式与途径,从课程层面来打造学校办学特色。有了精品化的校本课程,也就形成了学校课程特色,学生与教师的发展也就有了坚实的基础。

构建精致化的人才培养和管理模式需要厘清几个关键问题。首先,人才培养模式的精致化理念如何表征?蕴含精致化理念的人才培养方案应当是具备精细化、科学化和合理化的课程计划,在向学生传授知识的过程中始终注重学生能力的培养。从高校的教学规律来看,精致化不能简单将之等同于精英化,精致化的人才培养模式应当不仅关注优秀学生,更应关注渴求知识、渴望进步的普通学生,应当重视学生的全面需求并通过细致的管理和服务工作促使每一位学生不断突破自我,实现人生的价值。

其次,精致化的教育理念应当内化到学校的管理和服务的每个环节之中。精致化教育理论要求学生在高校学习期间整体素质得到提升,在学习专业知识的同时,同样受到人文素养和科学精神的熏陶和塑造,使学生在达到专业培养目标之余,能够同时具备较强的抗压能力和较为端正的处事态度,且怀有感恩回馈之心,这样的学生才能成为祖国建设的栋梁。基于此,丰富的课外活动并不等同于人才培养的精致化,各类实习实践基地的开拓与维护也不能简单地等同于人才培养的精致化。

再者,人才培养模式的精致化理念的推行效果有待科学合理的评价指标及评价体系。短期的良好评价不等于人才培养模式的精致化,部分管理工作的优化和管理绩效的提供也不能简单得出已经实现人才培养模式精致化的结论。人才培养模式和管理的精致化要从加强课堂教学效果、培养专业特质、注重精神塑造以及关注能力拓展等方面精心设计,真正实现人才培养目标。

---

① 即"通识教育(C)+学科教育(P)+职业教育(E)"人才培养模式。

三、从精致化至规范化：高校教学管理效能提升

精致化管理是学校不断进步、实现卓越的重要途径，是适应社会需求、打造精品学校的必然选择，能够提升学校整体的办学水平和发展潜力。一所学校的精致化管理质量和水平决定着教育、教学、服务等方方面面的质量和水平，代表着一所学校的形象，体现着一所学校的校本精神。

高校的精细化教学管理必须紧紧围绕一切为了学生的理念，从小事着手，注重细节，精细地组织教学过程的每一个细节，实现教学目标。精致化教学管理中的"精"要求教职工在态度上要精益求精，完成工作时要树立明确目标，细化岗位职责，优化工作流程；"致"要求学校的教学管理涵盖教学工作的整个过程，提高管理工作效能；"化"要求高校管理人员树立规则意识，注重规则、数据和程序。

当然，精致化管理是一个长期的过程，它不能一蹴而就。高校的精致化管理涉及诸多层面，师资管理、学生管理、教学流程、后勤保障、基础建设等方面，无不需要高校教育工作者一步一个脚印地去探索和实践，从而营造出一个优化的育人环境。

精致化的管理理念对教师提出了更高的要求。作为一个专业教师，我们应当从思想上树立精致化管理的理念，把精致化管理内化为自己的行动准则，树立"精心、精细、精品"的工作观念和品牌意识，事事力求"精致"。在工作中，不仅需要具备扎实的专业素养，还需要始终保持开放包容的育人心态，坚持脚踏实地、不断进取的工作作风，积极探索未知领域并不断完善自我，努力营造积极向上、和谐共赢的校园文化，以良好的精神面貌践行精致化管理和服务理念。我们相信，当"精致化"成为每一个教育者内在的一种品行时，它将不仅仅是一种管理体制或思想方法，必将作为一种生存方式对我们的工作和生活产生深远的影响。

另一方面，我们还应认识到，学校实行精致化管理不是刻意增加工作量，而是从细节着手，更全面地把工作落到实处，减少工作失误。精致化管理是当前教育改革所提出的新的需求，是增强教师责任意识，培养学生良好行为习惯，为社会输送人才的重要举措，我们必须脚踏实地、持之以恒地做好。通过实施精致化管理，使精致化管理理念始于行动、成于文化，最终实现学校的跨越式发展。

四、结语

精致化理念是对新时期高校学生管理、服务和人才培养理论等多维度的制度创新，对于高校的各项管理工作均具有指导价值。精致化管理不仅是一种教育模式，也是一种管理理念，更是一种价值的追求。随着现代教育的发展和教育改革的深入，以人为本的高校学生精致化管理模式终将取代传统的管理方式。我校作为一个处于转型期的应用型高校，应当倡导全体教职员工深刻把握精致化理念的丰富内

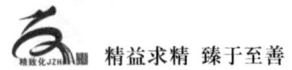

涵，切实树立起精致化管理的理念，将精致化理念贯彻到教学管理与服务的每一个环节当中，为学校的跨越式发展提供助力。

参 考 文 献

[1] 王铁军. 精致化：学校管理的新理念、新策略［J］. 教育发展研究，2007（3）：24－28.

[2] 张菊荣. 精致化管理的价值取向、内涵追求及操作智慧［J］. 江苏教育，2009（5）：32－35.

[3] 张新成. 论高校教学管理的理想追求［J］. 教育论丛，2014（9）：274－275.

[4] 杨金林. 学校精致管理与精致文化浅探［J］. 江苏教育研究，2009（8）：24－29.

[5] 徐邦桃，高剑宏. 以精致化管理促进学校跨越式发展［J］. 基础教育研究，2012（8）：18－20.

[6] 秦颖. 学校精致化管理探析［J］. 管理研究，2012（6）：55－57.

[7] 曹晓进. 浅谈高校教学管理精细化工程［J］. 辽宁行政学院学报，2011（7）：91－93.

[8] 肖小聪，田红敏. 论应用型本科院校精细化教学管理的实施［J］. 南昌工程学院学报，2011（10）：84－86.

[9] 刘振平，李金东. 精致化管理：高校学生教育管理新理念［J］. 湖北函授大学学报，2011（10）：15－16.

[10] 严卫林. 教学精致化管理要坚持"三化"与"三性"［J］. 当代教育论坛，2008（1）：13－15.

[11] 史秋衡，刘丽丽. 认同危机：我国高等教育质量管理的隐忧［J］. 中国高等教育，2007（24）：25－27.

构建精致化高校学生工作创新体系研究

——以广东金融学院为例

吴文忠[①]

摘　要：本文根据高等教育的要求和学生工作的规律，依据高校学生工作的目标，以广东金融学院为例，提出确立精致化学生工作理念、制定精致化学生工作制度、改革精致化学生工作体制、建设精致化学生工作队伍、创设精致化学生工作平台、创新精致化学生工作模式、构建精致化学生工作评价体系的精致化高校学生工作创新体系框架和结构。

关键词：精致化；学生工作；创新体系

一、前言

学生工作是高等学校工作的重要内容之一，是维护学校正常教学生活秩序、促进学生健康成长的重要保证。推进高校学生工作创新是形势发展的迫切需要。近年来全国部分高校根据企业精致化管理的理念，将精致化引入学校管理，引入学生工作。2013年广东金融学院党委副书记王秀明博士提出实行学生工作精致化管理以来，学校学生工作机构和相关人员纷纷行动起来，交流、研讨和实践精致化管理工作，深刻体会高校推行学生工作精致化管理的必要性。精致化管理充分体现了当代高等教育改革的重要发展走向，也符合新时期大学生的身心特点和价值取向。推进高校学生精致化管理创新是适应高等教育大众化，加强和改进学生工作的内在需要，是培养创新人才的需要。精致化学生工作的全面性、系统性、创新性、科学性、原则性、实效性以及精致化学生工作制度化、人本化、全员化的特性，要求我们必须进行顶层设计，构建精致化高校学生工作创新体系，以创新的精神，以精致化管理的理念，通过不断的探索和实践，为学校学生管理创一流、上质量提供指引。

[①] 吴文忠，男，硕士，教授，高级实验师，广东金融学院工商管理系党总支书记。研究方向：教育技术、信息管理与信息系统、科技经济、货币文化。

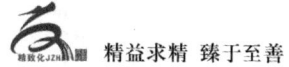

二、确立精致化学生工作理念

精致化管理是源于日本20世纪50年代的一种企业管理理念，是现代管理学中一种重要的理念和文化；是常规管理引向深入的基本思想和管理模式，以最大限度地减少管理所占用的资源和降低管理成本为主要目标；是一种对战略和目标分解细化和落实的过程，是让组织的战略规划能有效贯彻到每一个环节并发挥作用的过程，同时也是提升组织整体执行能力的一个重要途径。最早将精致化思想引入教育学理论的是我国台湾的学者，并因此提出了精致教育的理念，追求精致化的过程和绩效是当代教育管理的目标之一。精致教育的基本要素包括注重科学精神和人文精神，注重过程、细节和结果，追求卓越、精益求精、周到细致、精雕细刻。高校学生工作精致化管理是精致教育理念的具体运用，充分体现科学发展理念的管理。它依靠以人为本的科学管理，注重科学精神和人文态度，从内心深处来激发每一名高校学生的内在潜力、主动性和创造精神，使他们能真正做到心情舒畅、心有追求、心有创新地开拓新的业绩，成为在激烈的市场竞争中取得竞争优势的优秀人才[1]。高校学生工作精致化管理是一个高度、一种境界。根据北大等其他高校推进精致化管理的经验，结合我校学生工作实际，实施学生工作精致化必须确立牢固的精致化理念，紧紧抓住精致化的精髓，掌握其实质和内涵。

人本化：精致化管理首先要以人为本、以生为本，在管理中体现人文主义，做到相互尊重和有效沟通，体现团结和谐、创新奉献的校园文化。将"追求卓越、打造精品"的精神作为全校师生员工的共同精神，把培养高素质的学生作为全校员工的共同目标[2]。

制度化：有法可依是社会主义法制建设的先决条件，实施学生工作精致化管理同样必须制度先行。制定科学完备的制度，做到有章可循，是实施学生工作精致化管理的前提。否则，学生工作精致化就只能是空喊口号。

规范化：精致化强调"做什么""怎样做"以及"怎么才能做得最好"，通过细节的规范、流程的规范再造，从根本上激发和培养学生自觉学习、自主管理、自我服务、自我提高的意识，从而形成做事认真踏实、讲求实效的习惯。

科学化：遵循教育规律及学生身心发展规律，才能在最大程度上调动学生的主动性、积极性和创新性。这就要求学校在制定精致化管理的规章制度时必须确保制度的科学性，不能随心所欲，"拍脑袋"决策。必须经过科学论证，确保制度本身的科学完备，不留隐患和漏洞，管理流程设计要体现科学、高效[3]。

核心化：学生工作精致化管理的核心在于服务高校人才培养，学生思想政治教育，行为管理和日常生活等工作，学生管理就是通过非学术性事务和课外活动对学生施加教育影响，以规范、指导和服务学生，丰富学生校园生活，促进学生成长、成才的组织活动。

个性化：在精致化管理过程中，教师和学生都需要足够的空间来发挥能动性和创造性，而学生更需要一定的空间去提升其自主治理能力、参与意识，如此一来，师生的综合能力才能提升。信息时代的大学生群体更趋个性独立，思想多元，学生工作者应该利用精致化的新平台，加强和学生个体的交流，努力掌握个体的特性，注重人文关怀[4]。

全员化：精致化管理是学校发展的一种内在需求，它是层层落实管理责任，变一人操心为大家操心，将学生工作责任具体化、明确化、细致化，它要求每一个人对每一项工作都要尽职、尽责、尽力，做到人人都管理、处处有管理、事事见管理。每个步骤要精心，每个环节要精细，每项工作是精品。学生工作精致化管理要抓出成效，就要全校师生员工在思想上达成共识，明确精致化管理的重要性，将管理责任具体化、明确化，力求制度完善、系统科学，权力层层有、任务个个担、责任人人负[5]。

系统化：从学校教育实践的本质出发，学校制度的运行和总体工作目标的实现，更需要各职能部门的齐心协力。精致化管理系统化的运行机制强调人人都是管理者同时又是被管理者，为了使学生工作不留管理死角和盲点，必须构建多维度网格化信息系统，用系统论科学处理学生工作[6]。

特色化：办学特色问题在哲学领域其实是个性与共性、一元与多元的关系问题。从微观层面讲，精致化管理的目的是充分注重师生的个性发展，从中观角度讲则是注重管理措施的针对性，而从宏观方面来说精致化管理的目的则在于办学特色的凝练。办学特色既可以通过学校的办学理念体现，例如大学的治学方略、办学思想等，它们是大学的灵魂所在、特色之本；而学校的管理体制、运行机制、学科布局、课程体系、人才培养模式等方面则更是重要的体现。

三、制定精致化学生工作制度

广东金融学院虽然有六十多年的办学历史，设计了体系完备的一系列制度，也进行过几次大规模的制度修订与汇编，制度在学校升本和高校扩招的十年里基本上能够保障学校的办学要求。但是，随着学生工作精致化管理的提出，按照精致化学生管理的要求，我们对原有学生工作制度进行梳理，发现存在以下问题亟待改革和完善：一是原有制度偏重行政管理，侧重管理的有效性和有序性，缺乏稳定性、教育性、服务性和互动性，不利于育人作用的充分发挥。二是现有的学生工作制度在由国家法律、政府政策以及校规校纪构成的体系化的整个学生工作规则制度中，存在结构性的残缺、冲突和不对接的状况，从而影响规模性、可复制的工作的进行，容易出现一些问题和造成某种障碍。三是学生工作机构与队伍的管理和运行还缺乏相关配套的制度，如管理体制制度、人员培训制度、工作评价制度等。

高校精致化学生工作是在高校常规学生工作的基础上，将管理不断引向深入、规范、有效的一种管理模式。要加强整个学生工作制度的梳理、协调、制定和完善，使其与国家的法律、制度、法规和政策进行无缝、协调、有效连接。以公平、公正、公开为原则，建设具有指示、引导、评价、教育功能，具有稳定性、可预见性、服务性的业务工作制度，如奖助制度、职业生涯规划制度、工作运行程序、评优选拔制度、辅导员谈话制度、辅导员巡视学生宿舍制度、学生突发事件处理办法、促进学生参加社会实践的办法、毕业生档案整理规定、学生信息汇总工作条例、职业生涯规划活动实施办法、学生课外学术科研作品竞赛实施办法等。在建章立制的过程中，应涵盖其意义、做法、操作程序、时间节点、负责人、特殊情况处置办法等，应具有可行性和可操作性[7]。在制度的执行中要严格依照规章制度进行管理，从细微处入手，形成"有规定、有考核、抓落实、重检查、有奖惩"的工作机制，将管理责任具体化、明确化，把管理责任与目标进行分解，将管理落实到学生工作的每一个方面、每一个环节、每一个岗位，做到"人人尽职，事事到位"[8]。高校学生工作制度必须科学、严格、务实、可行，必须植根于学校管理现状并符合学校发展趋势。

四、改革精致化学生工作体制

高校学生工作体制是指高校学生工作的机构设置和管理权限划分的组织制度和领导制度。它主要解决高校学生管理工作应当由谁负责、由谁来进行管理的问题。广东金融学院是从中专、专科、本科、研究生不断发展升格的省属院校，学校学生工作的体制虽然也随着发展不断变化和进步，但是，在学校学科、专业都得到长足发展，在校生从几百人发展到现在两万多人的规模的情况下，学校仍坚持一级管理的体制行进艰难，作为二级院系的党、团、学工作机构每天几乎都是在处理学生工作综合部门的活动、业务、检查、唱议、注意、通知等事务。学生工作、招生就业、团工作、助学贷款等经费高度集中在学生工作综合部门，二级院系业务上应接不暇，所有考核评估都落在院系身上，完全没有主动性和积极性，更谈不上创新性，责权利完全扭曲，学生工作队伍的能动性和创造性得不到发挥，在观念上保守与落后，学生工作变成"救火"行动，都满足于"风平浪静"的太平盛世，习惯于说老话、走老路、落俗套[9]。另外，目前的院系学生数少则一两千，多则三四千人，院系一级管理中只有一个层次，即下设辅导员，由辅导员管理班级，一个辅导员负责学生200～400人，管理层次较少而幅度过大。由于管理人数过多，工作量大，难以及时有效地开展工作，也很难做到管理精细化。因此，按照学生工作精致化管理理念，健全学生管理机构，推进学生管理运行机制创新，整合学生工作队伍显得非常重要，这是目前学校推进精致化管理，促进学生管理资源有效配置的前提条件。

目前，学校当务之急是对学校教育资源重新整合和优化配置，形成学校、院系两级管理层次，明确校、院系职责和权限，转变学校职能部门的管理职能，管理重心下移，建立以院系为中心的管理体制，以提高学校的办学效益和办学水平。学生工作是二级院系实施教育职能、培养合格人才的重要工作内容，也是高校各项工作的重要组成部分，它体现着一个学校的校风校貌，是学校管理水平提高的重要标志，并已成为衡量学校综合水平、学生素质的一个重要标准。校、院系二级学生管理工作作为学校管理工作的重要内容，其模式是一种不同于传统行政机构的新管理模式，其实质是学校原有的以学生工作综合部门为主体的管理模式转变为以二级院系为主体的管理模式。要明确学校学生管理工作的总体目标，明晰分级管理层次，实行学校目标管理、院系过程管理，使学校职能部门把主要精力放在制定规章制度、履行服务职责、加强目标检查与监督以及调查研究上来，逐步实现学校的管理模式由过程管理向宏观调控转变。院系学生工作要根据学校总体要求，结合自身实际做出决策，同时也要面向全体学生，实施具体计划，做好具体工作。管理重点在机构上，各院系本着精干高效的原则，成立学生工作办公室与院系团委办公室，建立由副书记、辅导员、班主任（助理班主任）、学生干部组成的学生管理队伍；院系设立党校、团委、学生会；专业或年级设立党支部、团总支、学生分会；班级设立团支部、班委；宿舍管理等四个层级的学生管理机构。副书记负责学生管理全面工作，辅导员实行分专业或年级管理，院系团委、学生会等组织由不同辅导员分工负责，班主任和助理班主任负责班级管理具体事务，学生干部带头并负责做好学生群众性组织管理和学生自我管理。在这种纵横交错的运行机制下，学生管理者实行对组织机构的直接管理，管理目标明确，职责清晰，同时将年级辅导员、班主任（助理班主任）、专业或年级学生干部力量整合，便于对所管辖专业或年级学生动态与信息做全面的沟通与交流，便于对学生管理工作进行协商与探讨，有利于形成学生管理合力，进行精细化管理，增强管理效果[10]。

五、建设精致化学生工作队伍

学生工作队伍是学生管理主体的主要力量，是学生管理活动的主要执行者。学生管理队伍一般是由校党委副书记、党委学生工作部、招生就业处、校团委等管理人员和院系党总支副书记以及辅导员系列组成，辅导员、班主任是学生管理工作的中坚力量，其执行力直接体现学生管理工作的水平[11]。由于学校历来重教学、重科研，轻学生工作队伍建设，辅导员、班主任队伍不稳定已经成为学校学生工作的一大难题。由于辅导员工作强度大、收入低、缺乏身份认同感；同时部分辅导员把从事学生管理工作作为今后进入行政职能部门、当专业教师的过渡，因此辅导员队伍的流动性大。而从教学队伍中选聘的兼职班主任，有的出于一时的冲动，有的仅仅为了应付高校规定的教师职称评定的班主任经历要求，在工作中存在着不把学生工作当作自己的本职工作的现象，缺乏责任意识和长期承担学生管理工作的积极性和主动性，导致班主任经常调换。另外，学生工作管理人员学历层次低，经验少阅历浅，知识结构不合理。再者由于现有辅导员主要来源于高校各专业毕业后直接上岗的人员，其中许多人既没有系统的政治理论知识，也没有思想政治教育工作的实践经验，且工作后的专业培训不够，导致他们对自身业务的理论研究相对不足。这对推行精致化学生工作是一个致命的问题，因此建设精致化学生工作队伍也就尤为关键。学校要根据辅导员队伍专业化发展的方向，进一步整合学生工作队伍，构建高起点的工作平台，从根本上扭转学生工作的临时思想和应付思想。同时要从政策上，如职称评定、进修深造、年终考评等多方面加大对辅导员、班主任工作的激励

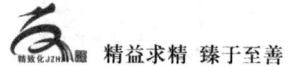

保障，使学生工作岗位真正成为对教师有吸引力和价值感的"终生"工作岗位[12]。

高校学生精致化管理具有一定的特殊性，要通过加强学生管理人员队伍建设，提高学生管理人员素质，对学校资源的有效配置、分配来促进学生的全面发展。为此，需要从以下两个方面来着手建设学生工作管理队伍[13]。一是优化队伍结构。学校应提高专职辅导员队伍的准入标准，要像引进教学、科研人才一样招聘引进优秀高学历毕业生充实辅导员队伍，对新进的辅导员要求其接受过系统的思想政治教育培养和培训，并进行素质认证，设置从业标准。辅导员队伍应向着专业化方向发展，招聘时可重点考虑教育学、心理学、管理学等专业毕业生，促进学生管理工作走向专业化、科学化、人性化。为了弥补专职学生管理队伍力量薄弱的缺陷，可以面向全校公开选聘兼职班主任，积极鼓励高职称、高学历、高职务的教师走上学生工作第一线，形成良好的校风。充分发挥学生干部的带头作用，充分发挥学生的中坚力量，为学生管理工作注入新鲜血液。利用学生干部在学生中的亲和力和凝聚力，及时掌握相关信息，对学生中出现的问题及时与教师沟通，做好协调管理，改善学生管理效果。二是建立科学的队伍管理、培养、考评和激励机制，做到职责明确、奖罚分明。根据工作内容和任务，制定一套完善的工作目标和科学考核办法，设立辅导员工作的量化考核指标，强化监督、监管机制。提高校内津贴分配标准，给辅导员、班主任定岗定酬，设立优秀辅导员、优秀班主任奖励基金，其标准与同级优秀教师的待遇看齐，设立思想政治教育的优秀科研成果奖，其标准与同级优秀教学或科研成果同等，为他们搭建充分交流沟通的平台，通过班主任之间的交流沟通，取长补短，共同提高学生管理工作水平。在建立严格的学生管理人员准入机制的同时，坚持选拔、使用、培养、提高相结合的原则，通过各种形式的培训，提高学生管理人员的现代管理水平，形成先进的思想观念与知识结构，提高他们的政治理论水平、业务能力水平，以保证学生管理工作的层次与水平不断提高[14]。

六、创设精致化学生工作平台

科学技术的进步和教育科学的发展使技术手段成为高校学生精致化管理的重要实现途径。先进的科学技术和方法使管理者能够更加全面、深入地把握学生动态，极大地提高学生工作的科学性、针对性和实效性。高校学生管理工作者应顺应信息化趋势，充分利用先进的科技手段，如电视、广播、网络、QQ、微博、微信等，发挥新手段对教育的促进作用[15]。广东金融学院办学虽然有六十多年的历史，但由于学校是从中专、专科、本科、研究生不断发展升级而来，在学校发展的历史进程中更多的是把精力投入到办学理念的提炼、学科专业的建设、教学管理的提升、科研水平的提高等人才培养最前沿的工作。学校信息化建设和信息化管理作为学校人才培养的辅助性工作虽然也得到了长足的发展，可惜因为意识、人才和学校高速发展而显得捉襟见肘的经费原因，学生工作信息化管理还停留在原始信息化状态，如发邮件、发短信。这对目前大数据云计算的时代来说，在全国高校中非常罕见，这种差距在精致化学生工作的倡导中应该得到高度重视，并付诸行之有效的实际行动,在精致化管理的理念引领下构建多维度网格化学生工作信息化平台。

首先,要统一规划、统一建设,构筑学生管理信息平台,推进学生管理手段创新。随着学校校园网络化、数字化进程的加快和校园网的普及与发展,互联网已成为大学生们获取知识和各种信息的重要渠道,并对他们的学习、生活、思想观念、行为方式、个体心理产生了深刻的影响,给大学生教育管理带来了一系列革命性的挑战。作为学生工作者,必须学习掌握计算机应用技术,努力探索网络时代学生管理的新方法、新途径,创新学生管理手段,提高学生管理工作的信息化水平、科学化水平,只有这样,学生管理工作才有吸引力。具体是要建立学生信息管理数据库[16]。从新生入学伊始,就要开始收集、整理学生各方面的信息,构建学生基本信息管理模块(学生学号、姓名、班级、职务、宿舍、联系电话等)、学生教育经历管理模块(开始日期、截止日期、所在学校、职务等)、学生奖惩管理模块(奖励时间、奖励项目、奖励等级等)、学籍变动管理模块(学生的退学/休学、转学/调班等)、课程设置管理模块(课程表的输入、修改、删除和查询以及学生选课情况)、学生成绩管理模块(学生的课程设置及录入学生成绩和补考成绩、计算所得学分等)。每个模块要求具备创建、添加、修改、删除、查询、统计等功能[17]。

其次,要利用社会资源,整合新媒体技术,构建"微门户"学生服务平台。"微门户"平台主要指的是一些主流的传播工具,例如微博、博客、论坛、QQ 群、贴吧、微信等。一是在学校开通学校学生工作的官方微博、QQ 群、微信公众号,遵循开放互联的原则,构建社会、家庭、企业等相关联的平台,经常更新动态,让学校和外界保持及时的信息交换;二是在学生工作部门和各院系建立部门的官方微博和 QQ 群、微信公众号等相应的媒介,学校各学生工作部门要按照便捷高效的原则,构建一个以服务学生为目标的互动平台,用这个平台为学生提供优质的服务,同时,通过双向互动,促使学生工作的服务质量不断改进;三是要建立学生组织和学生群体之间的微博、论坛、QQ 群、微信群等信息化媒介,鼓励学生社团、班级构建自由开放、文明守法的交流平台,进行同辈群体之间的交流和讨论,激发学生工作的活力。通过这三方面建设形成学校、院系、班级(学生社团)为体系的微管理体系,宣传国家相关政策和法律法规,介绍与学生切身利益相关的招生、就业、资助、心理等方面的信息和政策,发布与学生学习、生活、工作、情感、娱乐等密切相关的校园焦点话题,通过微媒介把学生聚集起来,实现网上网下的协调管理[18]。

最后,要跨越学生管理信息平台和"微门户"学生服务平台的鸿沟,建设有特色的校园文化。无论是学生管理信息平台还是"微门户"学生服务平台,系统的建设困难不是很大,管理才是最大的问题,通常是三分建七分管。要以人为主,系统作为基础支撑,要用系统论的观点,管理学的理论,建立有效的精致化管理措施,打通平台之间的信息鸿沟,开通与学生利益相关的信息渠道,实现校园的民主管理,以方便学生学习,节约管理成本,建设富有金融特色的校园文化。具体要在系统平台及门户中关注学生,入学教育工作要做到精致化,日常教育管理工作要做到精致化，学生党建工作要做到精致化，心理健康教育工作要做到精致化，家庭经济困难学生工作要做到精致化，就业指导工作要做到精致化。通过学生工作专题网页、微博、博客、QQ群、微信等的科学联动和信息共享，逐步形成自我管理、自我教育、自我服务意识，培养高素质人才的良好校风[19]。

七、创新精致化学生工作模式

目前大部分高校的学生管理工作都采用同样的模式，即学生处、党总支、党支部、团委、团总支等多头领导的辅导员、班主任管理体制。这种学生管理体制，体现得更多的是一个在科层管理体制下循规蹈矩的封闭系统，这种模式的特点是自上而下多层管理，系统依靠命令与服从才得以有序运转，且系统不与系统外的外界环境进行物质、能量和信息的交换，基本处于一种稳定的状态，但这种状态是一种僵化干枯的状态，使学生管理工作失去了应有的活力。虽然此体制在一定的时期曾发挥了积极的作用，但在面临各种变革的21世纪，这种模式显得越来越低效与被动，特别是在精致化管理模式下，这种体制一定程度上影响了学生工作的质量和效率，影响人才培养的目标。因此，只有按照精致化管理理念的要求，不断创新精致化学生工作模式，充分调动基层学生管理工作者的积极性并赋予他们一定的权力，让所有学生工作者、学生干部以至每个学生都行动起来，共享开放优质平台和资源，充分互动，激情碰撞，才能促使创新与具有活力的学生工作模式的形成[20]。

首先，依托精致化学生工作平台，培养开放精神，落实信息开放策略。反观我们现在的学生管理体制，体现得更多的是一个在科层管理体制下循规蹈矩的封闭系统，如果要把学生管理工作建构成一个开放系统，观念与思想的开放就必须先行。除此之外，学生管理工作的信息渠道也应呈开放的状态。现代社会是信息社会，你拥有什么信息，拥有多少信息，往往会影响事业的成败，学生管理工作是高校得以流畅运行的一个重要影响因素。因此，学生管理部门必须有丰富的畅通的信息渠道，以便了解系统内外的变动因素。这就要求在精致化管理理念的引领下，解放思想，开放创新，制定支持信息开放的标准，规范信息开放的程序，明确信息开放的权限、义务和责任。学生工作人员通过信息化、精致化学生工作开放平台的培训，不断提高开放精神和信息传播的技能，努力掌握精致化学生管理的理论与实践知识，不断提高创新力和执行力。

其次，采用"三维矩阵"工作模式，重构传统体制下的学生工作者职权，实施精致化管理。树形结构指的是数据元素之间存在着"一对多"的树形关系的数据结构，是一类重要的非线性数据结构，数学统计中的树形结构可表示层次关系。传统的学生管理模式就是层级分明的树形结构，学生管理的机构设置遵循了科层管理的自上而下的线性管理体制，这种体制也呈现出线性的特点，所负载的权力系统基本上是单向传导，反向反馈效率低下。矩阵，是线性代数中的基本概念之一，是由 $m \times n$ 个数组成的一个 m 行 n 列的矩形表格，三维矩阵是在二维矩阵的垂直方向构建的第三维数据。"三维矩阵"工作模式是将国家、政府、大学与社会、学校学生管理的各功能组织作为横向结构，将各项具体工作过程作为纵向结构，学生工作者、教师、管理人员、学生干部、学生、家长作为第三维结构，三者交叉相连，构成三维矩阵机制。国家、政府、大学与社会提供宏观人才培养信息，各职能部门紧紧围绕学校的工作，管理者、被管理者及家长参与到职能部门和具体工作的互动，三者既相对独立，又相互配合，你中有我，我中有你，有分工，有协作，有反馈，这样就能避免相互扯皮或出现管理死角，大大提高学校管理制度的执行力，以保证学生工作从上到下政令畅通，依规行事。构建"三维矩阵"精致化的模式无疑要将学生工作放入整个社会与市场的大空间中，使国家、政府、大学与社会、教育者与被教育者在以上的要求下有机、合理地关联起来，以资源和观念整合为条件和方法，使不同资源和观念能够良性关联和互动起来，促进其积极发挥育人作用，以开展有效的服务式管理和交流互动式的学生工作，建立以学校院系为主体，社区为依托、家庭为配合立体互动的学生管理体系，推进学生管理模式创新[21]。只有这样，学生工作的制度化、有序化、标准化、精致化、特色化才能够较好地落到实处，做到横向到边，纵向到底，第三维全员覆盖，有效提高学生管理运行中风险防范和控制能力，真正展示出"点点滴滴求合理，细微之处见精致"的功夫[22]。

八、构建精致化学生工作评价体系

广东金融学院升本十年，适逢对过去十年进行总结之机，学校提出了学生工作精致化建设思路。学生工作是高校工作的重要组成部分，它的水平直接影响到高校培养人才的质量。加强和改进学生工作，是近年来我校工作的着眼点和着力点，而以精致化管理理念为指导，构建我校学生工作考核评价指标体系，则是监督检查学生工作水平和质量、促进学校加强学生工作的重要措施。建立精致化学生工作评价体系，有利于增强工作导向性和目的性，明确学生工作的方向、目标和要求；有利于加强过程监控，发挥督导作用，进一步强化工作的针对性和实效性；有利于实施效果评价，发挥激励作用，增强事业心和责任感，激发工作主动性、积极性和创造性，努力提升学生工作水平。

高校学生工作内容多、头绪杂、涉及面广，一个科学的精致化学生工作考核评价体系，既要体现高等教育的要求和学生工作的规律，还要在尊重管理者和学生特点的基础上发挥其作用；既要反映学生工作的基本特点，力求体现新形势下学生工作的新内容、新要求，整体上反映学生工作各个环节的发展变化情况，又要便于对其工作状况进行综合评价，肯定成绩，总结经验，找出差距，促进工作。因此，精致化学生工作评价体系设置的原则有三个，一是全面性与突出重点相结合原则。学生工作精细化管理的推行受多种因素及其组合效果的影响，所选指标要反映其推行过程和效果，要涵盖各项指标，保证评价指标的完整性。考核指标体系和内容设计要体现对学校学生工作的基本性要求和发展性要求，成为学校学生工作的方向；要形成检验学校学生工作成效、工作水平以及学生工作队伍业绩的标准。二是客观性与可操作性相结合原则。客观性要求建立的指标体系应尽量减少人为主观因素对评价过程及结果可能造成的影响，保证评价结果的真实性，不能脱离学生工作的客观事实，必须做到具体、准确、符合实际情况。既要考虑学院学生工作的整体状况，又要考虑不同院系的学生工作特色和差异，做到定性与定量相结合，纵向与横向相结合，实现"以考核检查工作，以考核促进工作"的目的。指标的设立必须考虑评价所需各种资料、数据的可获得性和收集难度，并且指标体系的大小要适宜。因为指标体系层次过多、条目过细，则会在一些细小的问题上纠缠不清；指标体系层次过少、条目过粗，则不能完整地体现学校推行精细化管理的综合水平，所以评价指标应具备实际的可操作性。三是系统性与动态发展性原则。一方面该指标体系必须能够完整地、多角度地反映学生工作精细化管理的综合水平以及发展状况，并且评价目的和评价指标构成一个层次分明的整体，对其评价必须采用系统设计、系统评价的原则；另一方面该指标体系必须具有发展性，可以根据形势发展的变化情况，按照学生工作的具体内容、方法手段和指标要求的相应变化调整评价体系。因而，这个体系不是封闭和静态的，而是开放和动态的[23]。

精致化学生工作评价体系构建，首先是合理搭建学生工作评价体系框架结构，设计一级指标、二级指标、观察点和特色项目，覆盖学生工作的方方面面。学生工作评价体系主要涉及：一级指标如组织领导、思想政治教育、学风建设、学生管理工作、校园文化建设、就业工作和特色项目；二级指标如领导重视、组织机构、队伍建设、思想教育、党团教育、文化素质教育、纪律与安全教育、心理健康教育、学风建设措施、学风建设效果、日常管理工作、助学工作、文明行为管理、学生宿舍管理、学籍及违纪管理、创新与实践能力培养、社会实践活动、青年志愿者活动、学生课外文化活动、获奖情况、对外宣传、就业工作日常管理、就业指导、一次性就业率、特色工作。每个二级指标又设置了多个观测点，以便具体考核评价。其次是科学设置精致化学生工作评价体系的权重分值。如何科学分配评价体系的权重分值是建立这一体系的最为重要和关键的问题。根据学生工作的最终目标和实际效果要求，按照导向性的原则，在权重分值的分配上，一是要把握好重点和一般的关系，突出重点；二是要把握好共性和个性的关系，突出个性特色；三是要把握好虚与实的关系，突出学生工作的实际效果。第三是学生工作评价的方式和途径采用各院系自评、学生评和由相关职能部门组成的考核评价小组综合评价三种测评方式，同时，要注意把握自我评价与组织考评相结合、过程性评价与总结性评价相结合、定性评价与定量评价相结合、评价诸功能有机结合的原则[24]。

九、结语

总之，高校学生精致化管理是一种科学精神与人文精神相互交融的管理，是一种过程与结果有机统一的管理，是一种质量与效益同步提高的管理，是一种教育投入与教育产出相互均衡的管理。为此，我校在推行和完善学生工作精致化管理的过程中要按照构建精致化高校学生工作创新体系的基本要求稳步推进，尽力做到追求卓越、精益求精、周到细致。

参 考 文 献

[1][8][13][15] 龚文华. 高校学生工作精致化管理模式研究[J]. 河南教育, 2011, 8: 16-17.

[2] 张枫森. 对学校精致化管理的思考[N]. 中国教师报, 2008-06-25.

[3][4][5] 严卫林. 教学精致化管理要坚持"三化"与"三性"[J]. 当代教育论坛, 2008 (1): 28-29.

[6] 段天洪. 点点滴滴求合理细微之处见精致——学校"精致化"管理的再思考[J]. 辽宁教育, 2013, 10: 72-73.

[7][21] 杨晓雷. 精致化背景下参与互动式学生工作模式研究[J]. 北京教育, 2011, 10 (583): 33-35.

[9][20][22] 白丽云. 高校学生管理工作体制的现状与创新[J]. 文教资料, 2011 (1): 163-164.

[10] 朱志, 张雪杰. 高校学生管理工作实行校院两级管理的思考[J]. 中国电力教育, 2009, 11 (148): 156-158.

[11][16] 易晖. 高校学生管理工作创新的几点思考[J]. 教育教学论坛, 2013 (3): 16-17.

[12][14] 牛耀堂. 对新形势下高校学生管理工作的思考[J]. 许昌学院学报, 2009 (4): 152-154.

[17] 陈玉红, 刘浩. 对高校学生管理信息系统功能的描述与分析[J]. 制造业自动化, 2011 (3): 178-180.

[18] 孙林雪, 蔡培, 厉东伟. "微时代"高校学生管理工作精细化路径思考[J]. 开封教育学院学报, 2013, 33 (3): 92-93.

[19] 黄向军. 辅导员视角下大学生思想政治教育工作精致化的探究与实践[J]. 北京教育, 2010 (4): 59-61.

[23][24] 余修日, 桑胜利, 镡锋岚. 地方高校学生工作评价体系构建研究[J]. 科教文汇, 2007 (6): 25-26.

精致化视角下优化学生管理工作的探索

——基于广东金融学院的实践调查证据

吴炎太[①]

摘 要：本研究采用问卷调查方法，探讨精致化视角下广东金融学院学生管理工作的优化路径，通过对大二、大三、大四三个不同年级的在校学生问卷调查，研究各年级学生所面临的困惑以及对各项学生管理工作的期望与评价。研究结果表明，学生总体评价较为满意，但与期望还存在一定的差距，各年级的学生面临着不同的问题，并且对学生管理工作的评价存在认知差异。根据研究结果，针对存在问题，本文提出了改进学生管理工作的相关建议，以期提供有意义的借鉴。

关键词：精致化；学生管理；优化

一、引言

精致化是当前教育理论研究领域的前沿课题，精致化起初是一个管理学领域的概念，"即把科学管理与人本管理两种思想及其模式有机整合"，把两者的优势融为一体，避免它们各自的片面性。台湾学者最早将精致化思想引入教育学理论，提出了精致教育的理念，将追求精致化的过程绩效设定为当代教育管理的目标之一（张彦，2009）。精致化的基本要素包括：兼重科学精神和人文精神，其基本理念为：注重过程精致，追求结果卓越。"精致化"回应了社会和公众对教育的期望和现实需求，是对创新型人才培养方式的一种全新尝试。伴随精致教育理念在内地教育界的传播和实践，精致化成为教育理论研究领域集中探讨的一个新课题。本文以精致化教育管理理念为指导思想，以管理与服务过程发现问题、解决问题为研究导向，将目前学生管理工作状态与精致化教育管理目标进行对比研究，从科学思想和人本视角出发，借助实践调查等方式，以实证研究方法探讨精致化视角下学生管理工作的优化路径。

[①] 吴炎太，男，博士，教授，广东金融学院计算机科学与技术系副主任。研究方向：管理信息系统、企业信息化、会计电算化。

二、研究方法和调查样本

（一）研究过程

现有关于高校学生管理精致化教育的文献主要是结合自身教育实践的工作性研究，这类研究结合自身教育实践和理论文献做一些规范性探讨，缺乏大样本的实证。本文主要以广东金融学院在本科人才培养过程中的学生管理实践经验为基础，先通过对高校精致化教育管理文献进行研究，基于精致化教育理念探索高校本科教育中学生的基本需求，然后通过学生访谈以厘清主要问题，并为初步设计调研问卷提供基础，以提高问题的针对性和完整性，从而增加本研究的内部效度。而为了增加外部效度，设计出相关问卷的题项后采用大样本调查以检验相关数据。问卷设计完成后请教师和辅导员进行了试填和修改，并在学生中进行了小范围试测（20份）。为了使调查对象具有代表性且调查结论更可靠，本文选取了广东金融学院会计系、工商管理系、保险系、金融系、计算机科学与技术系等多个系部的大二、大三、大四学生作为调查对象。被调查学生分布于各个不同系部，这样随机取样降低了由于样本偏差而引起的分析结果偏误。

（二）问卷设计与调查样本

为了使问卷具有较强的科学性，以精致化教育管理过程为研究基础，以解决学生管理工作实际存在的问题为研究导向，本文主要从重要性和现状两方面收集数据并进行比较。问卷共分为三大部分，第一部分为学生面临的主要问题及对高校教育工作者指导作用的评价，第二部分为被调查者对学生管理工作的总体评价，第三部分为被调查者对学生管理工作的细节评价。本文采用了调查问卷的方式进行数据搜集，为保证问卷回答的准确性，问卷填写方式为现场发放填写，共发放问卷500份，回收473份，回收率为94.6%，有效问卷460份，有效率为92%。问卷调查的样本构成见表1。

表1　问卷调查样本构成

	大二学生	大三学生	大四学生	合计
调查总数	188	153	159	500
回收样本	181（96.3%）	144（94.1%）	148（93.1%）	473（94.6%）
不合格样本	5	2	6	13
有效样本	176（93.6%）	142（92.8%）	142（89.3%）	460（92%）

（三）分析方法

本文对问卷调查先进行描述性统计，分别统计各问题的认知情况，比较重要性与现状的差异，并分析不同年级的学生对各问题的认知是否有显著的差异性。鉴于问卷中大部分问题答案赋值分为1、2、3、4、5共5个等级，因此在描述性统计分析中本文主要对问题及选择的结果采用均值（极大值为5）反映样本的平均状态，采用方差分析比较不同年级认知差异，t 检验比较重要性与现状的差异性。所有问卷数据的处理都借助社会科学统计软件包 stata11.2 完成。

三、问卷调查结果分析

（一）被调查者在校期间面临的主要问题及高校教育工作者的作用

本文将在校学生普遍面临的主要问题分为环境适应、学业问题、人际关系、就业问题、经济压力五类，要求被调查者按照自身面临的主要问题从 1～5 进行排序，最重要的排 1，最不重要的排 5；高校教育管理工作者分为辅导员、任课教师、班主任、系书记、其他五类，要求被调查者按照重要性排序，具有最重要指导作用的排 1，最不重要的排 5。本文首先对全体被调查者进行比较分析，其次对不同年级被调查者进行比较分析。

1. 在校期间面临的主要问题

（1）整体情况如表 2 所示。

表2　学生在校期间面临的主要问题描述性统计

问题项目	均值	中位数	标准差	重要性排序
环境适应	3.91	4	1.242	5
学业问题	2.53	2	1.182	2
人际关系	2.73	3	1.175	3
就业问题	2.10	2	2.101	1
经济压力	3.70	4	3.698	4

注：表 2 中，重要性按 1～5 来打分，共 5 个等级，分数越低代表被调查者认为该问题越重要，下同。

从表 2 可以看出，总体来说，学生认为自身面临的最困惑的问题为就业问题，其次为学业问题、人际关系、经济压力、环境适应。

（2）各年级情况如表 3 所示。

表3　各年级学生在校期间面临的主要问题描述性统计

问题项目	年级	均值	标准差	方差		F 值 P 值	Scheffe 事后比较	重要性排序
环境适应	二年级	3.92	1.170	组间	0.2674			5
	三年级	3.92	1.262	组内	601.231	0.09		5
	四年级	3.86	1.337	总和	601.498	0.9173		5
学业问题	二年级	2.44	1.177	组间	6.258	2.25		2
	三年级	2.47	1.115	组内	539.025	0.1065	2＞4（＊＊）	2
	四年级	2.74	1.254	总和	545.283			3

续表

问题项目	年级	均值	标准差	方差		F 值 P 值	Scheffe 事后比较	重要性排序
人际关系	二年级	2.87	1.203	组间	13.555	5.01	2<4（＊＊＊） 3<4（＊＊＊）	3
	三年级	2.82	1.124	组内	525.247	0.0071		3
	四年级	2.44	1.138	总和	538.803			2
就业问题	二年级	2.13	1.339	组间	1.556	0.50		1
	三年级	2.00	1.191	组内	604.340	0.6078		1
	四年级	2.16	1.177	总和	605.897			1
经济压力	二年级	3.56	1.352	组间	5.241	1.50		4
	三年级	3.79	1.335	组内	677.147	0.2241		4
	四年级	3.83	1.240	总和	682.388			4

注：Scheffe 比较中，2 代表大二学生，3 代表大三学生，4 代表大四学生，＊＊＊表示 1% 水平显著，＊＊表示 5% 水平显著。

根据表 3 的结果，各年级学生面临问题的重要性与总体分析基本一致，从均值来看，除了大四学生认为人际关系较学业问题更为困惑外，其他各年级面临的最困惑的问题均为就业问题，其次为学业问题、人际关系、经济压力、环境适应。不同年级进行方差检验和 Scheffe 事后比较分析，各年级学生对经济压力、环境适应和就业问题的重要性程度在总体上不存在显著差异，对于人际关系的认知，大四学生显著比大二、大三学生感到困惑，表明二、三年级学生比四年级学生相处得更为融洽；由于大四学生课程减少，学业负担减轻，大四学生的学业压力显著低于大二、大三学生；在就业问题上各年级学生均认为是面临的最为困惑的问题，且认知程度没有显著差异。

2．高校教育工作者的指导作用

（1）整体情况如表 4 所示。

表 4　高校教育工作者的指导作用描述性统计

教育者	均值	中位数	标准差	指导作用排序
辅导员	2.12	2	0.9831	2
教师	1.82	2	0.9375	1
班主任	2.77	3	1.013	3
系书记	3.77	4	0.8281	4
其他	4.48	5	1.178	5

注：表 4 中，指导作用的重要性按 1～5 来打分，1 为最重要，其次为 2，5 为最不重要，下同。

从表4可以看出，总体来说，学生认为在大学生涯中起了重要指导作用的高校教育工作者为教师，其次为辅导员、班主任、系书记、其他人。

（2）各年级情况如表5所示。

表5　各年级学生对高校教育工作者指导作用描述性统计

教育者	年级	均值	标准差	方差		F值 P值	Scheffe事后比较	指导作用排序
辅导员	二年级	2.01	0.8641	组间	3.251	1.69 0.1863		2
	三年级	2.19	0.9430	组内	356.319			2
	四年级	2.21	1.174	总和	359.571			2
教师	二年级	1.74	0.860	组间	8.920	5.19 0.0060	2>4（**） 3>4（**）	1
	三年级	1.71	0.875	组内	318.044			1
	四年级	2.07	1.068	总和	326.965			1
班主任	二年级	2.65	0.914	组间	15.286	7.72 0.0005	2>4（***） 3>4（***）	3
	三年级	2.63	0.868	组内	366.343			3
	四年级	3.10	1.213	总和	381.630			3
系书记	二年级	3.92	0.591	组间	8.760	6.58 0.0016	2<4（***）	3
	三年级	3.77	0.8674	组内	246.322			4
	四年级	3.55	1.028	总和	255.083			4
其他	二年级	4.65	0.978	组间	24.004	9.02 0.0001	2<4（***） 3<4（***）	5
	三年级	4.63	1.086	组内	490.863			5
	四年级	4.08	1.432	总和	514.868			5

注：Scheffe比较中，2代表大二学生，3代表大三学生，4代表大四学生，＊＊＊表示1%水平显著，＊＊表示5%水平显著，表7～表10同。

表5的结果表明，各年级学生对不同高校教育工作者的指导作用认可度与总体分析一致，各年级学生均认为在大学生涯中起了重要指导作用的为教师，其次为辅导员、班主任、系书记、其他人。不同年级进行方差检验和Scheffe事后比较分析，在对各类教育工作者的指导作用认知方面，以教师作用的均值为最高，其次为辅导员。各年级被调查对象对辅导员的指导作用没有显著差异，但对教师、班主任和系书记的认知程度有所差异。大二、大三年级的学生对教师作用的认同度显著高于大四学生，对班主任作用的认同度显著高于大四学生；大四学生对系书记的认同度显著高于大二学生。由此可以认为，教师和班主任的指导作用在大四年级开始逐渐变弱，系书记的指导作用在大四年级增强。

（二）学生管理工作的总体评价

本文的问卷调查首先将学生管理工作目标分为思想教育研究、全面发展指导、心理咨询服务、职业生涯规划、就业指导服务、学业与学术指导、特殊群体帮助、党团建设指导、课外活动指导、信息化服务平台建设十类，然后选取了学生管理工作的几个主要问题进行分解细化，从中厘清管理与服务过程精细化目标。具体情况见表6。

表6 学生管理工作评价描述性统计

评价指标	总样本			子样本								
	均值	标准差	排名	二年级	标准差	排名	三年级	标准差	排名	四年级	标准差	排名
思想政治教育	2.79	0.7778	3	2.91	0.8299	4	2.687	0.7380	3	2.732	0.7333	3
指导学生全面发展	2.90	0.7422	6	3.04	0.7683	10	2.851	0.7165	5	2.788	0.7129	7
关注学生心理状况	2.95	0.8333	9	3.03	0.9161	9	2.900	0.8044	7	2.915	0.7484	10
职业生涯指导服务	2.77	0.7684	2	2.90	0.8147	3	2.638	0.7297	1	2.753	0.7262	4
就业指导服务	2.80	0.7728	4	2.97	0.7399	6	2.687	0.8118	2	2.704	0.7417	2
学业与学术指导	2.94	0.7859	8	2.95	0.8460	5	3.070	0.7235	9	2.795	0.7488	8
奖助学工作	2.97	0.9244	10	3.03	0.9647	8	3.070	0.9230	10	2.787	0.8519	6
党团建设工作	2.74	0.8543	1	2.82	0.8870	1	2.721	0.8901	4	2.661	0.7708	1
课外实践活动指导	2.92	0.8555	7	2.99	0.9070	7	2.936	0.8881	8	2.823	0.7466	9
信息化管理服务平台	2.84	0.7948	5	2.89	0.8429	2	2.865	0.7766	6	2.746	0.7479	6

注：表中每个项目评价按1～5个等级打分，分数越低代表该项工作做得越好，3分为"一般"。

从表6可以看出，学生管理工作总体评价打分均值在2.7～3分之间，表明被调查者对我院学生管理工作的总体评价较为满意，认为党团建设、职业生涯指导、就业指导服务工作开展较好，尤其是大三、大四学生对就业指导的认可度较高。而各年级学生均认为学生心理关注、课外实践活动指导、奖助学金等工作还有待改进。

（三）心理关注情况

表 7 是被调查者对教育工作者关注学生心理状况的重要性及实际满意度的评分。

表 7　关注学生心理状况情况的描述性统计

心理状况指标	重要性 均值	排名	满意度 均值	排名	未达标差别	t 值
主动关注学生的心理状况	1.779	1	2.921	2	1.142	22.0443***
心理普查的情况	2.043	5	3.087	3	1.044	20.3278***
心理咨询服务机构设置	1.890	3	3.091	5	1.201	23.6688***
辅导员进行积极心理引导	1.853	2	2.875	1	1.022	20.6244***
心理咨询服务信息化平台	1.951	4	3.089	4	1.138	21.2281***

注：①表中每个项目评价按 1~5 个等级打分，1 分为"非常重要"，3 分为"一般"，5 分为"非常不重要"，重要性的分数越低代表该项工作越重要。满意度的分数越低代表该项工作做得越好，1 分为"非常满意"，3 分为"一般"，5 分为"非常不满意"，下同。
②t 检验为重要性与满意度的配对样本检验，衡量重要性与满意度之间的差异，下同。

从表 7 可以看出，总体来看，每类项目的重要性与满意度均存在显著差异，教育管理工作中对学生心理状况关注的现状与学生的期望有较大的差距。从重要性来讲，平均分都在 1.8~2 分之间，即各项心理关注情况被认为是重要的。其中，主动关注学生的心理状况、辅导员进行积极心理引导列在重要性前二位；从满意程度来看，平均分均在 3 分左右，处于一般水平，其中，对心理咨询服务机构设置和心理咨询服务信息化平台的认同度偏低；从未达标差别来看，心理咨询服务机构设置、主动关注学生的心理状况、心理咨询服务信息化平台的重要性与实际满意程度的差距较大。

（四）思想政治教育

学生对教育者思想政治教育方面的评价如表 8 所示。

表 8　思想政治教育工作情况的描述性统计

思想政治教育指标	重要性 均值	排名	满意度 均值	排名	未达标差别	t 值
道德教育活动的开展	1.878	1	2.956	2	1.078	22.310***
辅导员对思想状况的关注	2.163	3	2.747	1	0.584	12.346***
思想教育活动的多样化	2.174	4	3.002	3	0.828	16.296***
办学理念等校园文化教育	2.111	2	3.074	5	0.962	17.802***
构建思政教育信息化平台	2.236	5	3.069	4	0.834	16.192***

从表 8 可以看出，学生普遍认为道德教育活动的开展、办学理念等校园文化教育较为重要，辅导员对学生思想状况的关注得到认可，对校园文化教育的认同度较低，尽管对道德教育活动的开展较为满意，但与学生的期望值还有较大的差距，从未达标差别来看，道德教育活动的开展及校园文化教育还有待加强。

（五）职业生涯与就业指导

学生对教育者职业生涯与就业指导方面的评价如表 9 所示。

表 9　职业生涯与就业指导描述性统计

职业生涯与就业指导指标	重要性		满意度		未达标差别	
	均值	排名	均值	排名	未达标差别	t 值
根据个人特长进行职业指导	1.817	1	3.132	5	1.318	23.6395 ***
构建信息化平台	1.910	2	2.993	2	1.078	20.9054 ***
就业信息的作用	1.910	3	2.628	1	0.717	15.5177 ***
辅导员的指导作用	2.332	5	3.084	3	0.752	16.2613 ***
毕业生就业技能培训	1.995	4	3.1	4	1.104	21.5758 ***

由上文学生面临的问题分析可知，就业是学生最为关注的问题，根据表 9 可以看出学生对就业信息获得工作岗位的作用、就业信息化平台的构建较为认可。尽管总体评价的结果表明，被调查者对学校职业生涯指导的开展较为认可，但缺乏根据个人特长进行个性化指导及相应的就业技能培训，被调查者期望学校能够提供个性化的职业生涯指导以及更好的就业技能培训。

（六）特殊群体帮助、党团建设、学业与学术指导、课外实践活动指导等

学生对特殊群体帮助、党团建设、学业与学术指导、课外实践活动指导等的评价如表 10 所示。

表 10　特殊群体帮助、党团建设等情况描述性统计

各项指标	重要性		满意度		未达标差别	
	均值	排名	均值	排名	未达标差别	t 值
勤工助学岗位的设置	2.211	4	2.790	3	0.5786	11.3113 ***
奖助学金的作用	2.048	2	2.683	2	0.6353	12.8201 ***
辅导员指导社会实践活动作用	2.295	5	2.925	4	0.6302	12.9370 ***
学业指导信息化互动平台	2.133	3	2.945	5	0.8122	15.8469 ***
辅导员综合素质及能力	1.984	1	2.647	1	0.6652	12.5254 ***

表 10 的结果显示，被调查者认为辅导员综合素质及能力非常重要，并且对辅导员的综合素质及能力认可度较高，认为奖助学金的作用较为重要，对学业指导信

息化互动平台及辅导员指导社会实践活动作用的满意度较低。期望能够完善学业指导信息化互动平台的建设。

四、精致化视角下优化学生管理工作的建议

通过本次问卷调查研究发现，总体而言，我院的学生管理工作的评价较好（总体评价均值<3分，具体见表6），某些方面得到了学生的认同，尤其是党团建设、就业指导服务、辅导员的工作开展得相对较好，但与精致化的精细、精巧、精心管理目标还有一定差距，依据问卷调查的实证检验结果，本文认为以下问题需要充分认识并加以改进。

（一）管理与服务过程精细化

1. 分解细化管理与服务目标

精细化管理是一种理念，一种文化。精细管理在学生管理工作中的意义就在于它是一种对管理目标分解细化和落实的过程。本文的问卷调查结果发现，各年级被调查者普遍认为关注学生心理状况很重要（具体见表7），但总体满意度是最低的（具体见表6），通过细化管理目标，本文发现学生心理状况中心理咨询服务机构设置、心理普查的情况等均需要改进（具体见表7），系部学生管理工作者应主动进行心理排查，在学生管理基层设置心理咨询服务机构，主动关注学生近期心理变化，针对不同学生的不同心理问题进行积极的心理引导；根据思想政治教育工作情况的调查结果（具体见表8），除了开展多样化的思想教育活动外，还应加强校史、校训等校园文化教育；通过大力开展课外实践活动，构建学业指导信息化互动平台，指导学生全面发展等多种方式指导学生的学术学业发展，培养创新能力。

2. 动态追踪管理与服务过程

精致化教育管理不仅在于过程中发现问题，更重要的是解决问题，逐级落实精细化管理目标。动态追踪管理与服务过程是实现精细管理的重要方式，相关部门逐级确立管理与服务目标后，可借助现代化信息工具自上而下建立管理档案，进行动态追踪，发现问题后及时反馈意见，并与当事人沟通，将问题、意见以及沟通结果记录在档案中，通过过程控制而不是事后弥补达到精细管理与服务目标。

（二）管理与服务方法精巧化

1. 开展差异化管理与服务

精致化管理强调科学精神，学生工作应体现差异化的精巧管理与服务。本文调查结果发现，各年级学生都认为就业压力是最为困惑的问题，低年级学生的学业压力较大，高年级学生的人际关系较低年级紧张，由于大部分学生来自于珠三角，相对内地来说，经济压力较小，环境适应能力都较强（具体见表2、表3）。因此，学生管理工作者应以精致化理念为指导，从科学精神的角度出发，针对不同年级，开展不同的辅导主题，低年级以缓解学业压力为主，精巧设计多种形式的学业指导方案，服务于学生的学业发展；对高年级的学生重点关注其就业压力，通过多渠道提供就业信息，完善就业信息化平台建设，进行就业面试及就业技能培训，服务于

学生的就业需求。同时高年级同学由于恋爱、同学矛盾增加、就业压力等情感压力加大，应及时跟进心理引导；鉴于各年级学生都将就业视为最重要的问题，应尽早开展职业生涯规划和指导，并根据个人特长进行职业指导，帮助学生树立自信心和正确的择业观。

2. 借助信息化平台提升管理与服务效率

实现精致化教育管理与服务目标，精心的态度、精细的过程和精巧的方法是根本，而高效的信息收集、传导和反馈机制则是推动器。实时畅通、有效覆盖、分类明晰和反馈充分的学生工作信息传导机制，对于学生工作的精致化具有重要的意义。为了达到精细管理和高效运行的协同，可构建学生管理与服务信息化互动平台提升管理与服务效率，利用网络对个人隐私的保护打开学生心扉，引导和帮助大学生倾诉、解决和处理问题，如：学业与学术指导信息化平台、心理健康服务信息化平台、思想政治工作信息数据库等。利用网络、微信、飞信等现代信息平台发布信息，形成多渠道信息传导机制，满足学生的信息需求。

（三）管理与服务态度精心化

所谓精致教育，就是以精益求精的态度做好每件事的教育过程。精致化管理强调科学精神与人本精神，有了科学的方法，还需教育者精心履行工作职责，不折不扣、细致到位地执行制度。作为教育管理者，应深入到学生中去，全面了解大学生的生活、学习情况。人本精神强调"以人为本"，高校教育管理者不仅将自己当成教育者、管理者，还应将自己视为服务者，精致教育、精致管理，必须确立以学生为中心的服务意识，确立教育服务的理念，教育者要从学生的实际需求出发，积极主动地为大学生提供学习、生活和就业方面的服务，寓服务于管理之中。在激励、赏识、理解、尊重、平等的良好氛围中，使学生从制度的被动执行者变为主动参与者，在精致化管理理念中，构建师生共进的美好未来。

参 考 文 献

[1] 张彦. 试论大学生的思想政治教育的精致化问题 [J]. 中国高教探索, 2009 (6)：2-5.
[2] 高蓉, 李静, 董银花. "精致化"：大学生深度辅导探析 [J]. 黑龙江高教研究, 2011 (11)：139-140.
[3] 牛利民. 信息化背景下大学生思想政治教育工作初探 [J]. 中州学刊, 2007 (5)：120-121.
[4] 赵天旸, 张长宏. 精致化视角下的学生工作信息传导机制研究 [J]. 北京教育德育, 2010 (7)：110-112.
[5] 黄海涛, 高伟等. 教育是一种精致化的服务——访济南钢铁集团高级中学王品木校长 [J]. 当代教育科学, 2008 (24)：33-36.
[6] 唤醒学校管理的精致化思维. 中国教育报, 2006-11-16 (011).

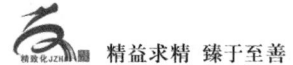 精益求精 臻于至善

论高校学生工作精致化管理的应有之义与实施路径

江金锁①

摘　要：传统的高校学生管理工作是在规范化管理思想下进行的，它存在柔性不足以及管理效率较低等弊端。精致化管理是在规范化管理理念基础上发展起来的学生管理工作的一种新理念。精致化管理是一种细节管理、过程管理，是以学生为本，尊重学生个性的、具有人文关怀的柔性管理，也是一种协同管理、嵌入式管理。从规范化管理向精致化管理变迁的路径，应以强制性制度变迁为主导，诱致性制度变迁为引导。

关键词：规范化管理；精致化管理；强制性制度变迁；诱致性制度变迁

一、问题的提出：高校学生工作规范化管理存在的不足

我国高校的学生管理工作，在高校扩招的几十年里，是在一种规范化管理思想下进行的。所谓规范化管理，就是按照既定的制度与程序实施的管理，注重"制度、程序与标准"的刚性约束，"按制度与程序办事，按标准考核"。这种管理思想，可以减少管理者在管理中的主观随意性，防止管理者以权谋私等诸多不规范甚至非法的行为，提高管理服务的质量与效率。这无疑是有积极意义的，所以在工厂管理或公司管理中，规范化管理或称标准化管理办法，是经常可以见诸报道的，在高校学生管理工作中，也不例外。应该说，规范化管理思想在我国高校学生管理工作中具有非常大的历史功绩，"功不可没"。在我院扩招放缓、学院学生规模基本稳定的当下，学生工作规范化管理的思想理念，仍然具有非常强大的生命力。

但是，毋庸讳言，规范化管理思想理念用于管理"人"的时候，也存在诸多"不适"甚至不足之处。首先，规范化管理带来合法与合理的悖论。规范化管理强调"按制度办事、按程序办事"。但是，有的时候会出现"现有制度明显不合理、有效制度供给滞后"现象，这时如果仍然强调按照既定制度或程序办事，就会使

---

① 江金锁，男，博士，广东金融学院会计系教授，中国会计学会会员。研究方向：会计理论与财务管理。

得学生管理工作呆板、缺乏活力，甚至出现合法不合理的现象，这无疑将大大降低高校学生管理工作的效率与效果。其次，规范化管理难以满足学生个性化需求。规范化管理关注的是学生的共性，难以尊重学生的个性，甚至是对学生个性的压制，不符合"以人为本"的时代需求。最后，规范化管理有时难以"规范"。规范化管理强调按"制度"办事，刚性管理。问题是，"制度"也是一种稀缺资源，"制度短缺"的时候，就难以进行规范化管理。

二、精致化管理：新形势下高校学生管理工作理念的发展

我院党委副书记、纪委书记王秀明同志领导我院学生管理工作多年，他洞悉学生工作规范化管理的各种利弊。在我院扩招放缓、学院学生规模基本稳定的当下，他审时度势地提出了学生工作精致化管理的思想。什么是学生工作精致化管理？王书记开创性地做了如下解释："精致化理念的本质，一在于过程的'精'，即精心（尽心尽力）、精细（注重细节）、精巧（注重方法）；二在于目标与结果的'致'，即达到极致，也就是追求卓越；'化'就是师生互动，是从'精'到'致'的过程。精致化的根本要求是以人为本，即'以学生为本'，其目标是把学生培养成为卓越的人，途径是人文化、科学化、艺术化的教育、管理、指导和服务"[1]。依据这一解释，精致化管理可以概括如下应有之义。

（1）精致化管理是一种细节管理。常言道，"细节决定成败"！精致化管理就是精细化管理，注重细节，是一种追求卓越、精益求精的管理境界。它要求将管理责任具体化、明确化，每一个管理者都要尽职尽责，每一项制度在细节上都要落到实处，每一次管理工作都要做到位。由此可见，精致化管理与规范化管理并不矛盾，它是规范化管理的深入，是规范化管理的升华。

（2）精致化管理是一种过程管理。以精致化思想为指导，围绕大学生不同的发展阶段精心设计、精心安排、精心组织，使学生受到潜移默化的影响。正如王书记所言，"对于不同年级的学生，学生工作应有不同的侧重点"。这就好比登山活动，不能只讲结果不重过程，如果是这样，直接坐缆车直奔景点就好了，但是，这样就失去了登山健身的意义。同样道理，学生精致化管理工作的重心在于"过程"，只有这样，才能体现王书记所言的"尽心尽力"。

（3）精致化管理是一种"以人为本"的、尊重学生个性特征的、具有人文精神的管理。规范化管理强调学生的共性，是刚性管理；而精致化管理承认学生的个体差异性，是柔性管理，它以学生为本，强调对学生要有人文关怀。"一切为了学生，为了学生一切，为了一切学生。""对不同特点的学生，采用不同的指导和管理方法。""对思想偏激、心理脆弱、经济贫困、学业困难、学籍异动、离群独居、就业困难、网络成瘾、违纪处分和罹患疾病的学生要重点关心与辅导，助其健康顺利成长。"

（4）精致化管理是一种协同管理。高校学生管理工作包括学生的思想政治教

育、道德教育、日常管理与服务、校园文化建设、心理素质培养、助困、就业、社团、社会实践、志愿者等多个项目，实务非常繁杂。高校学生工作管理团队是以学生工作处牵头，各系专职辅导员、专职或兼职班主任构成的一个团队。这个团队，也是学生工作管理的资源集合体，在开展学生管理工作时，他们之间既有分工，又有协作。精致化管理要求发挥他们之间的协同效应，合理配置相关资源。

（5）精致化管理是一种嵌入式管理。精致化管理认为学生工作管理过程就是为学生服务的过程，要求管理者走到学生身边，切实满足学生的服务需求。这就需要学生工作者嵌入学生的物理空间，多到教室与学生互动，多到宿舍与学生沟通。它还需要学生工作者嵌入学生的虚拟空间，利用电子邮件、QQ聊天、微信等现代信息通信技术随时与学生互动。它更需要学生工作者嵌入学生的精神空间，了解学生的所思所想，帮助学生排解精神压力。精致化管理要求管理者从内心热爱学生工作管理这项事业，专注于所从事的事业，在科学高效的基础上专业化地、创新性地开展学生管理工作，这样才能做到工作的精致化[2]。

综上所述，精致化管理是一种细节管理、过程管理，是以学生为本，尊重学生个性的、具有人文关怀的柔性管理，也是一种协同管理、嵌入式管理。它是新形势下在规范化管理理念基础上发展起来的学生管理工作的新理念[3]。

三、高校学生工作精致化管理的实施路径：以强制性制度变迁为主导，以诱致性制度变迁为引导

高校学生管理工作从规范化管理向精致化管理转变，是一项重大的制度变迁。制度经济学认为，制度变迁有两种类型，即诱致性制度变迁和强制性制度变迁。诱致性制度变迁，是指个人或一群人在响应获利机会时自发倡导、组织和实行的，是对现行制度安排的变更与替代，变迁的主体是个人或一群人（群体）。强制性制度变迁则由行政命令和法律引入来实现，变迁的主体是政府或单位管理当局[4]。

高校学生管理工作制度变迁必须以强制性制度变迁路径为主导，这是由高校制度变迁过程中交易费用的权衡决定的。新制度经济学认为，制度能提供有用的服务，与其他任何服务一样，制度性服务的获得要支付一定的交易费用[5]。从某种实行中的制度安排（规范化管理）转变到另一种不同制度安排（精致化管理）的过程，是一种交易费用昂贵的过程。高校作为一个非营利性组织，任何一项新的制度安排，包括高校学生工作管理制度，不可能是个人或一群人在响应获利机会时自发倡导、组织和实行的。换句话说，高校学生管理制度变迁不可能以诱致性制度变迁为主。假如高校学生管理工作制度真的以诱致性制度变迁为主，那么，从规范化管理向精致化管理变迁这一历程将会是一个非常漫长的过程，制度转换的交易费用将会极高。相反，如果这一过程以强制性制度变迁为主，尽管交易费用不可避免，但是，这是在给定的前提下，是合乎行政主导国情的制度安排路径，将会节约交易费用。

高校学生管理工作制度变迁必须以强制性制度变迁路径为主导，这是由我国高校的治理模式决定的。从世界范围看，高校治理有董事会模式、教授会模式以及党委会模式[6]。董事会模式是美国大学普遍采用的一种治理模式，在这种模式下，董事会是学校的最高决策机构，对高校的发展目标和重大举措进行决策，以维护高校的利益。教授模式曾在欧洲大学治理中发挥了重要作用，在这种模式下，"教授治校"，教授拥有高校发展和重大举措的决策权。但是，实践表明，"教授治校"存在一定的弊端，容易导致"内部人控制"问题。党委制模式的准确表述应该是"党委领导下的校长负责制"，它是一种具有中国特色的大学治理模式[7]。在这种模式下，党委书记与校长均是高校的一把手，均由上级政府部门直接任命，并对上级政府部门负责。在我国这种高校治理模式下，如果没有高校管理当局的强力推动，学生工作管理制度变迁将是不可能完成的任务。

高校学生管理工作制度变迁还必须以诱致性制度变迁路径为引导，这是由诱致性制度变迁与强制性制度变迁两者的关系决定的。尽管学生管理工作应以强制性制度变迁为主导，但是，这并不意味着在这场变革中诱致性制度变迁不重要。事实上，强制性制度变迁与诱致性制度变迁不是一种相互替代关系，而是一种互补关系。在强制性制度变迁过程中，容易产生信息不对称问题。在强制性制度变迁中，部分学生管理工作者可能对制度创新缺少恰当的把握，对制度隐藏的本质不能深入解读，不愿或不能接受新生成的制度，甚至有逆反心理，这样将大大提高制度的执行成本。高校学生管理工作制度变迁要以诱致性制度变迁路径为引导，就是要充分调动学生工作管理团队积极参与制度变迁过程，使广大学生管理工作者积极投身这项改革活动。

四、结论

传统的高校学生管理工作是规范化管理思想的产物，它存在柔性不足以及管理效率较低等弊端。为了克服规范化管理的弊端，我院领导适时提出了精致化管理思想。精致化管理与规范化管理并不矛盾，它是在规范化管理理念基础上发展起来的，是一种新的学生管理工作理念。精致化管理是一种细节管理、过程管理，是以学生为本，尊重学生个性的、具有人文关怀的柔性管理，也是一种协同管理、嵌入式管理。这是精致化管理的应有之义。从中国高校所处的制度背景出发考虑，从规范化管理向精致化管理变迁的路径，应以强制性制度变迁为主导，诱致性制度变迁为引导。

参 考 文 献

[1] 王秀明. 精益求精 臻于至善——对"精致化"学生工作理念的思考 [N]，广东金融学院报，2014-02-28.

［2］虎翼雄．学生工作精致化的三个条件——专注、专职、专业［J］．北京教育，2010，10：43－44．

［3］龚文华．高校学生工作精致化管理模式研究［J］．河南教育，2011，8：16－17．

［4］林毅夫．诱致性制度变迁与强制性制度变迁．现代制度经济学（下卷）［M］．北京：北京大学出版社，2003．

［5］［6］张维迎．大学的逻辑［M］．北京：北京大学出版社，2012．

学生工作精致化管理的理论思考

王铁林①

摘 要: 高等教育的首要任务是培养人才。科学、高效的学生工作是培养高质量人才的重要手段。深入探讨精致化管理理论,创新学生工作方式,具有重要的理论研究与实际应用价值。精致化管理是对社会分工的优化配置,以减少管理资源和降低管理成本为主要目标。精致化管理理论仍然具有广泛的影响力与应用价值就在于它在长期的研究中形成了完整的方法论体系。实施精致化管理如同进行革新、改革,需要具备一定的条件。高校学生工作精致化管理应做好建章立制、目标制定与考核、建设学生工作者团队、抽屉式管理、零缺陷管理、六西格玛管理六个方面的工作。

关键词: 精致化;精致化管理;学生工作精致化

高等教育的首要任务是培养人才。科学、高效的学生工作是培养高质量人才的重要手段。深入探讨精致化管理理论,创新学生工作方式,具有重要的理论研究与实际应用价值。

一、精致化管理理论渊源

精致化管理思想最早可追溯到科学管理之父泰罗发表的《科学管理原理》。他在这部企业管理奠基之作中写道,科学化管理有三个层次:第一个层次是规范化(Standardization),第二层次是精致化(Refinement),第三个层次是个性化(Personality)。这里,"精致化"被描述为一种对社会分工的优化配置,以减少管理资源和降低管理成本为主要目标的管理方式。他认为,企业管理者应仔细观察和研究被管理者完成动作所需要的工具和时间,然后去掉那些无用的、错误的动作,将那些最快的动作和最好的工具组合起来,又好又快地完成工作,提高工作效率。

爱德华兹·戴明继承与发展了泰罗的精致化管理思想。他提出"为质量而管理",管理层要对出现的问题负90%的责任(W. Edwards Deming,1950);精致化管理是一个全面化、全方位的管理模式。全面化是指精致化管理的思想要覆盖到整个企业的方方面面。

---

① 王铁林,男,博士,教授,广东金融学院财务处副处长。研究方向:公司管理与财务会计。

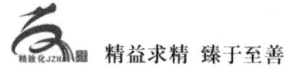

精致化管理理念在20世纪50年代被引入日本企业的管理过程，70年代日渐成熟，并逐步成为日本企业提升核心竞争力、产品打入全球市场的杀手锏。此后，精致化管理理论备受推崇，在世界范围内引起了一场旷日持久的精致化管理研究浪潮。总体而言，该领域的研究成果或理论要点主要包括以下几个方面。

（1）精致化管理对于管理者而言，必须要明确管理职责，承担起管理责任。这就要求管理者在日常工作中要合理分工，及时总结，发现问题及时处理，把每一天的工作都做到位。

（2）精致管理是贯彻整个企业的核心指导思想。企业要做大做强，不仅需要有技术上的支持，更重要的是企业文化的熏陶和智慧精华的指导。管理的精髓就在于企业需要把握好产品质量，力做精品，争取做到产品零缺陷，以确保质量精品来创建品牌，增强企业核心竞争力。

（3）精致管理的本质在于它是一种对目标进行分解细化进而落实的过程，是让企业的战略规划能有效贯彻到生产的每一个环节的过程，同时也是提升企业整体执行能力的一个重要方式和途径。一个企业在确立了建设"精致管理工程"的思路后，就要结合企业的现状，按照"精致"的指导思想，找出问题所在，分阶段进行，每阶段性完成一个体系，将薄弱环节一一击破，进而完善整个体系。同时，我们也要清醒地认识到，在实施"精致管理工程"的过程中，在遵循规范的基础和前提下，也要注重创新意识的培养，将管理的规范性与创新性最好地结合起来，只有这样，精致管理工程才有把企业引向成功的可能。

（4）在生产企业中，精致化管理涉及企业生产过程的每一个环节。通过集中监控从物料投产至成品入库的全生产过程，采集生产过程中发生的所有事件，并对物料消耗、设备监控、产品检测进行管控，让整个车间现场完全透明化，为企业营造一个快速响应、有弹性的精致化制造管理平台。

二、精致化管理理论的方法论体系

理论研究的意义在于提出解决现实问题的方法或途径。时至今日，精致化管理理论仍然具有广泛的影响力与应用价值就在于它在长期的研究中形成了完整的方法论体系。这里，我们择其要者列示如下：

（1）精致化的操作：每项活动、每个行为都有一定的要求和规范。每个员工都应该根据规范做事，从而使企业的运作更加规范化、专业化。

（2）精致化的控制：它规定各项业务要按照流程运作，要从计划到审核到执行以及回顾一整个流程。控制好了整个过程，就可以从根源上大大减少企业失误，减少管理漏洞，增强流程参与者的责任感。

（3）精致化的核算：这是管理者清楚认识自己经营情况的最主要的途径和手段。这就要求企业的经营活动将凡是和收入状况有关的行为都及时记账，并按时核算。通过核算可以及时发现经营管理中的漏洞和污点，减少企业利润的损失。

（4）精致化的分析：这是企业赢得核心竞争力的有效途径，是对企业进行精致化规划的依据和前提。精致化分析是通过现代化的手段，将经营中的问题多角度、多层次地进行展现和追踪。同时，通过精致化的分析，研究增加企业利润的有效办法。

（5）精致化的规划：精致化规划是推动企业发展的关键因素。企业的规划包含两个方面：一方面是根据市场的需求以及企业自身情况来制定企业发展的中远期目标，包括企业的发展规模、管理模式、企业文化、企业利润等各个方面；另一方面是根据企业目标而制定的短期可以实现的计划。而精致化的规划，就是将精致化的理念渗透在企业的规划之中，也就是说，企业所制定的规划无论长期或短期都是合理的、有据可依的、能够实现的。

三、实施精致化管理的前提

实施精致化管理如同进行革新、改革，需要具备一定的条件。

1. 完善高校治理结构，建立科学决策机制

精致化管理概念中的"精致化"，更加强调对科学和真理的追求，是建立在法治社会的基础之上，是上下一心共同追求完美的思维方式。完善的高校治理结构与科学的决策机制，是顺利实施精致化管理的先决条件。

2. 科学定位，严格标准，循序渐进

一个学校、单位或是企业，无论规模如何，从理论上讲，都是可以进行精致化管理的。可是，为什么有些单位不愿意进行精致化管理或是有些单位不能把精致化管理进行到底？更有甚者，为什么有些单位看不到精致化管理带来的显著成效呢？其原因可能有三：一是没有对单位进行科学的定位，没有进行精致化管理的动机；二是形而上学地机械模仿外来的精致化管理经验，没有与本单位的实际结合起来；三是一哄而上，急功近利，眉毛胡子一把抓。

3. 动员工作先行，充分调动干部职工的积极性、创造性

人的行为都是在一定的思想指导下完成的，只要能够创造条件，激发他的工作动力，就能使他更好地完成工作。实施精致化管理，必须讲清道理，统一思想，取得全体干部职工的理解和支持。为此，应及时开展动员及培训工作，让全体干部职工都能够具备精致化管理的常识，包括精致化管理的内容、方法和意义，大家统一思想、统一行动，明确职责，大大减少自作主张或持怀疑态度的抵触行为。

4. 奖优罚劣，奖勤罚懒，建立激励机制

实施精致化管理，必须实现由散漫型管理向规范化、制度化管理的转变，建立系统完善的激励机制。这种机制首先应该符合实际、体现公平，同时具有相对的稳定性，从而形成长效机制。让那些辛勤工作，为单位做贡献、创效益的人能够得到奖励；而那些工作散漫、混天度日的不良影响者得到应有的惩罚。

四、高校学生工作精致化管理建议

精致化管理理论源于国外，成熟于企业。然而，由其理论与方法培育而成的

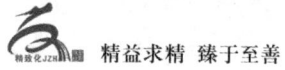 精益求精 臻于至善

"精致化"思想种子在高校学生工作中亦具有生存的土壤，也必然会收获丰富的果实。因为，如同企业，高校学生工作的目标也是向社会输送高质量的产品——人才。这里，就高校如何实施学生工作精致化管理提出几点建议。

1. 建章立制

精致化的管理十分强调学校应建立规章制度，并依照规章制度严格管理，从细微处入手，形成有规定、有考核、抓落实、重检查、有奖惩的工作机制，使各项工作都纳入长效管理。精致化的管理关键在管理干部，应提升干部的执行力，在实行目标管理的同时，将管理责任具体化明确化，把管理责任与目标进行分解，落实到处、室直至每个岗位。

2. 目标制定与考核

精致化管理的重要组成部分是实行目标管理。目标管理将关注点从学生工作者的工作态度转移到工作业绩上，强调工作的结果。目标管理需要确定学校目标、部门目标与个人目标，以事先设定的目标为基准进行绩效考核和评价；目标管理具有较高的有效性，它通过指导和监控目标的实现过程从而提高学生工作者的工作绩效。从公平的角度来看，目标管理较为公平，因为绩效标准是按相对客观的条件来设定的，因而评分相对没有偏见。但问题是确定学校目标和部门目标并不是一件容易的事，而且向学生工作者分解目标的过程有时候会引发冲突，因而实际上目标管理法的使用总是伴随着管理者的强权。

3. 建设学生工作者团队

学生工作者团队是指同一个工作场所的学生工作者自发地组成一个团体，大家分工合作，从而达到业绩改善的目的。一般情况下，团队讨论会一个月应至少召开两次。通常，每一个讨论主题从提出至问题解决，达到预期目标，以时间不超过一个月为佳。成果卓越的团队经遴选后可在学校的团队成果发表会上参加竞赛。团队建设不仅可以帮助解决部门内的障碍问题，而且还可以起到激励士气的作用。但问题是一向以独立工作为主要工作方式的学生工作者，是否会真正自动自发地加入团队？团队本质上是一种自主性的活动，不再用命令的方式，而是用教育、激励引导的方法使每个人都能自动自发地参与工作，这一点在大多数学校都很难做到。

4. 实施抽屉式管理

抽屉式管理就是在每个学生工作者办公桌的抽屉里都有一个明确的职务工作规范，包括学生工作者的职务分析、业务部门的职务分析等。国际上流行的抽屉式管理类似于我国的"责任包干制"。在现代学校管理中，既不能有职无权，也不能有责无权，更不能有权无责，必须职责、权利相结合。抽屉式管理的最大特点就是职责明确，它能大大提高学校管理工作的系统性和科学性。但是，当学校因各种限制而根本无法问责时，一切纸面上的责任制都是虚设的。

5. 实施零缺陷管理

零缺陷管理亦称缺点预防，它要求全体学生工作者从开始就正确地进行工作，以完全消除工作缺点为目标进行质量管理活动。实施零缺陷管理的关键是对缺陷进

行评价，并寻找出出错的原因，以便防患于未然。零缺陷管理不是斥责错误者，而是表彰无缺点者；不是指出人们有多少缺点，而是告诉人们向无缺点的目标奋进，这就增强了学生工作者消除缺点的信心和责任感。但是，很多人总是认为工作中的缺陷是不可避免的，也习惯了接受缺陷并容许其不断发生，甚至习惯于将缺陷归之于外部条件。但在实际生活中我们却常常会坚持用零缺陷标准去要求他人，对他人的缺陷喋喋不休、牢骚满腹、高声呵斥。这说明我们大多数人事实上一直在坚持双重标准。

6．实施六西格玛管理

六西格玛管理强调一切工作的绩效以数据来评价。实施六西格玛管理的常见方法是一套包括五个步骤的改善程序，即定义、度量、分析、改进与控制。定义就是要站在学生的立场上找出提升顾客满意度的专案；度量就是衡量目前情况和学生需求之间的差距，找出关键度量；分析就是应用很多统计工具探究造成现状与学生需求之间落差的关键的少数原因；改进就是找出原因以后，通过最佳解决方案来改善现状；控制就是要将改善的成果继续保持下去。其实，六西格玛管理与其说是一种管理方法，不如说是一种态度和思考模式，追捧六西格玛管理的人往往会不由自主地想将周围的事物用六西格玛的方法来加以改善。实际上，要让品质的观念植入每个学生工作者的日常生活中是一件非常困难的事情，毕竟喜欢过轻松的生活、不愿意做额外的工作仍然是大多数人普遍的心态。精致化管理要用数字说话，利用数据可使学生工作者能够确定学生是否进步，将自己的成果与其他学生工作者的成果相比较，能够评价现有的课程和教学是否适合学生。几乎没有学校不做数字统计的，但是往往存在两个问题：一是我们仅仅只作统计而不做分析，因而使数据没能发挥效用；二是我们将数据等同于分数。可见，如何通过数据进行学校学生工作管理还有待于深入研究。

综上所述，高校学生工作精致化管理是一种科学精神与人文精神相互交融的管理、一种过程与结果有机统一的管理、一种质量与效益同步提高的管理、一种教育投入与教育产出相互均衡的管理。由此，我们在推行和完善高校学生工作精致化管理模式的过程中要尽力做到追求卓越、精益求精、周到细致。

参 考 文 献

[1] 张庆东，王玮．育人视角下对学生工作"精致化"理念的再思考——以北京大学为例 [J]．思想教育研究，2014 (3)：43 – 46．

[2] 戴丽华．精致化管理角度下提升辅导员工作的科学化水平初探 [J]．教育教学论坛，2014 (4)：35 – 37．

[3] 刘亚琼．三位一体，推进高校学生工作精致化 [J]．河南教育，2013 (12)：46 – 49．

[4] 杨晓雷．精致化背景下参与互动式学生工作模式研究 [J]．北京教育（德育），2011 (10)：67 – 69．

[5] 郑杰．精致化管理的六个方法 [J]．青年教师，2009 (6)：61 – 64．

[6] 王铁军．精致化学校管理的新理念新策略 [J]．教育发展研究，2007 (12B)：14 – 17．

[7] 法约尔. 工业管理与一般管理［M］. 北京：中国社会科学出版社，1992.
[8] 张政伟，李诗章. 精致化学生工作制度顶层设计研究［J］. 高等教育研究，2014（3）：12–16.
[9] 陈娇首，范博世. 大学文化与精致化学生工作［M］. 北京：高等教育出版社，2014.

对学生工作"精致化"建设的几点理解

盖翊中①

摘　要：精致化管理就是一种教育模式。学生工作中将思想政治教育视作动态发展的过程，从细节入手，坚持育人过程和育人效果并重，是培养高质量人才的重要手段。在探讨精致化管理理论时，应重视坚持以生为本的管理理念，打通学生工作人员的职业通道，制定精致化学生管理制度，营造精致化的文化氛围，才能更好地以精细的教育投入和高绩效的教育产出来满足学生发展需求和社会人才需求的优质教育。

关键词：精致化；以人为本；职业通道；制度文化

近年来，学生工作精细化管理已经在北大、中大等一些著名高校开始实施。何为精致化管理，根据北大党委副书记张彦的说法：精致化管理源于精细管理理念，这一理念源于日本，强调管理过程精益求精，要求管理工作做到制度化、标准化、程序化，强调执行力和绩效评估。当前，中国高等教育已经完成数量的扩张，精致化管理俨然成为国际高等教育创新发展的必然趋势，是中国高等教育发展改革深层次推进的必然结果，是大学生思想政治教育科学发展的必然要求。

如何将精致化管理融入学生工作呢？精致化管理就是一种教育模式，它将思想政治教育视作动态发展的过程，从细节入手，坚持育人过程和育人效果并重，在教育内容上体现针对性，在教育安排上体现科学性，在教育设计上体现最优性，在教育方法上体现艺术性，是一种以精细的教育投入和高绩效的教育产出来满足学生发展需求和社会人才需求的优质教育。

学生工作要做到精致化管理需要从以下方面着手。

一、坚持以生为本的管理理念

高校学生工作，以人为本就是要以生为本，这就要求我们认真研究"90后"学生的心理特点、社会环境、价值观念，并进行科学合理的引导，要着重培养学生的创造力、意志力、亲和力等，要关注时代发展的需求，了解学生的思想实际，思其所想，送其所需，避免无的放矢、空洞说教。尤其是我校是金融学大背景下的传

---

① 盖翊中，男，博士，教授，广东金融学院教学质量与监控中心副主任。研究方向：微观经济学、宏观经济学、西方经济学等。

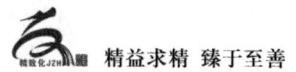

统学科教育与现代职业教育相融合的应用型高校,学生对于金融学的职业导向和价值观与其他学校有着明显不同。

二、打通学生工作人员的职业通道

要建立良好的辅导老师职业晋升机制,使之能全身心地投入到精致化管理中。目前,专职辅导员老师处于既不属于行政人员,又不属于教师系列的尴尬境地。一般而言,辅导员普遍流动性较大,加之师生比过高,从而导致工作陷入得过且过、疲于应付的境地。要实施精致化管理,就要落实教育部关于辅导员和学生1：200的规定。同时,要为辅导员的晋升设计制度和提升空间。

三、制定精致化学生管理制度

高校应建立规章制度,依照规章制度严格管理,从细微处入手,形成有规定、有考核、抓落实、重检查、有奖惩的工作机制。将管理责任具体化、明确化,把管理责任与目标进行分解,将管理落实到学校工作的每一个方面、每一个环节、每一个岗位,做到人人尽职、事事到位,彻底改变过去重发起,不重过程、不问效果的做法,要对学生管理工作的绩效制定指标进行有效评估,并把该工作效果作为辅导员职务晋升和评奖评优的重要依据。

四、营造良好精致化的文化氛围

高等教育的首要目标是要培养合格的社会公民。学生时期是走向社会化的前期。一方面,学生要学习相关的专业知识和技能,另一方面还要注意引导学生建立正确的价值观。要不断结合当今社会的现实问题和热点新闻事件举办一些校园文化活动来丰富学生的业余生活,充分调动学生的主动性,提高学生自身的综合素质。要在"以生为本"的前提下不断创新工作方式、方法,通过和学生交朋友、关爱学生的学习和生活来提高学生对精致化管理的认同,要通过设立和完善如大学生社团联合会、校友会、心理咨询中心、就业中心、校外实践基地等一些深入学生的实践平台来开展教育活动,从而为精致化管理营造良好氛围。

职业教育导向下的高校就业工作精致化探索

李勇杰[①]

摘 要：地方本科院校向职业教育类型转变是中国教育改革的趋势，要应对职业教育化改革，高校有很多地方要做出相应的改变，其中关系到人才输出质量的高校就业指导工作积极开展精细化变革意义重大。在就业指导工作精致化探索之路中，树立精益求精理念，重视规划管理，强化机构设置，注重细节，倡导个性化培养将会有效推动高校人才培养质量提升。

关键词：教育改革；职业教育；就业指导；精致化

在 1999 年之后 10 多年的大学扩招潮推动下，中国的高等教育得以迅猛发展。高等教育在提升国民整体素质的同时，随着社会的目光逐渐聚焦到高校毕业生"毕业即失业"的问题上，开始备受诟病。中国未来的社会建设需要社会精英，更需要具备社会劳动技能的大量普通劳动者，日新月异的社会发展对中国的高等教育提出了职业化变革的呼声。正是在这样的社会背景下，2014 年教育部提出我国现有 1 200 所高等院校要有 600 多所向职业教育类型转变的要求。面对职业教育导向的迫切需要，亟待转型的 600 多所高等院校急需适应社会变化，这对这些高等院校的各方面工作包括就业指导工作提出了新的挑战。为了适应社会需求，积极开展精致化的高校就业指导工作是适应高校职业教育导向的有益尝试。

一、高校就业工作精致化符合职业教育的新导向

高校就业工作精致化的本质要求就是以精益求精的理念来引导就业指导的各项工作，以人为本，突出对学生的人性化和个性化服务，并以学生为载体，最终实现以教育回报社会、服务社会的根本宗旨。就业指导工作精致化就是要让学生不但能实现就业，而且能高质量稳定就业，就业体现"线面"结合。"线"也就是职业线，不但让学生某个时期能找准职业定位，而且要让学生整个职业生涯发展都能稳步前进。"面"即就业面，不但让某几届学生能如愿就业，而且要保证每一届学生都能在社会的动态变化中适应变化，职业发展顺畅。

[①] 李勇杰，男，博士，教授，广东金融学院保险系副主任。研究方向：商业保险和社会保障。

高校开展教育改革，提倡职业化教育导向的根本目的就是要使高校培养的各类人才能更好地满足社会的需要，能充分发挥人才的主动性和创造力，以就业者的终身职业成就推动社会的发展。从一定程度上来说，高校就业指导工作的精致化与国家实施的高校职业教育新导向根本目标高度吻合。

二、高校就业工作精致化的重要特征

高校就业工作精致化是精致化管理在高校就业指导工作中的具体实践，其最重要的特征体现在就业指导工作重规划、重管理、重质量、重细节、重过程、重实施、重反馈、重效果。

精致化就业指导工作的内涵也极为丰富：就业指导的对象虽然主要是学生，但是也涉及社会和用人单位，工作的涉及面大、外延广，需要大量的规划和协调工作；精致化就业指导周期长，过程从学生入学到未来的整个职业生涯发展，并不单指学生在学校就读的时间；就业指导不仅仅是提供就业信息，更重要的是给学生提供终身的职业生涯成长和发展的帮助；精致化就业指导的最终目的是使学生个人的职业发展和学校人才培养目标以及用人单位职业需求高度融合，体现高校教育的社会价值。[1]

精致化就业指导是适应社会发展的高层次智力服务，需要组织者和指导者具备社会学、心理学、经济学、沟通学和哲学等学科综合知识，能审时度势，准确把握社会发展脉搏，帮助被指导者认识自我、认识社会，及时调整自我，以发挥最大化的主动性去迎合社会的职业需要。

同时，精致化就业指导需要充分发挥个性化指导特点，对于不同发展阶段、不同性格、不同爱好的学生，除了常规性的就业指导工作之外，要注重差异化特点，对不同学生实施有针对性的长期跟踪职业辅导，鼓励学生以个性求发展、以差异求生存。要善于从学生的特点中挖掘闪光点，并因势诱导，发挥优势，从而使学生的职业发展能个性化地满足社会职业需要。

三、精致化可以有效提升高校就业指导工作的整体质量

虽然高校就业指导工作由来已久，但是传统的就业指导工作往往比较粗放，在实践过程中暴露出不少弊端。精致化的就业指导工作可以有效克服这些不足，提升就业指导工作的整体质量。

（一）精致化强调就业指导工作"质"的提高

传统的就业指导工作普遍是以大学毕业生当年确定就业人数占当年总毕业生人数的比例为标准来判断工作效果。教育部也曾有相关的奖惩制度，就业率连续三年较低的专业要减少招生甚至暂停招生。对于主要靠招生指标获取生均经费的高校来说，这样的指挥棒迫使高校把就业工作重心放在就业率指标上，从主观角度本能地希望就业率能始终保持较高水平。[2] 单一的就业率指标较高，高校认为就业指导工作有成效，相反，则容易断定就业指导工作出现了疏忽。这样，就业指导工作的核

心就变成保证就业率居高不下。在特定的时期，针对特定的专业，就业指导工作者甚至可能会人为制造出较高的就业率来自欺欺人，其结果是国家投入资源的浪费，社会无端受损。

精致化的就业指导工作则截然不同，秉承以人为本和为社会服务的理念，追求学生成长、学校发展、社会需要的三方共赢，特别强调培养学生的质量。在工作过程中，精致化就业指导坚持长期从人才输出到人才培养过程的逆向反馈，不断精细调整人才培养的环节和步骤，充分保证人才的高素质高质量。精致化的就业指导工作，衡量输出人才的标准除了就业率，还会考量更重要的系统评价指标，比如用人单位满意度、工作稳定性、未来发展空间、就业层次、薪资水平等。

（二）精致化强调就业指导工作的持续性

传统就业指导工作的工作分界点是学生的毕业日期，工作重心基本放在学生毕业前的就业指导，通常忽视学生踏入社会后的后期职业辅助。政府规定的高校毕业生就业定期报告制度曾经是形成这种态势的无形推手，这种制度往往只注重大学生毕业前的就业情况统计。在现实社会中，学生踏入社会只是职业发展的第一步，随后的职业生涯调整必不可少，面对前所未有的情况，面对未知的职业变化，每一个进入社会的人都难免迷茫，急需及时准确的职业指导。

精致化的高校就业指导工作特别强调就业指导的持续性、长期性和终身性，工作的整体设计和根本出发点是要充分保障培养的人才终身都能随时找准社会定位、适应社会需求。精致化就业指导工作没有边界，只要是对学生职业发展有帮助的，都是应当考虑的范畴。指导工作着重长期保持每一项工作环节的细致和精准，想人所想，急人所急，尽可能把握社会的发展脉搏，给学生和校友职业发展及时提供预警和启示，拓宽人才的职业竞争空间。

四、职业教育导向下的高校就业工作精致化实践

（一）建立专门化的机构管理体系

为了解决传统就业指导工作的粗放型管理的问题，高校首先应当设置专门化的就业指导机构——就业指导委员会，这是开展职业教育导向下的精致化管理工作的组织保障，其主要功能是承担与大学生就业相关的服务、咨询、统计以及研究方面的工作，此外这一专门化的机构设置还可以参与高校的办学决策。不同于以往设置比较粗糙的高校就业机构，这一专门化的机构设置应当是一个权责明确、分工精细的就业指导工作组织体系。为保证整个组织机构的高效性和灵敏性，可以由高校的党政一把手担任组长，主管学生工作的副书记担任副组长，在这一就业工作领导小组下再设置就业管理部门、就业指导部门、就业研究部门等，各部门应加强与社会各界的交流和联系，建立密切的合作关系，强化对就业市场的研究与预测。

（二）组建专业化的职业指导队伍

为保障专门化的就业指导机构顺畅运行，建立一支专业化的职业指导教师队伍是必不可少的。这支队伍应是具有相应的学历专业层次和岗位职责分明的专职教师

队伍，如可由心理学、社会学、法学等持证上岗的专业教师、辅导员和班主任构成，并由企业聘请专业背景深厚的人力资源顾问，为学生就业提供直接的专业化指导。[3]专业化的职业指导教师队伍应通过心理测试、能力评估等各种细化方式深度挖掘学生的自身条件和就业意向，对毕业生的就业进行把脉。其次，专业化职业指导队伍的精致化指导还体现在层层相连和环环相扣的全程参与，从学生入学到毕业后均实施全程跟踪指导，在各个学年均设立给予相应学分的职业指导课程。此外，专业课教学和实践环节的教师也应当积极参与职业指导的工作，在课程教育中处处渗透就业指导思想，在提高学生理论联系实际的能力中激发学生的专业兴趣，从另一个视角为学生就业和择业提供细致的辅导。只有建立一支专业化的职业指导教师队伍，才能提高学生的就业起点，使就业指导工作不仅是帮助学生寻找一个岗位，更是为学生寻找一个事业发展的起点。

（三）以职业为导向设置专业和课程

精致化的就业指导工作不能仅仅在人才输出的末端把关，必须从人才培养的上游入手，重视人才培养的步骤和过程，以职业为导向精细设计专业和课程体系。工作中要充分发挥高校的社会服务功能，人才培养要始终以需求定供给，开设社会上真正需要的专业，并以培养合格专业人才为目标合理设置课程体系。广做调研，准确把握职业导向，跟踪各种职业的长期发展，还要注重保持职业变化的预见性，不能只是单纯凑热闹和稀泥，不顾未来职业发展和自身资源限制赶设所谓"热门专业"。精致化在专业和课程设置上还体现在定期的社会回访制度，直接邀请行业人士和教育专家对人才培养方案进行评估，对于真正符合社会需求的专业和课程，要大力扶持，而对于已经落后于社会发展的专业和课程，要及时调整。为了培养适应社会发展的综合型人才，交叉专业的设置要适当鼓励。

（四）积极开展职业生涯规划

职业规划是职业生涯发展的指路明灯，重视职业教育的精致化就业工作应该从学生入校开始就主动提供职业生涯规划的服务。在学生入校的第一年，应该及早推广权威的职业心理测试，帮助大学生了解自己的性格、兴趣和特长，了解自己的职业意向，并认识职业期望和自身条件的匹配度，正确进行职业定位和职业选择，提前做好大学四年的整体职业发展规划。大二阶段，随着专业学习和课程学习的持续，学生普遍对就读专业的未来发展有了进一步了解，职业规划的重心放在帮助学生锻炼专业发展的通用技能。进入大三，专业和课程学习已经比较深入，要重点支持学生沿着职业规划轨迹，培养职业发展的专业技能，并主动参加各种社会实践以加深对职业和社会的认识。临近毕业的大四，精致化的就业指导应该提供最新的就业政策，分析最近的就业形势，传授学生求职和面试的技巧，引导学生调整就业心态、合理设置就业期望。[4]精致化的就业指导还要把"精致服务"体现在学生踏入社会之后。按照职业发展理论，人的职业生涯包括职业准备期、职业选择期、职业适应期、职业稳定期、职业衰退期五个阶段，在每一个阶段都面临着不同的发展瓶颈，只有把每一个职业阶段进行规划和调整，才能在完整的职业生涯发展中体现最大化的社会服务成效。

（五）多层次实现就业指导信息化

为了提供全程全方位的职业指导信息，精致化的就业指导工作要构建多层次的就业指导信息系统，让被指导者能够及时获取所需资讯。首先，可以建立学生、企业双向就业选择数据库。数据库每天更新，学生可以在系统中发布个人简历、突出个人特色，企业可以公布不同岗位的动态需求信息。数据库系统支持关键词匹配搜索功能，便于双方迅速查找到符合自己需要的岗位或人才。系统开设在线互动平台，可以让供需双方就迫切想了解的问题进行在线沟通。系统还可以定期组织网络招聘会，招聘会从用人单位角度分成不同行业的企业专场招聘，也能从学校的专业划分角度分成不同专业的学生专场招聘。其次，要与时俱进构建就业指导微信和微博平台。微信、微博更符合当今信息高速流动和信息获取便捷化的特点，学生、企业、指导老师都可以随时利用手机或移动网络设备通过微信微博平台在线联系或获取信息。[5]微信、微博平台可以比学校更便捷发布就业政策、就业信息，共享就业资料，就业指导老师也能迅速为大学生答疑解惑，提供最快速的针对性指导。平台在学生毕业后还能及时知晓学生职业发展最新动态，反馈收集毕业生全面信息，这对于高校以后的人才培养和就业指导工作改进大有裨益。再次，为了提升学生的职业成功率，深化个性化的职业辅导，精致化的就业辅导工作应当通过筛选甄别，在积极利用成功校友信息库的基础上，建立行业高端人士数据库。[6]鼓励学生对于深入的职业发展问题通过该数据库和行业成功人士进行约谈，除了可以真实了解用人单位内部情况，展现自我，更可以深入交流职业发展观点，准确解答职业规划困惑，在职业生涯每一个发展阶段针对性提升自我实力，这非常有助于保持高校培养高端职业人才的承继性。

（六）广泛开拓并利用实践基地资源

为进一步强化精致化的就业指导工作，高校应广泛挖掘各种渠道资源开拓学生就业空间。如学校可以利用就业基地等社会力量，在实践教学领域的深度合作中本着"互利互惠、合作共赢"的原则，以全面提升学生业务能力和职业素养为核心，开展校企协同培养，共同设计与建设实践教学基地、共同制定实践教学课程、共同开办校企协同培养班、共同组建培养实践教学师资团队、制定实习管理文件等，加强对实习生的指导和教育，形成一个促进、吸纳学生就业的基地服务机制。在就业基地中建立相应的信息库，设立就业监测点，不仅为今后学校教育教学改革、调整专业结构提供可靠的依据，而且为学生就业提供持续服务，譬如把毕业生就业洽谈会办到实践基地，等等。此外，高校还应当进一步拓展就业基地的功能，如通过产学研合作提升学校的综合办学实力和社会影响力，增强学生的实践能力和创新能力，使学生具备较强的就业竞争力；引进企业优秀的专业技术人员，为毕业生的毕业设计提供面向生产、面向实际的建议，针对毕业设计的选题、方案、研究思路做到"真题真做、校企结合、共同指导"，有效地促进学生从理论到实践的知识迁移能力的突破，从根本上强化学生就业的精致化管理过程。

五、结语

高校的职业教育导向毕竟是一个全新的变革,在职业教育导向变革下的精致化高校就业指导工作探索之路是漫长的,但只要保持"以人为本、服务社会"的理念,精细设计就业指导工作环节,扎扎实实实践创新,高校就业指导工作的精致化道路必将越来越开阔。

参 考 文 献

[1] 李科举. 高校开展大学生精细化职业指导的思考 [J]. 中国农业教育,2013 (6):15 - 17.
[2] 姜良杰,姜鹏飞. 高校毕业生工作精致化模式探析 [J]. 当代教育科学,2012 (1):57 - 59.
[3] 庄琪,李海榕. 完善高校毕业生就业跟踪体系的思考 [J]. 创新与创业教育,2014 (2):101 - 104.
[4] 何海翔. 香港高校就业指导的特点及启示 [J]. 湖南师范大学教育科学学报,2012 (1):97 - 101.
[5] 管理要. 基于"微博、微信"平台下的高校就业服务工作探析 [J]. 华章,2014 (8):144 - 145.
[6] 张小燕,尹杰. 精细化职业指导大学生就业初探 [J]. 南京财经大学学报,2011 (6):89 - 91.

博士视角

什么样的软实力才能驱动当前高校学生工作的巨轮？不同的人、不同的学校有着各自的理解和答案。作为学生工作的诉求、学工人员的命题，"精致化"理念使广东金融学院上下掀起向精心要定力、向精细要动力、向精巧要活力的学习实践热潮。在一次学生工作"精致化"建设的研讨中，与会者关于"你看到的身影正是你的学生，你怎么样学生便怎么样，你是什么学生便是什么，你有光明学生便不黑暗，你有精致学生便有世界"的即兴发言，可以说一石激起千层浪，从情感视角平实地分享了何谓学生工作"精致化"、何谓学生工作"软实力"的普遍见解，传递了时代正能量。

本科毕业论文指导工作的精致化问题研究

刘洪波[①]

摘　要：本科毕业论文指导是大学教学中非常重要的环节。本研究结合自身教学实践，分别从论文选题、开题报告、正文撰写、答辩等环节对有关要求及指导工作的具体问题进行分析，并梳理了整个论文指导工作需要特别注意的问题，包括把握好学生的学术态度、把握好指导中"度"的问题、把握好导师与学生指导关系的分配问题等，使本科论文指导工作进一步精致化，从而提升学生毕业论文的整体质量。

关键词：毕业论文；指导；精致化

本科毕业论文是大学本科生为顺利毕业并拿到学士学位必须完成的重要任务。本文结合自己从事毕业论文指导工作的实际情况，提出在本科毕业论文指导的不同阶段，应针对学生存在的不同问题，进行针对性的精致化指导。期待通过本文抛砖引玉，唤起更多师生对于毕业论文写作及指导工作的关注及重视。

一、本科毕业论文选题

选题是论文成功的关键。选择好一个适合自己的好题目，论文就成功了一半。一些同学可能在选题环节不够用心，为赶时间便应付学校和导师的要求，以致草率地选择了一个题目，后来做开题报告或者进行论文写作时感觉力不从心，就考虑重新换题。而届时换题，前面的环节又得从头再来，此时又因为毕业找工作或者考研的事情千头万绪，导致学生非常被动。

（一）论文选题的基本要求

为了选好题，要遵循的基本要求主要有：一是选题要切合学生自己的实际能力与需求。选题最好能够结合自己未来的职业取向，这样一方面体现自己的兴趣，也能够在写作中结合自己的实习经历；另一方面也有助于自己日后的择业，两者可以相互促进。选题时要充分评估自己的能力，从而确保论文能够在学校要求的时限内保质保量地完成。二是选题要符合学校对毕业论文选题的要求。选题切忌跨专业，

[①] 刘洪波，男，博士，广东金融学院信用管理系讲师。研究方向：信用管理、金融学、电子商务。

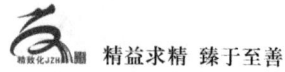

跨专业的题目在学校教务管理部门审查时一般不予通过；题目一般不宜过大，本科毕业论文一般要求一万字左右，如果题目范围太大，在这样的篇幅要求下往往只能泛泛而谈，难有实质性内容，诸如"我国金融发展中的问题研究""我国企业信用管理体系问题研究"等选题，本科生一般难以驾驭。三是选题时要跟导师多沟通。一般而言，如果选题能够与导师的研究方向相接近，尤其是与导师近期研究的课题相关，就有望得到导师更多的指导，甚至有望参与导师的课题研究，这对于论文后期的写作有着较好的促进作用。

（二）论文选题工作需要导师指导的地方

在选题环节，导师要跟学生保持密切沟通，积极引导学生主动思考，对专业领域内的学术热点问题进行梳理总结。通过沟通，一方面让导师了解学生以后的就业取向或者继续深造的设想，以便结合学生个体差异进行精致化指导；另一方面也让学生了解导师主要关注或者擅长哪些领域。双方相互沟通了解之后，确定一个双方都比较认可的题目，这样便于日后论文指导工作的顺利进行。

二、本科毕业论文的开题报告

论文题目选好之后，紧接着就是开题报告的撰写。其实在选题的同时，学生就应该开始文献资料的搜集，从而较好地评估自己的选题是否已有一定的研究基础，是否具有研究价值。

（一）开题报告撰写的基本要求

本科毕业论文开题报告须满足的基本要求一般包括：一是研读一定数量的经典文献。要寻找本专业比较权威的刊物所发表的相关文章来进行研读，切忌找一些不入流的刊物的文章来凑数。二是对文献进行分析提炼，并提出一些自己的见解。切忌对文献中的观点不加总结，大量抄袭堆积，以及未进行较好的整合，这样会严重影响文献综述的质量，也不利于后续论文写作的开展。三是合理构思论文的框架体系，为论文写作打下较好的基础。论文的框架是论文写作的核心，指引着论文写作的方向，起到"战时指挥部"的作用，需要积极谋划。

（二）开题报告撰写中需要导师指导的问题

在开题报道撰写过程中，导师可以从下面几个方面来帮助学生：一是可以在经典文献的获取渠道上提供指引。这包括告诉学生可以从哪些网站获取有关电子资源，尤其是一些相关的外文文献可以从哪里获得；可以从哪些权威刊物去搜寻文献等。二是引导学生对文献进行消化吸收，并能自行做一些注解。通过汇总分析这些文献，形成自己的见解。这对于构建自己的写作框架具有非常重要的作用，因而需要引起学生高度的重视。三是对毕业论文的写作思路及框架进行总体把关。导师及时对学生论文框架结构中存在的一些方向性的逻辑错误、结构上不完整等问题及时指出，并要求及时修改，合理布局，避免成文之后还要大幅修改。

三、本科毕业论文的写作

开题报告完成之后，紧接着就是重头戏——论文正文的撰写。论文写作是体现学生思考分析能力及文字功底的重要环节，也是学生对大学所学专业知识进行全面梳理并予以运用的契机。而且一般在后续的环节，学生还要接受论文答辩的检验，因而要高度重视论文的写作环节。

（一）论文写作的基本要求

毕业论文写作的基本要求可以概括为下述三十字：结构要严谨，思路要清晰；写作要用心，态度要端正；措辞要准确，排版要规范。文章的结构一定要严谨，这样写出来的文章才不会存在逻辑性的问题，写作过程才会比较顺畅。写作时一定要用心投入，要端正态度，予以高度重视；若敷衍了事，则难以写出好文章。写作用语一定要准确，不能模棱两可或者词不达意。最后，排版也很关键，学校一般都会提出排版的具体要求。统一规范的版式让人赏心悦目，是学生给论文导师以及答辩委员会的"见面礼"。

（二）论文写作中需要导师指导的问题

首先，导师要检查审视学生在论文写作框架上是否存在较大的偏差，如果学生自行调整了先前的结构，要仔细审查是否符合文章的主旨，是否偏题。一旦发现问题，第一时间予以指出。其次，在学生写作过程中与他们构建较畅通的联系渠道，可以通过电话、邮件、即时通信工具等多种方式对学生进行指导。在邮件中可以通过保留修改痕迹的形式，对学生的论文进行批阅，但尽量避免直接为学生修改文章。向学生指出文章中存在的问题，让他们自行去修改，从而锻炼他们的主动思考及动手能力。再次，要严格要求学生以严谨的态度对待论文写作，及时提醒学生或者安排一个学生担任组长，由组长提醒学生按照学校的时间要求提交相应的论文初稿、二稿及终稿，以便跟上学校的进度安排，使得论文指导工作比较从容。

四、本科毕业论文的答辩

毕业论文完成之后，学校一般会安排答辩。由于条件所限，一些学校可能只安排一部分同学现场答辩，其他同学则只需要进行书面答辩即可。答辩环节是检验学生是否真正用心写作的重要手段，是学校检测论文质量的必要手段。

（一）论文答辩的基本要求

论文答辩对学生的基本要求主要有：一是要充分熟悉自己的文章的基本内容和关键要点。学生要能够简洁明快地阐述自己论文选题的背景、论文的基本思路及主要架构以及论文的主要创新点。由于答辩环节时间比较紧凑，学生不需要对自己论文的内容进行长篇大论。二是能够较准确地回答答辩委员所提出的有关专业问题。在论文答辩环节，答辩委员会针对论文提出几个问题让学生作答。学生要能够快速领悟答辩委员的问题，尽快梳理出问题的答案，并通过简明扼要的语言现场表述出来。一些学生由于本身知识掌握得不够扎实，或者是怯场，没有理解好答辩委员所提问题的实质所在，从而答非所问，影响答辩的效果。

（二）论文答辩需要导师指导的问题

答辩环节快要到来时，导师一方面要从整体上梳理学生的文章是否符合学校对论文的基本要求，然后认可学生为毕业论文所付出的努力及取得的成绩，加以鼓励，增强他们对顺利通过答辩的信心。另一方面，也可以引导学生尝试从答辩委员的角度出发，设想可能会提出的问题。对于文中一些仍分析得还不够到位或者还不够深入的关键知识点，提醒学生及时补充搜集有关资料。论文答辩前，导师更要注重精致化指导，即根据学生论文的不同情况，采取相对应的指导方式，使得学生能够及时查漏补缺，以比较从容的姿态来参加接下来的论文答辩。

五、需要特别关注的事项

为进一步做好论文指导，在整个指导过程中，下面几个问题需要引起高度重视。

（一）端正态度问题

学生的学术态度是关系到毕业论文写作成败的关键因素。导师要向学生强调写作态度的重要性，鼓励学生自己动手撰写文章，对于引用别人的观点要做好注释，严格遵守学术道德，提醒切忌抄袭他人的文章。学校教务管理部门对于存在较大程度抄袭的行为，要严格按照教育部和学校的相关规定进行处罚，坚决遏制有关学术不端行为。

（二）把握好"度"的问题

导师对于毕业论文的指导要把握好度的问题，一方面不能疏于指导，忽略学生的指导需求，另一方面也不能越俎代庖，代替学生进行论文撰写、修改。一小部分导师由于手头科研压力或者家庭琐事的原因，没有安排较多时间进行论文指导，这样错失了学生在校期间最后一次论文写作能力提升的机会，影响学生以后的职业发展。另一些导师可能在对学生指导过多次、但论文完善程度很有限的情况下，为了尽快完成论文任务，自己动手为学生进行全盘修改，这样也不利于学生动手能力的培养。一旦出现这种情况，导师应分析清楚问题的症结所在，并选择有针对性的指导方式去解决问题。

（三）学校在导师分配时最好能够实现双向选择

一些教务管理部门在分配学生名额时，往往为图方便，直接按照学生的学号先后顺序，批量分配论文导师。但可能导致学生的选题跟导师的专长出现偏差，以致陷入后期学生被迫改题或者导师疏于指导、难以进行深入指导的窘境。因而，建议在选题的环节，教务管理部门把诸位导师的研究方向提供给毕业生，让学生初步确定选题，并挑选心仪的导师，然后把相关的情况反馈给诸位导师。如果出现选择上的不均衡，由导师选择希望指导的学生，没有被选中的学生，可以继续选择其他的导师。尽管程序上会相对繁琐一些，但有助于论文指导后续工作的顺利开展，从而提高指导工作的成效。

（四）充分发挥学生之间相互指导的促进作用

毕业论文写作过程中，学生们的写作水平参差不齐，彼此之间也存在着优劣势。"三个臭皮匠，顶个诸葛亮。"导师在指导过程中，可以充分发挥学生们相互之间的帮扶作用。对于一些多次指导仍没有整改好的顽症，导师可以建议该学生向在这方面做得不错的同学学习，改正不足。开题报告以及论文初步完成之后，也可以鼓励或者要求同学们之间相互交换阅读，学习别人文中的长处，同时也为对方指出文中存在的不足，从而进一步促进学生论文写作水平的提升。也可以邀请做过类似毕业论文的往届毕业生通过适当的方式与学生就毕业论文开展多层次多方位交流。

（五）制作毕业论文工作进度计划表

在毕业论文工作之初，为更好地完成论文工作，编制并公布毕业论文工作的进度表，确定各个阶段的工作内容和时间节点，对完成时间、进展情况、检查的要求等进行明确，以便导师能够实时掌握学生论文进展情况，从而及时采取相应的精致化举措，确保论文指导工作有条不紊地进行。

"精致化理念"：让人文教育生根发芽

黄 灯[①]

摘 要：学生工作历来是高校工作的重点和核心。高校学生工作的"学术性"和"非学术"活动之间依存度很高，整体表现为以人才培养为终极目的，而且人文教育的意义非常突出。因此，学生工作导向"精致化"建设，其最大的价值表现为对大众化教育的纠偏，其核心是"以人为本"，不仅凸显了价值理念的位置，而且形成了对工具理性的重要补充。既意味着学生工作从以往的"职业导向"向"生本导向"转化，又意味着专业教育与人格教育、知识教育与素质教育并重，更意味着"谋事"和"谋人"的共生。

关键词：精致化；以人为本；生本导向；人文教育

教育的魅力在于细节，在于沟通，在于传递和交流。高校尽管施教主体为老师，但因为施教对象为学生，故"学生工作"从来都是高校工作的重点和核心。尽管从狭义范围理解，高校"学生工作"主要指大学生的文体、课外活动和一些非学术性的社团活动，但实际上，在我国大学尚未完全市场化的"精英教育"阶段，学生工作的"学术性"和"非学术"活动之间的分界并不明显，两者之间依存度很高，并且整体上表现为以人才培养为终极目的。其中最为典型的案例即1993年的首届华语大专辩论赛，二十多年过去了，这场辩论赛留给人们的印象依然深刻，参赛选手的整体形象成为大学生"天之骄子"形象的隐喻，和当下大多数大学生被沦为蚁族的命运构成了判若云泥的对比。

但这种状况并未一直维持下去。随着市场经济的铺开，我国终于终结了计划经济时代的"精英教育"阶段，快速步入了"大众化教育"阶段。如果说，"精英教育"阶段因为停留于"精英人才"的培养目标，最大限度保障了大学生获得各类社会资源和发展机会，使得学生能够专注于"专业知识"学习，并在此基础上形成专才培养模式，那么，"大众化教育"阶段，则因为计划经济的格局打破，招生人数的增加，使得"就业"成为凌驾于一切工作之上的重点，并直接成为套在高校头上的紧箍咒，大学生态环境由此改变，也从根本上给"学生工作"带来了新的挑战。我校同样不能例外。

---

① 黄灯，女，博士，广东金融学院财经传媒系副教授。研究方向：当代文学。

很明显,这种新的挑战主要表现在以下方面:其一,学生精神成长和"就业"现实压力之间的矛盾。表面看来,"就业"是一个大学生进入大学后,面临的主要人生目标,但实际上,因为大学生并未完全成熟,他们面临精神成长的实际需求,如果这一看不见的目标无法达成,必然给"就业"带来极大困扰。其二,社会阶层分化的加剧,使得学生的努力和回报之间出现极大落差。如果说,"精英教育"阶段,"大学"意味着人生起点的重新调整,意味着命运的重新洗牌,意味着阶层流动通道的畅通,那么,今天,"大众化教育"阶段,由于出生所带来的局限,越来越无法和"大学"所带来的机遇相抗衡,底层家庭的学生在拼尽全力考上大学后,将发现更为残酷的现实真相,付出和回报之间不成正比,出生和机遇之间的绝对正比,必然给他们带来极强的精神困扰,如果这种困扰得不到排解,必然造成心理的巨大失衡。其三,全球化所带来的一体化及通信技术的飞速发展,使得学生难以在自我成长方面获得更好的外部环境支持。新媒体表面看来给学生提供了便捷的资讯条件,但实际上,面对海量的信息,他们更容易滑入无止境的选择中,更容易让个体的生命状态滑入碎片化和虚无化,从而影响学生宁静、完整的生命状态。其四,社会共识的缺乏,容易让学生陷入价值迷茫。学生在进入大学后,随着自己判断力的增强,对生硬和没有说服力的教育缺乏内心认同感,因为缺乏共识价值观的支撑,找不到用力的方向,必然出现失重的心理危机。面对如此多的挑战,"学生工作"真是如履薄冰,如何破解"学生工作"当下的困局,找到"就业"和"生命成长"之间的缓冲带成为首要问题。

人文教育的意义由此凸显。对于一所大众化教育背景下单一学科的高校而言,其意义和影响更为深远。人文教育直接决定学校的品格、灵魂和精神向心力。它看似虚无,而一旦形成,却给"学生工作"提供一劳永逸的精神动力,能够让全校师生感受到一种实实在在的精神共同体。学生在良好人文氛围的熏染下,可以自动调整人生目标,学会明辨是非,并找到自己生存的意义,也必然提高大学阶段受教的质量。但如何才能找到我校人文教育发展契机呢?"精致化理念"的提出,给我校人文教育的升华和拓展提供了"思维"支持。在经过近十年跨越式发展后,在学校规模、硬件、学科分布都获得了前所未有的发展后,"精致化理念"的提出,意味着学校关注的着眼点从学校层面转向了学生,意味着整体层面的粗放式发展转向精耕细作以育人为目标的可持续发展。

"精致化理念"的最大价值表现为对大众化教育的纠偏,其核心是"以人为本"。和"大众化教育"本质上的工具理性思维比较起来,"精致化理念"凸显了价值理念的位置,形成了对工具理性的重要补充。具体而言,"以人为本"意味着学生工作从以往的"职业导向"向"生本导向"转化,意味着专业教育与人格教育并重,意味着知识教育与素质教育并重,意味着"谋事"和"谋人"的共生,大学教育从此不再显得空洞,而是目中有人,富有体温。"精致化理念"尽管来自农业领域向教育领域的移植,但却触及了教育的本质。教育的过程其实更像农作物成长过程,每一颗农作物都是独一无二的生命体,具有活泼的生命力,恰如青春年少的大学生一样。可惜，"大众化教育"阶段，教育过程更像工业流水上的生产，学生的成长单向被理解为制造产品，对共性的重视极大地掩盖了学生个体差异，对个性的忽视让学生成为能够被数字化管理和描述的缺乏体温的个体。就业率、各类证书、分数成了叙述学生的常用词汇。尽管从办学形式而言，大学已经难以恢复到市场经济前的"精英教育"时代，走向大众化是其必然趋势，但这并不意味着当下的大学，尤其是学科单一的专业大学必须抛弃精英教育的基本理念。恰恰相反，对大众化趋势和人才培养之间的天然冲突保持必要的警惕，是高等教育现实处境下如何突破人才培养瓶颈的关键之处。如何遏制大众化教育下的粗放型发展，从学校层面，真正落实到学生个体，是大学充分挖掘自身优势的必然趋势。精致化的提出正是此类转型的思维要求。

王秀明在《精益求精 臻于至善——对"精致化"学生工作理念的思考》一文中提到，"通过统合科学精神和人文精神，依靠以人为本的管理和服务，根据学生特点和培养目标，信任学生、鼓励学生，激发每一位学生充分发挥内在潜力、意志力和创造力，培养学生自我教育和自我发展的主体性能力，使学生成为和谐发展的人"（见广东金融学院报学生工作处网站思想政治教育专栏）。其中，"人文精神"和"科学精神"并重的思维，凸显了"精致化理念"的精髓。大众化教育背景下，高校被"科学精神"裹挟，教育在更多的时候背离了教育本源，以功利性的成功替代了个体的完善和完整；以应试和外在的评价破坏了教育的尊严和乐趣；以冰冷的分数和无穷的指标销蚀人最宝贵的好奇心和求知欲。广东金融学院作为一所大众化教育背景下发展起来的文科大学，同样遭受着当下高等教育发展的困局，其中，文科学校被动遭受"科学思维"的独霸管理，是最为明显的一点，尤其表现在评价过程中过多渗入理工科的评价机制，教育主体——教师成为被各类指标一步步格式化为数字和指标的奴隶，以填表为基本生存形态，构成了教师职业的重要一面。教师对教育的激情和快乐就在这种内耗式的管理中消失殆尽，此种疲惫的状态必然影响其对学生的精神传递，影响学生工作拓展和进程。而如何摆脱"科学精神"气势汹汹地把持高校的局面，成为激发教育主体的关键。说到底，"精致化理念"中的"人文思维"将从根本上破除当下"科学思维"气势汹汹的局面，从而为"人文教育"的落地起到最好的支撑。

说到底，如果承认高校的功能除了人才的培养和知识的生产、传递外，还承担了修复社会和修复人心的功能，那么，人文教育的重视应该被提高到一个重要的战略地位。在功利的社会处境中，人心的成长需要平心静气地沉淀。良好的人文教育恰好能够帮助我们更好地"养气"，养浩然之气，养纯真之气，养青春朝气。良好的人文环境会给校园文化提供品味，能够让一所大学具有灵魂，而只有让一所大学成为真正意义上的大学，学生才有可能成为大学生，学生管理工作才可能高效地为学生成才服务，而不是简单停留在一种应急的琐碎状态，整天被一些低效率的事务性的工作牵着走。

我期待，精致化理念，能够让我校的人文教育生根发芽。

交易费用、精致化管理与学生管理工作

潘光辉①

摘 要：从制度经济学的视角来看，大学是一种节约交易费用的组织，而大学学生工作精致化建设也必须服务于节约交易费用的目的。学生工作精致化强调通过强化管理者与学生互动、强调部门间在分工基础上的合作、重视采用现代管理理念和手段等具体途径来达到这一目的。高校学生工作开展精致化建设的途径包括：合理分工、明确职责，优化流程服务核心价值，分类培训，吸引学生主动参与四个方面。

关键词：交易费用；精致化；学生工作；管理

一、引言：从大学的性质说起

（一）大学：节约交易费用的组织

大学组织是一种以纵向协调方式替代横向协调方式的制度安排，大学组织内存在一种权威，即管理权力和学术权力，借助于权威的命令机制和协调行为，大学一方面可以减少活动风险，另一方面可以节约交易费用，进而产生更好的活动效果，更有效率地实现目标。[1]大学制度的一切变化，都是为了更好地适应市场经济要求。主导大学制度变迁的规则就是大学的产权制度总是倾向于向节约费用方向发展，这也是大学制度演变的内在动力之一。[2]大学的本质：大学是一套利用同行评价协助知识度量和人才评价的机制。对于不同的学校，由于其产出的度量费用不一样，因此其办学理念和治理结构也就不应该一样。[3]随着更多的"90后"学生进入学校，学生个性明显增强是一个非常突出的特征，学生的诉求也变得更为多元化，这些特征明显增强了交易费用，从而为管理者提出新的挑战：如何引入新的管理理念和手段来节约交易费用？

（二）学生工作精致化管理：节约交易费用的视角

学生工作属于大学管理的重要内容，学生工作应服务于大学组织节约交易费用的目的。广东金融学院党委副书记、纪委书记王秀明认为，以人为本的"精致化"理念，其"精致化"指的是在工作内容上体现针对性，在工作设计上体现科学性，

---

① 潘光辉，男，管理学博士，广东金融学院劳动经济与人力资源管理系副教授。研究方向：制度经济学、社会保障研究。

在工作方法上体现艺术性，在工作绩效上体现卓越性。通过统合科学精神和人文精神，依靠以人为本的管理和服务，根据学生特点和培养目标，信任学生、鼓励学生，激发每一位学生充分发挥内在潜力、意志力和创造力，培养学生自我教育和自我发展的主体性能力，使学生成为和谐发展的人①。因此，"精致化"理念的本质，一在于过程的"精"，即精心（尽心尽力）、精细（注重细节）、精巧（注重方法）；二在于目标和结果的"致"，即达到"极致"，也就是追求卓越，"化"就是师生的互动，是从"精"到"致"的过程；精致化的根本要求是以人为本，即"以学生为本"，其目标是把学生培养成为卓越的人，途径是人文化、科学化、艺术化的教育、管理、指导和服务。王书记已经论述了精致化理念引入学生管理与服务工作的意义，在此不再赘述。

从制度经济学的视角来看，学生工作精致化建设包括以下三个方面的含义：

一是精致化管理强调管理者与学生的互动。大学组织管理者的服务对象是学生，在精致化管理指导下，强调以生为本，强调学生特点与培养目标的匹配，强调通过建立信任机制来鼓励学生发展主动创造能力，管理者与学生形成的良好互动减少了双方信息的不对称，因而节约了交易费用。

二是精致化管理强调部门间在分工的基础上合作。精致化管理已经摆脱了传统的单部门、单科室的分离式管理，走向跨部门、综合协调式的管理模式；摆脱了教学与管理两张皮的现象，与教学部门共同致力于为学生提供增值的多元化教育服务，共同致力于学生的成长。

三是精致化管理采用了现代管理理念和手段。现代管理理念要求管理者尽量减少管理架构的层级，从而直接节约信息传递的费用，减少信息失真，提高了管理效率。同时，新的技术手段的采用，包括借助互联网、物联网、多媒体等多种渠道、技术和手段，也将大大降低信息采集和传递的成本，从而节约交易费用。

二、学生工作如何开展精致化建设

（一）合理分工，明确职责

1776 年 3 月，亚当·斯密在《国富论》中第一次提出了劳动分工的观点，并系统全面地阐述了劳动分工对提高劳动生产率和增进国民财富的巨大作用。斯密说："一个劳动者，如果对于这职业没有受过相当训练，又不知怎样使用这职业上的机械，那么纵使竭力工作，也许一天也制造不出一枚扣针，要做二十枚，当然是绝不可能的了。但按照现在经营的方法，不但这种作业全部已经成为专门职业，而且这种职业分成若干部门，其中有大多数也同样成为专门职业。一个人抽铁线，一个人拉直，一个人切截，一个人削尖线的一端，一个人磨另一端，以便装上圆头。要做圆头，就需要有两三种不同的操作。装圆头，涂白色，乃至包装，都是专门的职业。这样，扣针的制造分为十八种操作。有些工厂，这十八种操作，分由十八个

---

① 王秀明，《精益求精 臻于至善——对"精致化"学生工作理念的思考》，http//：www.gduf.edu.cn.

专门工人担任。……一个小工厂的工人，虽很穷困，他们的必要机械设备，虽很简陋，但他们如果勤勉努力，一日也能成针十二磅。从每磅中等针有四千枚计，这十个工人每日就可成针四万八千枚，即一人一日可成针四千八百枚。"亚当·斯密最早提出的分工论，在当时起了很重要的作用，因为分工可以提高效率，所以到20世纪初亨利·福特就把生产一辆车分成了8772个工时，极大地提高了汽车的生产效率。在企业管理领域，分工论成为统治企业管理的主要模式。劳动分工理论对于管理理论的发展起到了十分重要的作用，后来的专业分工、管理职能分工、社会分工等理论，都与斯密的这一学说有着"血缘关系"。

在学生工作领域，有时就会存在一些事务多头管理、一些事务无人管理的现象。王秀明书记所说的调研中学生反映的两个问题，即"有问题找不到人"和"找到人却解决不了问题"，这些都是分工不明确的表现①。有的问题没有明确授权，学生有问题找不到人来解决；而有的事情虽然多个部门共同管理，但学生即使找到人也会出现无人负责牵头解决问题的现象。学生与学生工作管理者之间的业务往来也是一种管理的交易，多重管理、多头管理导致交易对象不明确、交易决策权分散，从而使交易费用急剧上升。为此，必须深化分工，减少多重管理、多头管理，建立"宏观集中决策，微观分权管理"的管理模式，构建扁平化的学生管理组织机构，逐步使管理职能和权限下移，在同一平台上建立多个学生工作中心，减少管理层次，增加每一个管理层次的管理幅度。学校和系部之间采取目标分层管理模式，将部分学生管理职能和权限下移到系部中去，扩大系部的自主权。各个系部的学生工作人员按照学生管理业务的要求进行合理分工，明确岗位职责，同时合理授权。各岗位工作人员在完成工作任务过程中，相应的具体措施、具体办法、具体操作可以保持一定的独立性和灵活性，这样既提高工作人员的积极性和主动性，又大幅度减少不必要的反复请示和批准，减少信息过度流动造成的办事效率下降，节约交易费用。

（二）优化流程服务核心价值

高校大都按照传统管理理论，将各种学生管理活动按照类型进行分组，从而保证有效地运作，也方便管理。如传统的业务就包括新生入学、学籍档案管理、奖励处分、扶困助学、就业指导、文明离校等。而精致化管理要求，要使保留下来的、创造价值的各个步骤流动起来②。精致化管理要求重新定义学生管理工作职能部门的作用，使他们能在高校为学生创造价值，即在传播知识、生产知识、培育人才的过程中做出积极的贡献。如果将毕业生作为学校的合格产品的话，那么，让价值流动起来才真正符合教职员工的个人利益和共同利益。这不仅要求为每个学生实施精

---

① 在实际中我们经常可以见到这种现象，如城市水管理业务就存在"九龙治水"的现象。
② 在汽车制造业，亨利·福特和他的助手们是最先认识到流动潜力的人。1913年，福特把轿车总装生产转变为连续流动生产，使福特的T型车的总装工作量减少了90%，由此大大提高了整个生产过程的生产率。但是，福特只是发现了特例，而真正的挑战在于：在少量生产时期创造连续流动。

致化管理，还应该重新思考传统的教育工作者的职能和职业，重新考虑精致化管理与学校发展战略。

新生入学教育与学习指导、奖励处分、扶困助学、就业指导等业务中，许多环节与提高学生的学习积极性、提高学习质量与就业质量密切相关，因而，学校应重点考虑将这些业务融入学生培养的整个流程中，管理部门与教学机构共同致力于为学生创造更多的价值。例如，大学召开的各种讲座将为学生提供更多的学习机会，帮助其扩大视野，提高人文素养；但是由于听讲座与学分修读没有关系，管理部门只好采取任务分配式的做法，按班分配听讲座的名额，强制学生参与，这样效果就大为下降。为了促进学生学习能力的提升和知识面的扩展，可以将听讲座与学分修读结合起来，两者共同促进。

与人才培养价值增值联系不大的管理业务和流程应设法削减，如果无法削减也可以考虑优化服务程序和地点。例如，学生办理手续经常需要证明盖章，各种业务又分散于各个办公楼、不同的管理部门内。以我校办理离校手续为例，毕业生必须跑完学校后勤服务中心的宿舍管理、水电科，财务处，组织部，团委，学生处，毕业生所在系办公室，保卫科，图书馆八个部门，而这八个部门又分布在六栋不同的办公楼内。另外，有的就业单位还要求毕业生办理计生证明、未婚证明，这又增加了一个毕业手续。从表1可以看出，办理毕业生离校手续需要奔走于多个部门之间，相当于在南校区转了一个大圈。

表1 毕业生办理离校手续一览表

序号	负责部门	应办手续	办理地点
1	图书馆	归还图书	图书馆
2	财务处	缴清学费、住宿费及教材费	行政楼205
3	后勤服务中心	缴清宿舍水电费	南校区6栋宿舍楼一楼"服务前线"*
4		退还宿舍钥匙（以宿舍为单位6月19—20日交至本栋宿舍管理员处）	退还后到南校区6栋宿舍楼一楼"服务前线"审核盖章
5		验收宿舍财产（饮水机、家具等）	工作人员登门验收
6	组织部、各系党总支	保留或转移党员组织关系	行政楼3楼组织部办公室
7	保卫处	户口迁移	保卫处
8	所在系	审核以上手续办理情况	各系办

*注：一卡通余额在"服务前线"办理。

为解决上述问题，按节约交易费用的要求，学校可以开展两方面的工作：一是学校建设一个学生事务公共服务中心或平台，面向学生提供各类服务。二是学校大力推进学生管理信息化建设。以信息化带动学生教育、管理、服务的现代化，通过网络为学生提供宿舍管理、勤工俭学、就业、心理咨询、查阅图书资料等各项业务，比如一些高校已经利用智能手机 APP 为学生提供各类服务。除了一些服务内容，一些指导教育也可以借助网络进行。通过服务中心结合网络服务，根据服务的不同种类对学生管理工作加以组合，直接面向学生开展工作。随着流程管理的优化和标准化，将来一般业务可以逐步提高自动化程度，依靠网络化管理提高办理速度，减少工作人员。

（三）分类培训

从事精致化管理的学生工作人员可以分为两类：一类是具有较高的理论素养和管理水平，负责掌控和优化管理技术、管理流程的高层管理人员；另一类是基础管理人员，如面向学生提供基本服务的教职工。基础管理人员从事一般性的学生工作与管理，具有程序性特性的业务，如宿舍管理、档案管理、学籍管理、社团管理、就业管理等。对于不同的工作人员，要坚持分类管理，围绕重点业务加强培训。高层管理人员重点提高研究和流程优化设计能力，进行顶层设计，并成为管理团队核心成员。除此之外，还应提高应对突发事件的应急管理能力。基础管理人员的重点培训内容是如何提高业务熟悉程度，优化办事效率。

（四）吸引学生主动参与

正如中央 16 号文件指出的，学生群体特征在发生明显变化。当代大学生已经从"80 后"转变到"90 后"的新一代，主流积极、健康、向上，独立性、选择性、多样性和差异性日益增强，学生维权意识也在不断增强。高校学生管理工作必须适合当代大学生的特点，在管理方法上积极创新。

在精致化管理时代，基于权威的管理模式已经不再适用，"消防员"和"保姆"难以得到学生的接受，学生管理工作者必须放下身段，与学生形成积极的互动，树立"开放式"的管理模式，在尊重、理解、平等的理念指导下，坚持以生为本，吸引学生参与管理，在这过程中让学生建立自我教育、自我管理、自我服务的观念，增强社会适应能力。"开放式"管理模式既能挖掘学生资源与潜能，为学生提供一个学习和参与管理的平台，也使学生通过参与管理，共同致力于改善学校的教育质量，让管理工作更好地服务于教学与育人。"开放式"管理模式有利于加强学生与管理工作者的沟通，减少了信息不对称，节约了交易费用，从而提高了管理效率。

三、探索精致化办学特色，服务于应用型本科人才培养

著名教育家赫尔巴特说："如果不坚强而温和地抓住管理的缰绳，任何功课的教育都是不可能的。"这话道出了管理工作的重要性。在赫尔巴特时代，管理的方法第一是威吓；第二是监督以及与此相连的命令和禁止；第三是包括体罚在内的处罚。他还把威信和爱作为两种辅助的管理方法。随着社会的发展以及教育理论的变革，这些依赖强制的方法已经不再适用了，但管理的重要性仍然不容置疑，我们需要探索新的方法来适应新环境中的当代大学生。我校升本已经十年，办学定位已经

逐渐明确，如何运用精细化管理的理念和方法，服务于应用型本科人才的培养，提升学生管理工作的层次，则是值得大家长期研究和探索的重要问题。从精致化理念的提出，到"精致文化"的形成，是一个长期的任务。

参 考 文 献

[1] 赵成. 大学治理的含义及理论渊源 [J]. 现代教育管理，2009（4）：35 - 38.
[2] 胡赤弟. 大学制度演变的经济学分析 [J]. 教育研究，2004（4）：53 - 57.
[3] 谢作诗，陈刚等. 大学治理：交易费用经济学的视角 [J]. 教育研究，2013（10）：79 - 83.
[4] 亚当·斯密. 国民财富的性质和原因的研究 [M]. 郭大力，王亚南译. 北京：商务印书馆，1983.

精致化管理与班主任工作

吴亚豪[①]

摘　要：班主任是高校学生工作的中坚和骨干，也是高校学生工作各种力量形成的纽带，班主任工作是一所高校学生工作质量的缩影。当前，把学生工作导向"精致化"建设，应该发挥班主任在端正学生思想、杜绝不良风气方面的作用，让同学之间、师生之间和谐相处，引导学生树立目标、锻炼身体、开卷有益，告诫学生学贵有恒，在班级管理中实践"精致化"理念，实现"精致化"目标。

关键词：精致化；班主任；平衡点；正能量

学校党委副书记、纪委书记王秀明在一次会议上就如何进一步做好学生工作提出了"精致化"学生工作理念[1]，其与时任北京大学党委副书记张彦提出的学生工作理念不谋而合[2,3,4]。只不过张书记主要是强调大学生思想政治教育有精致化问题，而王书记侧重强调学生的管理工作方面。王书记不仅对学生工作"精致化"管理的内涵、本质及意义做了详细的阐述，而且还就如何实施精致化管理做了详尽的说明。作为一名兼任班主任的专职教师，我在这里就"精致化"学生工作谈谈自己的心得体会。

我是从 2010 年开始担任 09 级应用数学专业一班班主任的，由于我 2005 年在珠海某高校工作期间也当担任过一年的班主任，加之我在本科阶段当过班长，我深知学生工作的琐碎和重要性。在我看来，事情再多，只要有足够的时间，总有做完的一天，但对于人的工作来说，投入再多的时间总有感觉不够的地方。回顾我所做的工作，归纳起来大致是下面几点。

一、端正学生思想，杜绝不良风气

09 级应数一班大一在肇庆校区，学习风气尚好，大二回到本部，他们受一些高年级同学坏的学习风气影响，有些不良的苗头开始慢慢出现。我在给其他系学生上"概率论"课的时候，课间找该班的班长谈到他们班迟到旷课等考勤问题。班长说，大一期间高年级的师兄师姐给他们交流学习经验，由于讲台下坐着系里老

---

① 吴亚豪，男，应用数学博士，广东金融学院应用数学系讲师。研究方向：分形几何与动力系统。

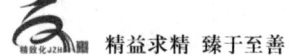

师,他们在讲台上说得头头是道,但在讲台下开始向他们传授哪些老师"好说话,考试容易过",哪些老师平时应该如何应付,考试该如何如何,等等。更有甚者,师兄师姐鼓励他们,"迟到旷课不要紧,次数多了就习惯了,大学与中学不一样"。我心想,这师兄师姐是要把他们往阴沟里带呀!至于大学生中流传一些貌似有道理的顺口溜,比如"选修课必逃,必修课选逃""五十九分自费,六十一分浪费""大学生不逃政治课,就不是一个合格的大学生"等,它们在学生中有很大的负面影响,而且它们并不仅仅局限在个别系之内。

为坚决阻止这类不良风气的盛行,将其扼杀在萌芽状态,也为了防微杜渐,我重新改选了班委。在选班干之前,我特地强调,班委必须对整个班的班风负责,必须敢于向班上的坏习气、不良行为说"不",如果班上出了问题,我首先找的就是班委。我这样做也是有理由的,班委享受评优秀、入党、评奖学金等等的优先权,为什么就不能承担更大的责任?为此,我要求记录考勤的班干,要如实地记录学生的迟到旷课等情况,不能由于要评优秀班集体,或者由于是同学、同寝室的室友或要好的朋友,而对他们的迟到旷课等违纪行为视而不见甚至是包庇,令老师签名的考勤表成为摆设,让学校的各种规章制度成为一纸空文。如果班上正气不能或是不敢伸张,歪门邪道反而大行其道,岂不是弄得班上乌烟瘴气一团糟?有班干当场提出,现在其他班为了评优秀班集体,考勤上只让任课老师签名,如果老师不追究,从来不把真实考勤记录上去,这样对我们班似乎不公平。我说,连我这个当班主任的都不在乎这样的荣誉,你们又何必太看重?北大教授钱理群表示:"我们的一些大学,包括北京大学,正在培养一些'精致的利己主义者',他们高智商,世俗,老到,善于表演,懂得配合,更善于利用体制达到自己的目的。这种人一旦掌握权力,比一般的贪官污吏危害更大。"其实,我心里在乎的是他们脚踏实地的学习态度、诚实正直的个人品质。四年之后,他们毕业走上工作岗位,绝大部分人从事的工作将与金钱打交道,如果没有诚实正直的品质,我担心他们将来会走弯路。2012年下半年,到了大四第一学期,他们主要是实习及找工作,没什么课程,在这一年的优秀班主任评比中,我所带班级的各项指标如学生成绩的不及格率、所获奖励、英语四六级通过情况,等等,在当时数学系的八个班(应数四个班,信计四个班)中均位居前列,也因此获得了"优秀班主任"的殊荣。

二、让同学之间、师生之间和谐相处

在大学本科时,我担任过班长,2005年在珠海工作期间,我在某高校任教之余也承担班主任工作,这两段时间内,我目睹了一些学生之间为了一些小事闹矛盾的不愉快经历。比如有的同学成天在教室学习,而有的同学整天在寝室玩电脑,于是,水费电费的分摊上出现一些分歧;再比如,南方和北方的学生在个人生活习惯及卫生习惯方面没办法相互理解和尊重;又如,玩电脑的同学影响早睡的同学,而早起的同学可能影响到睡觉的同学,等等。这些都是鸡毛蒜皮的小事,但就是这些小事,极易引起同学之间的矛盾。

现在的学生比起以前的学生更加自我，更加有个性，为了防微杜渐，我在第一次开班会中强调了同学之间、师生之间和谐相处的重要性。一天二十四小时，大家要么在教室，要么在寝室。同学关系不好，呆在寝室难受；班风不好，给任课老师留下不好的印象，师生之间的教学活动难以顺利进行，在教室里难熬。与其让自己难受，不如构建一个和谐的生活环境和教学环境。其实，要做到这一点说难也难，说容易也容易，只要让他们换位思考，记住一句话"责人之心责己，恕己之心恕人"即可。这不仅帮助解决同学之间的问题，师生之间的问题亦可解决。试想一下若你自己是花了若干时间备课、在课堂上挥汗如雨的老师，而学生逃课或上课玩手机，把自己的心血不当一回事，你自己又会做何感想？值得安慰的是，直到学生毕业，我的班上很少出现类似问题。

三、鼓励学生锻炼身体，开卷有益

日本一位著名的企业家在一次演讲中说道，小时候他的父亲每天一大早将他赶出温暖的被窝，让他跑步，这让他很讨厌。现在他很感谢他的父亲从小督促他坚持锻炼身体，这样不仅仅能让他有一个健壮的身体，也有一个坚强的意志。我鼓励学生去锻炼身体，学校有比较完善的设施和良好的环境，我们为什么不去充分利用这样好的条件呢？现在，很多学生知道自己成天玩手机、玩电脑不对，但就是控制不住，这是意志薄弱、玩物丧志的表现。许多学生要么由于眼睛成天盯着手机或电脑，精神疲惫而在课堂上趴在桌上睡觉；要么眼神呆滞，行尸走肉般地坐在课桌前，导致学业的荒废；更有甚者，偶有新闻见诸报端，说学生猝死在学校，何哉？有人说这类学生有一些先天的遗传疾病之类的。诚然，这也许是事实，但我认为，大学阶段应该是人的一生中生命力最顽强的时候，这种情形可能发生在压力较大的工作中，但不应该发生在生活规律且压力不甚大的大学中！

运动带来的好处不仅止于强健其体魄，磨炼其意志。科学研究表明，人在运动过程中，身体会产生一种多巴胺的物质，它能使人心情变得愉快，精神焕发。现在很多学生成天沉溺于手机网络的虚拟世界之中，意志消沉，浑浑噩噩，年纪轻轻却看上去暮气沉沉。积极的身体锻炼也许是扭转这种现状的一剂良药。

此外，我还鼓励学生多读书，读好书。古语有云"开卷有益"，我不要求学生在数学上有很高深的造诣（果真有的话，我相当高兴！），但不要将大量的课外时间用于刷微博，看无用的、八卦的、没有任何营养的花边消息，然后许多同学相互转发，或者聚在一起"吹水"。"非淡泊无以明志，非宁静无以致远"，很多同学由于接受了太多的垃圾新闻和消息，虚度了若干光阴，自然也就生活在一个浮躁不安的环境中，心灵和精神世界得不到宁静，过着行尸走肉的日子。我时常推荐一些优秀的书籍或文学作品，让有兴趣的同学去阅读，有道是"身藏文墨怀若谷，腹有诗书气自华"，高质量的阅读会在无形中升华一个人的气质。

四、告诫学生学贵有恒，学习应该有目标、有计划

学贵有恒，这些道理大家中学都懂，但到大学了反而从来没人提起。在开班会的时候，我告诉学生一个我读本科时候的真实例子。当时我们大一大二有四个学期的英语课，除了第一个学期上英语听力课有老师用录音机在讲台上讲解之外，其余三个学期上英语听力课，只有一个老师在学校电台讲解，同学们用接收器在教室听，教室是没有老师去的。于是有些不自觉的同学觉得没老师去，就不到教室学习了，到考大学英语四六级的时候效果显现出来了。有些同学，平时看起来既不显山，也不露水，但一次性地通过了四六级考试，而有的同学大学四年都没能考过四级。能顺利通过四六级考试的同学，大都是长期坚持上课的同学。试想，正常的上课时间尚且不能保证，谁会相信你课后会额外用功？这看似一周一周的坚持，学习的时候并没有感觉学到很多东西，其实我们一直在进步。正所谓"勤学如春起之苗不见其增日有所长，辍学如磨刀之石不见其损日有所亏"，说的就是这个道理。

"凡事预则立，不预则废。"我也及早提醒催促大家早订计划，无论你是选择考证、考公务员、考研，抑或是直接找工作，都得为之做好充分准备。我经常鼓励那些正在准备考研究生以及准备考证或准备其他考试的同学们一起去上自习，寝室里毕竟不是学习的好地方。我们学校学生上自习的风气不浓，偌大一个教室坐着那么两三个同学，他们可能很难坚持很长时间，但若是有十几个或几十个同学在教室里安静地自习，无形中有一个相互督促的作用。我也动员那些意志不甚坚定的学生跟着那些认真的学生一起上自习，"与凤同飞，必出俊鸟；与虎同眠，没有善兽"，常常和学习认真的学生在一起自习，我想意志不甚坚定的他们受到潜移默化的影响，也会变得自觉和认真起来。

五、若干不足，亟待改进

我常常在办公室与学生沟通，聊他们学习中的难题，聊他们生活中的困惑，聊同学之间相处的问题等，毕竟我比他们经历的事情要多，希望能以我的经验作为借鉴，让他们少走弯路。可惜，主动找我聊天谈心的学生不多，可能是因为我上课要求比较严厉，他们心里有点怕我的缘故吧。但是，孔子说"取乎其上，得乎其中；取乎其中，得乎其下；取乎其下，则无所得矣。"如果要求不高，那将什么也学不到，因为人的惰性会让他们得过且过。我坚信"慈不带兵"这个道理用在带学生方面也是对的，但我必须在亲和与严厉之间找到一个平衡点。

还有一点，我感觉自己做得不够，现在想来还不免暗自自责。2009级应数一班报名考研的同学还算是比较多的，但最终录取的只有一个，考到西南财大。我原以为，报名考研的学生我不用管太多，只解决他们学习方面的问题就够了，但事实并非如此，他们有些同学家里人不太支持其考研，有些同学本身意志就不够坚定，诸多因素让考研的结果不甚理想。想想我2002年毕业的时候，当时我们班64位同学，应届读研的同学有19个，这应该算是相当辉煌的成绩，如果算上工作之后读

研的,保守估计,应该接近半数。自 2013 年 9 月份至今,我在肇庆给 2013 级金融数学两个班上课,自己感觉和学生相处融洽,学生也信任我,这一年来,学生上我的课一直保持着抢占前排座位的习惯,这虽然在许多学校看来不是一个值得提倡的做法,但在我看来,这是个积极的信号。很有可能,他们回到本部,我会是其中一个班的班主任,我非常期待我读本科时考研的辉煌重现在他们身上!

我曾在书中看到,司马光不仅自己艰苦朴素,他的后辈受他教育亦是如此(从他的《训俭示康》中可见一斑),不认识的人一看司马光的儿子,从其衣着打扮便知是司马光家的人。我有一个梦想,希望我再次带的班级,能给其他任课老师一个全新的、区别于其他班级的印象。在这个班级里,上课时没有学生玩手机,没有人迟到旷课,人人有自己明确的目标,人人精神焕发,积极向上。大学是同学之间缩短差距的地方,同样也是同学之间拉大差距的地方,我将努力让这个梦想变成现实!

参 考 文 献

[1] 王秀明. 精益求精 臻于至善——对"精致化"学生工作理念的思考 [N]. 广东金融学院报, 2014 - 02 - 28.
[2] 张彦. 试论大学生思想政治教育的精致化问题 [J]. 中国高教研究, 2009 (6): 2 - 5.
[3] 刘洁纯, 张莹, 蒋佩雯. 深刻理解"精致化"要求, 推动学生工作持续发展——访北京大学党委副书记张彦 [J]. 北京教育, 2010 (4): 7 - 9.
[4] 杨虎, 蒋佩雯, 冯骁. 深入贯彻"精致化"理念, 全面提升学生工作水平 [J]. 实践探索, 2011, 568 (5): 18 - 20.

精致化的校园文化建设任重道远

——以广东金融学院为例

谷向伟[①]

摘　要：新晋本科院校的校园文化建设任重道远。高校育人，人格事大，不应仅停留在培养人才的层次。以广东金融学院为例，本文提出了以真诚向善为总纲的校园文化建设内容，重点包括校史教育、国学教育和商道教育三大板块，以建立"修身—国学—商道"的"一体两用"教学范式，实现人才与人文并重。在实践环节，主张坚持"惟精惟一，止于至善"的精致化校园文化建设思路，由修己而及人而向善，是一条切实可行的文化普及之路、文化建设之道。

关键词：真诚向善；精致化；修己及人；高校文化

一、高校育人，人格事大

无论什么院校，如果"缺乏文化底蕴，找不到大学的那种文化氛围，只是一个由钢筋混凝土堆砌而成的'现代化校园'"，[1]实在令人感到可怕。而对于2004年升本的一批本科院校，由于时间不长，再加上学科专业、基础设施等建设任务的繁重，校园文化建设中存在的问题也更多。作为一所本科历史仅十年的财经院校，广东金融学院同样面临着迫切的校园文化建设重任。

笔者曾经和工商管理系的一位博士聊校园文化的事情，当时他正在读《安娜·卡列尼娜》，从他对俄罗斯农民海阔太空的日常对话内容的艳羡中，我顿生"文武之道，未坠于地"的喜悦，突然发现金院也不乏爱好文学之士。然而，喜未极，悲又至。诚如该位老师所说，个别大学生的心灵如沙漠、思想似白纸，于经典只字不读、对文化无动于衷，让作为老师的我们情何以堪！

"医者父母心。"教育和医学都是一种科学，后者旨在救人，前者重在育人。教育者更应当以"父母心"来对待学生、关爱学生、教育学生。"爱之，能勿劳乎？"作为中国历史上第一个伟大的教育家，孔子真正实现了"育人"的教育宗

---

① 谷向伟，男，博士，广东金融学院财经传媒系副教授。研究方向：汉语语法和儒家思想文化研究。

旨。道德修养、文献知识、六艺技能是他教学的主要内容，其中贯穿着实践精神，充满着人文关怀，注重的是人格修养。因为孔子明白"君子不器"，不能把学生培养成只有一技之长的小器。试问，如果忽略了德行的培养、身心的养护，再好的职业技能"教育"还能称之为教育吗？

当孔子问四位高徒的理想职业时，子路的军事主帅、冉有的财政大臣、子华的外交大使都没获得孔子的丝毫赞誉，而独独曾皙的超然之辞获得了他的首肯，即"暮春者，春服既成，冠者五六人，童子六七人，浴乎沂，风乎舞雩，咏而归"。未然的有限的职业辉煌与切实的无穷的生活乐趣，孔子更看重后者。我们也应当厚此薄彼，即人生之志应当"配合天时、地利、人和，就近取材，让自己生命跟环境融合，得到同化"。[2] 毕竟，子路、冉有、子华之志乃人才之志，曾皙之志却是人格之志；人才之志的实现对外在条件的依赖过重，人格之志的享用则取决于自我的兴致与品味。

高校育人，人格事大。事实上，不只是在古老的东方，在现代化的西方发达国家，对于高等教育中的人文关怀也是重视有加。"当我穿过市内肮脏的哈佛广场而进入庭院时，好像在沙漠中找到了一块绿洲，立即感到心旷神怡，使人清新地开始一天的工作。"哈佛大学文理学院前任院长罗索夫斯基如此赞誉哈佛校园环境的作用力。[3] 也正是这位哈佛经济学教授，在20世纪七八十年代的院长任期内，主持研究并设立了哈佛大学通识教育的核心课程，提出了现代通才——有教养的人的五个特征：①必须能够清晰而明白地书写；②应该对认识和理解的宇宙、社会和我们自身的方法具有一种判断鉴别的能力；③在我们时代的其他文化方面，他不应该是一个狭隘无知的人；④应能在某种程度上懂得并思考过伦理和道德问题；⑤应在某些知识领域里拥有较高的成就。[4]

通才教育、全人教育，是古今中外教育思想的公理，我国的高等教育断不能弃之不顾。因此，在加强完善专业人才培养的同时，我们的高等教育也有必要重视对青年学子、未来人才的人格塑造和人文熏陶。要让青年学子懂得，自强不息，成为人才固然重要，但活在当下，心怀敬畏、厚德载物、敬业乐群、知足简朴，更是幸福人生不可或缺的密匙。

广东金融学院是一所涵盖经、管、文、法、理、工六个学科门类，金融特色凸显的新晋本科院校，若能投入全人教育，在充分开掘中国传统优质文化丰富内涵的基础上，吸收欧美发达国家的科学育人理念，形成独具本院特色的全人教育理念和实践，既能帮助广大学生塑造良好人格、追寻自我生命意义，更能满足现代社会各行各业对人才素质的严苛要求。

二、人文化成，真诚向善

全人教育，简言之，就是真诚向善的教育。

"背靠五千年""坚持面向现代化、面向世界、面向未来"，这是前华中理工大学校长杨叔子院士2004年接受南方网专访时解释的"中国特色"。"背靠五千年，坚持三面向，顺人知天，以致其性，办出特色，展翅高飞。"2006年，杨院士又把内涵更为丰富的人文教育理念题赠给了浙江经济职业技术学院。[5] 显然，上到"985"高校，下到职业学院，但凡有识有为的院校管理层，都应当高度重视校园文化建设。

广东金融学院应当牢固树立"人才—人格—人文"的全人教育理念。人才教育和专业教育密切相关，要坚持并进一步完善金融学院传统的"好用、耐用、顶用"的"三用"人才观念；人格教育需要综合协调家庭、个人、学校、社会等多方的力量来培养大学生自立、仁爱、乐观的性格和气质；人文教育和通识教育密切相连，往往以文史哲艺的教学、熏陶来完成对学生的人文化成。在职业教育被大力认可的今天，金融学院的教育不能仅仅囿于人才教育，而应该更为关注人格教育、人文教育，注重培养受教育者的完整性、合群性。惟此，才有可能把青年学子培养成真正意义上的全人，从而有利于在日后的社会生活中实现个人与他人、个人与社会、个人与自然的和谐发展。

人才教育一向是现代学校教育的重心所在，但不是本文的讨论重点，下面着重谈谈人格和人文教育中的一些重要问题。

"君子群而不党。"正是在与他人和群体的互动、交往过程中，个人才能逐步完成并时刻体现合群精神。合群精神有很多表现，对于大学生而言有两方面至关重要，一方面表现为个人与集体的和谐共处、合作共事，另一方面则表现为社会各界一再强调的团队精神，诸如包容心态、利他思想、领导能力、服务意识、沟通艺术、共享观念等，它们在大学生的综合素养中占据重要地位，对个人成长和社会发展影响巨大。今天的大学生普遍缺乏合群精神，而目前国内多数高校并没有系统的教育规划来对这种精神进行培养。显然，人群教育在大学生成人教育当中应当发挥更为积极的作用。"中原大学特别重视团队精神的培养，除了鼓励、辅导学生参加社团，学习互助，增进领导能力外，还极力参与小区建设、关怀小区环境；开放校园，与邻居共享学校资源，形成校园文化，共同成长。"[6] 人群教育旨在通过团队学习实现个体与群体之间的平衡，对满足学生的职业需求极为有利，理应在金融学院正着力构建的基于"一纵三横"的应用型职业教育课程体系中发挥积极作用。①

人文教育方面，金融学院应当着力打造校史文化、国学文化、财经文化为主题的创新、择善、精致的校园文化。大学需要个性。学校的个性既体现为学科设置，更体现于校园文化。固然，校园文化的底层是相同的，但是如何实现民族的和本校的文化核心，其途径、形式和侧重点却可以并且应该结合自己的和周边的条件而各显其能，各展其"特"。[7] 鉴于学生的实际需求和学院的办学历史、师资现状，金融学院的校园文化建设应当体现鲜明的财经人文特色。

---

① 广东金融学院"一纵三横"应用型职业教育课程体系，以实施行业需求为导向的CPE人才培养模式为"纵"线，构建职业教育主体条件环境，即职业教育平台、实验教学平台、案例教学平台三大"横向"协同人平台。CPE人才培养模式，即"通识教育（C）+学科教育（P）+职业教育（E）"人才培养模式。

校史是学生认识、认同学校的起点，是学校特色和精神的重要体现。广东金融学院经历了六十多年的艰苦发展，由中国人民银行华南分区行银行学校到广东金融学院，从海珠区龙潭到天河区龙洞，几易校名，办学层次逐级跃升，几迁校址，办学规模逐步扩大。然而，不仅是学生，即便是广大教师，真正了解、熟悉广东金融学院校史的人也为数不多。"忘记历史就意味着背叛。"不了解校史，于学校于个人都是莫大的羞辱和损失。因此，校史的研究和教育应当被学校各方重视起来。

研究是为了更好地记忆，教育是为了更好地传承，为了更好地研究和传播校史文化，合适的校史表达形式至关重要。比起传统的校史宣传材料，文化校史有着独特的意义和价值。"校史文化的教育有赖于好的校史文本材料，而文化校史则是校史文化的一种不错的呈现方式。好的文化校史，必须努力做到有故事、有理念、有文采，进而面向知名人物、面向经典事件、面向民间语文，这是校史文化的一种良好传播策略。"[8]显然，为了使校史文化的宣传教育工作起到事半功倍的效果，文化校史的编纂应当提到议事日程，严谨、精致、吸引眼球的校史文化素材应当在校园文化建设中发挥建设性作用。

国学文化理应在校园文化建设中占据重要一席。然而，传统国学博大精深，如何选取恰好的切入点至关重要。笔者认为，结合金融学院的特点和青年学生的身心需求，可以逐步建立"修身—国学—商道"的"一体两用"教学范式。修身是大学生成人教育过程中的重要环节，而对于这一问题的研究及阐述，前人已有精深而完备的成果，我们只需要拿来为己所用即可。比如蔡元培1912年完成并出版的《中学修身教科书》，在广为吸收中西优良道德的基础上，将两者结合得天衣无缝。不过，在这种结合中，他更注重的是继承中国道德传统。照他原话说，"本书悉本我国古圣贤道德之原理，旁及东西伦理大家之说，斟酌取舍，以求适合于今日之社会"。蔡元培的这本书可能比今天很多大而空的德育教材更能吸引学生。从该书的语言和内容来看，它不仅适合中学生，而且也适合大学生。[9]

商道教育的重心则在儒佛道对"道"的解释及应用上。毋庸置疑，中国传统文化的精髓就是"道"，即打通儒、佛、道三家的那个"一以贯之"的道，从现代商业精神的角度看，商业之"道"就是商业经营管理的"境界"的提升。"道"为"德"之本，"道"为"心"之源，商业道义和企业家精神的根本就是基于"大道"的觉悟和商业境界的提升。广东地处岭南，既有深厚的传统商业文化积淀，比如十三行、海上丝绸之路、广州口岸史等，又有着毗邻港澳的区位优势和改革开放的丰硕成果，这些都为商道教育提供了得天独厚的教研素材和案例。

校史文化、国学知识、商道思想教育的实施对于青年大学生意味着什么？或者说，校园文化建设的目的是什么？是不是空而又空、泛而又泛？笔者认为绝不是这样，人格教育、人文熏陶最终都是为了让校园里和个体身上充满着真诚的情感和向善的力量。真诚的心、真诚的情感是一个人做好一切事的基础，努力向善则是自我提升和社会发展的动力。所以说，真诚向善，恰恰是人文化成的终极目标。

三、惟精惟一，止于至善

校园文化建设事关学校发展全局，同时也关乎每个师生员工的生活品质。摆在我们面前亟待解决的课题是：如何破解"有文品没文化"的当代高等教育难题？如何提升金融学院校园文化的质量？如何变单纯的人才培养模式为"人才—人文"并重的全人教育实践？

这有赖于创新、择善、精致的校园文化，有赖于独特、系统、持续的文化教育，有赖于富有责任心和使命感的教师队伍。其中人是关键问题，大学之大，在大师之大，大学文化的高下，亦决定于有文化素养和意识的管理者和教师。"首在立人，人立而后凡事举。"鲁迅先生的这句话道出了教育者在校园文化建设中的重要作用。换句话说，先有有文化的教师，再有有文化的学生，教育者必须先受教育。因此，广大教师对于文化的学习、精研、体悟、力行是建设优质校园文化的前提。

更为重要的是，校园文化建设的成败在于顶层设计，在于实践操作。"中原大学的全人教育理念，最令人印象深刻的不是它的理论层面，而是从校长到员工都用自己的使命感去追求全人教育理想的自觉行动。"[6]只有上下同心，身体力行，才能卓有成效地进行校园文化建设，而在执行层面，精致化的校园文化建设不失为一条好路径。"精致化"不是某种具体的模式、标准和目标，而是倡导精益求精、追求卓越、至善至美的工作境界，启迪教育者以创新思维对工作流程、组织系统和方法途径进行持续改进，要求教育者与时俱进地综合运用现代化教育手段，在工作层次、工作方法和能力素质上不断提高。[10]

舜传给禹的十六字心诀中包含有"道心惟微，惟精惟一"的思想，《中庸》里面提出"致广大而尽精微"的观点，可见，精微、精一、精致，既是古圣先贤的治国之道，也是如何做人的君子之道，更是一种做事的普适之理，用其指导今天的高校校园文化建设不仅能受用，而且会出色。精致化是优良教育的内在要求，一方面高等教育的对象是充满活力变动不安的学生，其身好动，其心多变；另一方面，大学教育的道心幽微深远，需要教育工作者从点滴做起、关注细节、上下求索、坚持不懈。

分类指导是精致化的必然要求和最佳实现形式。比如金融学院可以按照学生群体的旨趣差异，将学生划分为"国学骨干""文学骨干""史学骨干""哲学骨干""艺术骨干""学科社会实践骨干""学术课外科研骨干"等不同类型，组织各兴趣爱好小组或社团，并配备专门的指导老师，依托团委、学生处及各系部，搭建学术沙龙、社团活动、课外学术科创竞赛、文体竞赛、社会实践等发展平台，开展富有成效的分类指导工作。人本、科学、高效、可持续应当成为精致化校园文化的基本要求，而文化兴趣社团则应该成为校园文化建设的主力军，它们既可以发挥传承、指导、团结、引领的作用，又可以成为学生和校系之间相互联系、作用的桥梁。

如前所述，真诚向善是校园文化建设的总纲，因此应当在各种各样的校园文化活动中加以强调和鼓励。真诚向善不是社会强加于个人的道德要求，而是要内化于个人身心的可贵品质，尽管这样的品质形成于言行并表现于言行。"大学之道，在明明德，在亲民，在止于至善。"从修明自我的德行做起，不断地影响旁及他人，使他人亦能去污除染日日新，从而一起走向至善之境。尽管至善之境未必能够实现，但修己、及人、向善，的确是切实可行的文化普及之道、文化建设之路。

《论语》里曾参讲："士不可以不弘毅，任重而道远。仁以为己任，不亦重乎？死而后已，不亦远乎？"由此引申出了后世仁人志士常说的，"任重道远""死而后已"。"十年树木，百年树人。"营造一个良好的校园文化环境，十多年也许可以小成，然而如果要真正实现止于至善的大成境界，非有百年之功不可。

因此，既然选择了精致化的校园文化建设之道，我辈就当以坚忍不拔之志披荆斩棘、勇往直前。若此，当校园文化枝繁叶茂、郁郁葱葱之时，定能实现"杏坛遗范大放异彩，泽被后世；莘莘学子沐浴春风，化性起伪"。

参 考 文 献

［1］陈东宝. 高校校史在新校区校园文化建设中的功能及其实现路径研究［D］. 成都：西南财经大学，2011.
［2］傅佩荣. 论语300讲［M］. 北京：中华书局，2011.
［3］彭志越. 文化素质教育与校园文化建设［J］. 高等教育研究，1999（1）：60.
［4］【美】亨利·罗索夫斯基. 美国校园文化——学生·教授·管理［M］. 谢宗仙，周灵芝，马宝兰译. 山东：山东人民出版社，1996. 引自网页 http：//www.eyjx.com/eyjx/1/Read-News.asp?NewsID＝4606.
［5］陈樱之，卓晶晶. 依托中国传统文化 提升学生人文素质［N］. 浙江日报，2006－06－01.
［6］单敏. 台湾中原大学全人教育的理念与实践［J］. 大学（学术版），2012（7）：69，73.
［7］许嘉璐. 高校校园文化建设漫议［J］. 求是，2004（18）：30.
［8］杨海文. 另一种校史文化：文化校史［J］. 大学教育科学，2007（4）：81.
［9］陈必华. 蔡元培修身思想在当代道德教育中的意义［J］. 华南师范大学学报（社会科学版），2008（5）：127－129.
［10］王庆环. 北京大学：走出"精致化"创新之路［N］. 光明日报，2010－06－01.

经济学教育中的批判性思维训练与大学生思想政治教育工作精致化

蓝宝江[①]

摘　要：思想政治教育与专业教育的融合被视为大学生思想政治教育领域长期存在的基础性难题。经济学教学能够提供批判性思维能力训练，促使大学生更加深刻系统与全面分析问题，由此对大学生思想政治教育有促进作用。根据教育精致化理论与受"精致化"学生工作理念的启发，经济学教育与大学生思想政治教育相融合可以从多个方面下功夫，如教师加强与同事、学生沟通，多个环节激励大学生掌握批判性思维，研读优秀经济学文献以寻找思想政治教育与经济学教育融合的适合切入点。

关键词：经济学教育；批判性思维；大学生思想政治教育；精致化

　　思想政治教育与专业教育的融合被视为大学生思想政治教育领域长期存在的基础性难题[1]。诸多高校尤其是财经类院校普遍开设经济学类课程，学生人数众多，学时总量大。因此经济学教育若能更好地促进大学生思想政治教育，其影响将会很大。实际上，正如后文所述，经济学教育能够提供批判性思维能力训练，促使大学生更加深刻系统与全面分析问题，尽量避免非此即彼、非黑即白的推理。这些对大学生思想政治教育有积极促进作用。

　　但是现实中，无论是国外还是国内，经济学教学效果普遍不佳，限制了经济学教育的功能。许多本科生甚至是研究生，学完有大量图表、晦涩难懂的专业术语与充满一阶导数的经济学课程之后，也许还能记得"供给""需求""信息不对称""外部性"等少数术语，但没有很好掌握批判性思维方式，用经济学的视角更全面与深入分析社会问题[2]。

　　精致化教育理论的提出以及我校领导对"精致化"学生工作理念的思考，给予笔者很大启发。如经济学教育要更加突出学生主体，加强师生沟通互动；教师具备过硬的思想政治素质、提升处理复杂问题的专业素养、拥有不断思考和创新的意识，如此方能取得更好的教学效果，并对大学生思想政治教育有所裨益。

[①]　蓝宝江，男，经济学博士，广东金融学院劳动经济与人力资源管理系讲师。研究方向：劳动经济学、福利经济学、发展经济学。

一、批判性思维的定义与重要性

《回归大学之道》的作者、哈佛大学教授德雷克·博克将批判性思维能力定义为提出相关问题、认识并定义问题、分辨各方观点、寻找并使用相关证据、最终做出严谨合理判断的能力。他指出："围绕大学课程的争论很多，但相信几乎所有人都会赞同，培养学生的批判性思维能力是本科教育的重要目标；虽然人们对批判性思维能力的定义并不完全一致"。[3]

我国传统应试教育尤其是文科教育过于强调死记硬背与遵循标准答案。由此学生的好奇心随年龄增加而减少，判断各方观点时容易非此即彼，忽略充分收集相关信息、最终做出严谨合理判断的重要性。而这些在现实中其实很重要。大学生若能提高批判性思维能力，则对世事会有更加理性的态度，观察与思考会更有深度，解决实际问题的能力也会有所提高。相对于中学阶段，大学教学应更加强调批判性思维能力。

有一个广为流传的教育幽默，说"PHD = Doctor of Philosophy = Permanent Head Damage = 永久性大脑损伤"。笔者的解读是，这个幽默体现出批判性思维训练带来的深刻且持久的效果。研究生教育使我们发现"不知道自己不知道"的许多东西，意识到自己在知识与推理判断等方面的种种不足，由此刺激自己不断学习。当然，除了研究生教育，本科教育和其他途径也可以产生如此效果。

二、经济学教学中的批判性思维训练

近几年笔者讲授过"福利经济学""劳动经济学""公共问题经济学"等经济学课程。"社会保障学"等专业课教学也包含一定的经济学教育内容。笔者发现通过分析一些社会热点问题或学生关心的问题，批判性思维训练对大学生思想政治教育有一定促进作用。下面是两个例子。

（一）保护动物与老建筑还是帮助失学儿童

有的人保护动物（如反对残忍的活熊取胆），有的人保护四合院或家乡的骑楼。部分人对此质疑：保护动物与老建筑的人有这个时间和精力，为什么不去帮助山区失学儿童？难道人不比动物重要，人不比老建筑重要？哲学家陈嘉映对此问题做过精辟分析[5]。他批评了批评者逻辑的荒谬，反问是否请哪个理论家排个序，然后大家都做最重要的事情，然后才能做次重要的事情？这样的反驳很有道理，同样的分析适用于很多问题。例如有人批评我国政府没有解决完国内的义务教育问题就给国外援建希望小学。这样的情绪可以理解，但过于简单的批评价值不大。它把援助外国与我国自身发展对立起来，实际上前者与后者有可能互相促进。此外，陈嘉映指出有些事情只可感召无可谴责。笔者认为，从经济学的视角来看，这涉及政府的职能与比较优势。有的事情政府有能力去做好，并且应该做，如提供公共物品、帮助陷入困境的公民，而这样的事情不宜强迫个体去做。从授课反馈来看，许多学生并未把保护动物与帮助失学儿童对立起来，但对于将两者对立的言论，尚未能组织有力的反驳。因此课程给学生留下较深刻印象。

（二）对主观幸福感调查的批评与辩护

央视播出的主观幸福感调查询问被采访者"你幸福吗"，得到大量数据与素材，相关节目播出后曾引起许多批评意见，如弱势群体"被幸福"。笔者在"福利经济学"课程中，让学生首先为主观幸福感调查合理辩护，然后为批评者辩护。这一问题的设计，就是希望学生经过课程训练之后，不要人云亦云，能全面看待问题。简单说，经济学一般认为个人（尤其是成年人）是其自身福祉状况的最好裁判。因此主观幸福感调查有其合理性与价值，不少发达国家也参考调查结果调整公共政策。把弱势群体或低收入群体纳入调查对象，这本身没有错；不调查弱势群体会导致样本有重大偏差。但要注意我国民众跟欧美公民相比，感情更加内敛，相对不愿在镜头前表达情感与意见，因此调查要更加注意技巧，确保回答真实。曾有学生表示，称这一授课内容对其参加公务员考试有帮助。

三、批判性思维训练与大学生思想政治教育的融合

根据学习体会，笔者认为要更好实现经济学教育与思想政治教育的融合，可以从以下方面入手。

（1）加强与同事的沟通，加强师生沟通，了解学生关注什么问题。笔者增加了课堂互动时间，询问学生最近关心什么事情或新闻，在学习生活中有什么思考与困惑。收集诸多问题后，通过请教辅导员以及教授各门课程的同事，笔者得以结合我校情况更有针对性地分析诸如实习、面试、职业规划等学生关心的个人问题，以及学科热点问题，充分调动学生交流的积极性。

（2）在期末考试、评定平时成绩、推荐提供批判性思维的好书等环节，激励学生提高批判性思维能力。例如在专业课期末考题中，根据相关社会热点问题设置一些比较灵活的题目，侧重考查学生能否全面、严谨、合理地分析问题。通过多种措施激发学生的好奇心与学习兴趣，充分发挥其内在潜力，使其拥有更加难忘的大学体验。

（3）研读国内外优秀的经济学教科书或学术读物，收集批判性思维训练素材，寻找思想政治教育与经济学教育融合的适合切入点。这些教材与学术读物在讲授经济学学科的思维方式与分析方法时，提供许多批判性思维的生动例子；而且分析比较深入，不局限于就事论事，这些都能提醒学生做判断时避免非此即彼的简单推论，而是要更加严谨合理分析问题。由此经济学教育将更加有助于培养有"热情的心、冷静的头脑、客观的态度、专业的思考"的高素质本科人才。

参考文献

[1] 张彦. 以"精致化"要求推进大学生思想政治教育新发展 [J]. 思想教育研究，2010 (4)：24-27.

［2］蓝宝江，李培祥．生活事例、学术笑话与西方经济学教学［J］．中国大学教学，2012（9）：45－47
［3］德雷克·博克．回归大学之道［M］．侯定凯，梁爽，陈琼琼译．上海：华东师范大学出版社，2012．
［4］陈嘉映．价值的理由［M］．北京：中信出版社，2012．

书记视角

如何推进学生工作"精致化"建设,各种主张异彩纷呈。"精致化"理念引发的讨论,表达了大家对学生工作发展的关心。有"精致化"理念实施背景的描述,有"精致化"理念现实诉求的分析,有"精致化"理念人本标签的强调,有"精致化"理念实际效能的判断,有"精致化"理念科学机理的认定,关切之情溢于言表。理念学习也好,观点讨论也罢,大家把学生工作发展的一些思考,发表在学生工作"精致化"建设的热议之中,虽然见解不一,角度各异,但都有一个共同点,即一种理念、一种激情、一种不可或缺的求是精神和美好愿望。

大数据时代背景下推动精致化学生工作线上行

刘新强[1]　丘志君[2]

摘　要：2014年新年伊始，广东金融学院主管学生工作的党委副书记、纪委书记王秀明博士旗帜鲜明地提出以精致化理念引领全校学生工作，力求将学生工作做实、做细、做精。随着大数据时代的到来，通过创建学生信息数据库，搭建学生工作信息化平台，推动精致化工作线上行，使学生工作重心从宏观群体走向微观个体，实现学生工作的个性化与精致化目标。

关键词：大数据；精致化；学生工作；线上行

全球知名咨询公司麦肯锡曾预言："数据，已经渗透到当今每一个行业和业务职能领域，成为重要的生产因素。人们对于海量数据的挖掘和运用，预示着新一波生产率增长和消费者盈余浪潮的到来。"《纽约时报》2012年的一篇专栏称，"大数据"时代已经降临，在商业、经济及其他领域中，决策将日益基于数据和分析而作出，而并非基于经验和直觉。哈佛大学社会学教授加里·金说："这是一场革命，庞大的数据资源使得各个领域开始了量化进程，无论学术界、商界还是政府，所有领域都将开始这种进程。"

一、学生工作正迎来大数据时代

作为培养高级专业人才的高校，逐渐开掘历年积累的数据，让数据"说话"，为教育教学管理尤其是改革方向的决策提供依据。学生工作也随着学生规模扩大以及工作精细化、信息化、成果量化等迎来了大数据时代。

（一）高校学生人数稳中有升，专业结构不断优化

近几年，全国高等教育毛入学率不断提高，学生规模不断扩大。2011年，全国各类高等教育在校学生总规模达到3 167万人，高等教育毛入学率达到26.9%。2012年，全国各类高等教育在校学生总规模达到3 325万人，高等教育毛入学率达

---

[1]　刘新强，男，硕士，政工师，广东金融学院计算机科学与技术系党总支书记。研究方向：思想政治教育。

[2]　丘志君，男，硕士，讲师，广东金融学院计算机科学与技术系党总支副书记。研究方向：思想政治教育。

到30%。2013年,全国各类高等教育在校学生总规模达到3 460万人,高等教育毛入学率达到34.5%。纵观这三年的高等教育,不仅总规模不断攀升,而且研究生、本科生规模也在不断扩大,学生结构不断得到优化。

(二) 学生工作呈条块化管理,工作不断细化

学生工作按条块大致可以分为:思想政治教育、党团建设、学风建设、宿舍管理、奖勤贷助补、心理健康教育、纪检卫生、招生就业、校园文化建设等。学生工作贯穿于大学生从入学到毕业整个求学期间的各个方面,包含了大学生思想、学习、工作、生活等方面的信息和数据,这些庞大的数据在对学生的动态管理方面提供了决策参考。

(三) 信息管理系统彰显特色,涌现海量数据

随着高校信息化建设的不断推进,学校一级推行了OA办公自动化系统,各职能部门纷纷推出部门信息管理系统,党委组织部有党建工作系统,教务处有教务系统,财务处有学生缴费系统,后勤部门有水电费收缴系统,校园网络中心有一卡通系统,图书馆有图书借阅系统等。学生工作部门也是系统林立,分别有招生、就业、助学贷款、宿舍管理等信息管理系统,这些系统的背后是一个个积淀了多年的海量信息数据库。

(四) 学生工作成果量化考核,拼"率"分出高低

学生工作部门在评估学生工作成效高低时,往往会对比如下指标:入党率、成绩优秀率、考研率、英语过级率、新生报到率、就业率、学生出勤率、成绩不及格率、考试作弊率、欠费率、贷款违约率、到期还本率、学生违纪率、辅导员优秀率、辅导员出勤率等,一切凭数据"说话",靠拼"率"分出高低。

(五) 高校为人才培养"晒"数据,数据参与决策

大数据时代的到来,正悄悄影响、改变着一些高校的办学思路。2013年暑假,上海大学4 400多名大一学生迎来了一个重要时刻:专业分流。为了帮助学生理性选择专业,校方在学校内部网站上公布了诸多和往届毕业生就业去向相关的数据。有了这些"内部信息"做参考,新生将清楚地知道各专业的办学情况以及就业市场的风向标。据悉,上海大学2012级学生专业分流后,第一志愿满足率达到59.3%,前三志愿满足率达到85.7%——这两个数字都大大高于传统高校先填专业后录取的志愿满足率。

二、精致化理念引领学生工作正当其时

我国台湾学者较早提出精致教育和精致教育管理的思想,他们认为,追求精致化的过程绩效是当代教育管理的目标之一。精致化是指品质管理与效率讲求的整合,即追求卓越、提升品质的"精致文化"。作为培养高级专业人才的高校,需要不断创新工作理念,营造良好育人环境,提供优质教育服务。北京大学已经先行先试,走在了精致化的前列。2009年初,北京大学党委副书记、副校长张彦发表了《试论大学生思想政治教育的精致化问题》一文(《北大青年研究》2009年第1

期),北京大学学生工作系统正式以精致化为要求,开展了一系列改革和建设,学校学生工作的面貌发生重大变化,并在校内外产生了积极的影响。精致化作为高校管理的新理念、新策略,"精致化是什么"和"如何达成精致化"日渐成为众多高校学生工作者探索和实践的课题。精致化之所以受青睐,是因为它充分尊重教育的科学规律,适应人才成长的客观规律,强调教育过程与教育方法的精心、精细、精巧。

(一)精致化代表爱岗敬业的工作态度

精致化的内在机制是学生工作者的责任心和敬业精神。若没有高度的责任感、事业心,没有崇高的敬业精神,就不可能做到精细入微、周到细致、尽善尽美。责任心,意味着忠于职守,尽职尽力,全力履行职责和义务;意味着兢兢业业,勤勤恳恳,认认真真,踏踏实实,不敷衍,不推诿拖拉,不得过且过,勇于承担自己应当承担的责任,不将自己应承担的责任推给别人;意味着有高度的原则性,坚持公正、平等的原则,一视同仁,不亲疏有别,学生都能享受公平的优质教育,能得到和谐发展。

(二)精致化倡导精益求精的工作理念

精致管理是科学精神与人文精神相互交融的管理,是追求卓越、精益求精、周到细致、精雕细刻的管理,是既注重细节、过程,又重视结果的管理,是质量与效益同步提高、教育投入与教育产出均衡的管理。精致化,十分注重过程和细节的管理,要求做到周到、精致。没有精致化管理,优质教育只能是一句空话,必然会流于形式,流于做表面文章。"细节决定成败",细节在特定意义上也会影响全局,影响发展的走向。"细节见证品质",是否重视细节,在细小问题上处理是否得当,反映了学生工作者的人格素养。

(三)精致化追求创造精品的工作成效

精致化的最终目标是培养高素质的人才,这就需要学生工作者树立精品意识,不断打造一项项学生工作精品。精品是一种极高的工作标准和工作要求,它不是一朝一夕可以完成的,它需要强烈的责任心和敬业精神,精益求精的工作理念,还要有不断进取和创新的精神,有自己独到的见解,在工作中不走人老路,不拾人牙慧,充分吸收借鉴已有的工作成果,干一项工作创一个精品,完成一项任务形成一个亮点。

三、精致化学生工作线上行的可行性

现代信息技术的发展和运用,为高校学生工作带来了新的机遇和挑战。精致化学生工作是对大学生全方位、精致化地教育、管理和服务,涉及思想政治教育、学籍学习管理、安全教育、心理健康教育、奖勤贷助补、社会实习实践管理、婚恋教育、就业指导与服务、校园文化建设等,其管理水平的高低,直接影响到人才培养的质量。学生工作者要处理的工作信息数据量大、内容庞杂,而通常采用的传统人工处理方式存在信息传递速度慢、处理效率低、出错率高以及查找、更新和维护困难等诸多问题，这就需要依靠一种更加快捷、科学的管理手段来提高工作效率，从而不断提高学生工作管理水平。

在现代信息技术不断普及的高校，由于各个部门的信息管理系统林立，缺少统一应用平台，存在系统不兼容、数据库不共享、信息不对称、查阅使用权限受限等种种弊端，信息孤岛现象日益严重，大大降低了这些单一信息管理系统的使用效率。为了更好地整合和利用这些系统的数据资源，推进精致化学生工作的高效运作，高校需要统一规划学生工作信息化平台，结合学生工作的实际需要和学生工作的开展需求，运用数据库技术，打造高校学生工作信息化平台，以期降低学生工作的成本，减轻学生工作人员的负担，方便学生信息的更新、维护和查询，实现对学生全方位、精致化的动态管理，实现学生工作从传统模式向线上模式的转变，实现线下工作和线上工作相结合、静态和动态相结合、本地和远程相结合、宏观与微观相结合，最终实现精致化学生工作线上行的目标。

四、建设学生工作信息化平台，推动精致化学生工作线上行

建设学生工作信息化平台，实现学生工作信息化管理，实现各部门之间资源的整合，以便形成完整的学生信息数据库，有效帮助学校和教师全面了解学生信息，提高工作效率，使学生管理工作科学化、规范化，达到精致化管理的要求，是当前学生工作信息化管理的迫切需要。

（一）设计理念

学生工作信息化平台的设计紧紧围绕学生工作，以多媒体技术、计算机技术和网络通信技术等信息技术为核心，结合现代管理方法实现学生工作管理精致化、网络化、信息化，整合学生在校期间所有信息资源，实现学校各部门之间对学生信息资源的共享。

（二）功能分布

1. 权限角色

根据工作需要，分设校、院（系）、辅导员（班主任）及学生四级用户。学生可通过自己的用户名或自己的学号和个人密码登录浏览个人全部信息及公共信息；辅导员可通过自己的用户名和个人密码登录浏览所带班（年）级学生全部信息及公共信息；院（系）一级党政负责人可通过用户名和密码登录浏览全院（系）学生全部信息及公共信息；校级管理部门可通过用户名和密码登录浏览全校学生全部信息及公共信息，并结合工作实际逐级授予各类信息上传、审核、修改、查询权限，以及各级用户名和密码修改的权限。

2. 学生信息数据库

（1）基本信息：学生照片、专业班级、学号、姓名、性别、寝室号、寝室电话、联系电话、民族、籍贯、政治面貌（入党、团时间）、职务（班团学等组织）、出生日期、身份证号、一卡通号、社会实践、特长爱好、学期总评等，提供高级搜索功能，按照自定义条件方便地统计查询学生信息。

（2）党团信息：坚持以党、团支部为核心的党员管理方式，加强和改进党员的管理，有助于党员及时参加党的组织生活，接受党组织的教育、管理和监督，更好地发挥先锋模范作用。

（3）学业信息：成绩录入、各班成绩汇总分析、成绩打印、成绩综合排名等功能，能实现不同标准的成绩统计，记录每个学期学生考试情况。

（4）家庭信息：家庭住址、邮编、父母姓名及其工作单位、家庭电话、移动电话等。

（5）奖助信息：学生本人大学期间申请和获得的奖助学金、助学贷款、勤工助学、学费补偿和减免等方面的信息。

（6）心理信息：大一新生入学心理健康普查情况，平时心理健康教育和心理咨询情况。

（7）就业信息：就业、实习时间、地点、单位及职务。

（8）公共信息：课表、选修课、奖惩记录及其他违纪及处分（附情况说明）等。

（9）互动信息。可自定义问卷题目和样式，学生在线调查，进行结果的统计和分析。

（三）系统特点

（1）数据化。学生工作信息化平台汇集了教务处、财务处、校园网络中心、后勤服务中心、图书馆、招生就业处、学生处、团委及各院系等部门与学生学习和生活密切联系的数据，综合反映了学生在校期间的表现，实现对学生综合素质的客观评价。

（2）信息化。利用先进的现代信息技术，对各类学生工作信息进行自动化处理后，把结果公布于网络上并分给各级用户一定的权限，各级用户就可以在网络上查询和处理各种信息，也可以下载和打印相关的信息，分享信息化带来的成果。

（3）网络化。利用通信技术和计算机技术，把分布在不同地点的计算机及各类电子终端设备互联起来，按照一定的网络协议相互通信，以达到所有用户都可以共享软件、硬件和数据资源的目的，也实现了远程办公和移动办公的目标。

（4）精致化。学生信息数据库是精致化学生工作线上行的基础，学生信息数据库的建立实现了线上项目与线下实体工作项目的匹配，凸显了工作细化、量化、精致化的特点，综合反映了学生思想、学习、生活、奖惩、家庭、实践、就业等方面的情况，较好地实现了精致化线上和线下的无缝对接。

五、结语

精致化作为学生工作的新理念，越来越多的高校逐渐加入到实践者的行列，随着大数据时代的到来，搭建学生工作信息化平台，实现精致化学生工作线下与线上的匹配，凸显数据化、信息化、网络化、精致化的特点，更清晰地描述学生整体信息，更科学地划分学生群体，让学生工作者可以从宏观群体走向微观个体，更贴近每一个学生，也更有可能让学生工作以个性化的方式"润物细无声"地走进每一个学生的内心，最终实现学生工作的个性化和精致化目标。

参 考 文 献

[1] 樊丽萍. 大数据时代：高校为人才培养晒"家底"［N］. 文汇报，2013 – 08 – 02.
[2] 张必华，姚祖婵，郑育琛. 独立学院学生工作精细化管理的必要性和可行性分析［J］. 思想政治教育，2011（4）：119 – 122.
[3] 2011 年、2012 年、2013 年全国教育事业发展统计公报［EB/OL］. 教育部网站.
[4] 杨虎，蒋佩雯，冯骁. 深入贯彻"精致化"理念 全面提升学生工作水平［J］. 北京教育（德育），2011（5）：18 – 21.
[5] 冷磊，王海洋，卫斌. 完善数据信息系统 加强学生工作精细化管理［J］. 职业教育研究，2009（2）：57 – 58.

对大学生精致化管理问题的认识与思考

甘寿国[①]

摘　要：学生工作"精致化"理念的提出是高校学生工作的客观诉求，在辅导员对学生思想引领作用弱化的情况下成为学生工作的基本要求。本文从大学生"精致化"管理的内涵理解，对学生工作"精致化"建设问题进行了探讨，认为随着学生工作"精致化"理念的形成和日益深入人心，以及"精致化"理论的进一步丰富和完善，直至"精致化"管理方法体系的提出和付诸实践，学校学生工作水平将获得质的提升。

关键词：精致化；学生工作；以人为本；综合教育模式

一、引言

传统的学生工作具有浓厚的事务性色彩，管理者主要忙于应付各种复杂事务，甚至被戏称为"保姆"。在这种模式下，"政治辅导员"的政治思想工作职能难以发挥，对学生的指导引领作用被弱化，"平安、和谐"自然也就成为管理者追求的工作目标，相应地，精细化也就成为学生管理工作的基本要求。

众所周知，学生工作是指以学生为中心，为学生成长、成才提供帮助和支持的重要教育工作，是高等教育、素质教育中不可或缺的有机组成部分。同时，学生工作必须服从于教学、科研工作，从学生思想、生活角度为教学、科研工作提供有力的支持与保障。可见，仅按精细化要求做学生工作，不能体现"以人为本""以学生成长成才为中心"的育人理念，与培养具有社会主义核心价值观的大学生的教育目标相距甚远。正因为如此，一些学者提出了精致化管理的学生工作理念，我校也适时提出学生工作精致化管理的要求。毫无疑问，随着学生工作精致化管理理念的形成和日益深入人心，以及精致化管理理论的探讨研究，直至精致化管理方法体系的提出和付诸实践，学校学生工作水平将获得质的提升。

二、大学生精致化管理的内涵

精致化管理的概念最早来源于管理学领域，要求管理工作做到制度化、格式

[①] 甘寿国，男，硕士，副教授，广东金融学院经济贸易系党总支书记。研究方向：高等教育研究与思想政治教育。

化、程式化，强调执行力和绩效评估。台湾学者最早将这一概念引入基础教育领域，提出了"精致教育"理念。精致化管理模式是以开展工作的目标、内容、形式、方法为支撑的工作运行系统，它具有系统性、动态性的特点。

高校学生精致化管理的核心是"以人为本"。"精致化"管理在管理过程中结合运用了教育科学、人文科学和专业科学理论，触及价值观、世界观的培养与塑造，以及科学知识的学习、运用与发展，对于提升大学生综合素质、促进大学生全面发展大有裨益。此外，精致化管理以实现每个受教育者"自由而全面的发展"为根本目标，在教育管理实践中倡导"因材施教"，注重发挥学生个人的主体性和主动性，有利于培养高素质创新型人才。具体来看，精致化管理具有以下一些主要特点。

1. 精致化管理是一种系统管理理念

精致化管理倡导科学管理与人本管理的融合，科学精神与人文精神的统一。作为一种系统管理理念，精致化管理充分借鉴科学管理模式中注重定量分析、强调绩效评估、善用先进手段、讲求工作效率的特点，倡导严格依照教育规律、科学原则和规范制度开展工作。

2. "以人为本"是精致化管理的精髓

精致化管理充分体现人本管理模式中尊重人在管理过程中的主导地位的特点，全力调动教育者的主观能动性，尊重被教育者的个体差异性，强调教育的人文效益和学校文化的育人功能，依照"因材施教"的原则创造性地开展工作。可以说，精致化管理的核心思想是"以人为本"。

3. 精致化管理是一种综合教育模式

精致化管理在教育内容上体现针对性，在教育安排上体现科学性，在教育设计上体现最优性，在教育方法上体现艺术性，是一种以精细的教育工作和高绩效的教育产出来满足学生发展需求和社会人才需求的优质教育。精致化管理特别注重教育资源的有效整合、多种教育手段的综合运用，以及德育同智育、体育、美育等诸类教育的协同配合，强调思想政治教育与专业教育的有机融合，提倡各类教育共同服务于育人目标的系统教育思想。

4. 精致化管理是动态的教育管理过程

大学生思想政治教育是一项具有长期性、系统性和复杂性的过程教育，教育效果在短期内难以得到客观评价和充分显现，需要管理者将其视作人生使命，持续不断地倾注全部智慧、激情和创造力。由于在不同时期社会经济形势发展变化情况不同，社会价值观念不同，教育和管理的目标、方法、侧重点也不同，精致化管理作为一种综合教育管理方法和理念，要求教育管理者动态地与现实相联系，适时做好紧跟时代步伐的学生管理工作。

三、学生工作精致化管理的问题与探讨

1. 学生工作精致化首先是教育观念的精致化

精致化管理是一种区别于精细化管理的学生工作理念。精细化管理要求管理者程式化地、全面细致地开展工作；精致化管理则要求管理者根据每个学生特点，个性化地、灵活深入地开展工作。如果说精细化是一种横向管理思维，注重的是人的平衡、规则性的发展；精致化则是纵向管理理念，注重人的个性化、动态性发展。可以说，精致化管理是人才培养理念创新的成果，既符合高等教育的发展趋势，又顺应了我校 CPE 人才培养模式的要求，对于培养应用型、创新型人才具有很重要的实践价值。因此，在我校强化培养应用创新型人才的大背景下，转变传统学生管理模式，走精致化教育之路，是一种必然的选择。

2. 学生工作精致化的前提条件是管理队伍的精致化

按照精致化要求，学生工作者不能仅仅是事务型的办事员，更应该是学生成长成才过程中的引导者，在思想政治、心理情感、职业规划、道德修养等方面为学生提供必要的指导和帮助。管理者除了在事务方面做到精细、规范，更要从人才培养与塑造的高度制定具有个性化、动态化的学生成长计划。这就要求学校花大力气精心打造和培养一支精致化学生管理队伍。管理者观念、水平跟不上，精致化管理就只能是空谈。

在高校扩招、生源质量普遍下滑的形势下，管理者的工作重心很难从精细化转向精致化，没有足够的时间学习、提高、充实自己，没有精力研究新情况，发现新问题。如何打造和培养合格的精致化管理队伍，这是目前我国高校普遍关心的问题。在目前情况下，我认为应当从两方面入手：一是制定恰当的学生培养目标，二是明确辅导员的工作职责。只有职责与任务对应，管理者才可以从繁杂事务中解脱出来，可以有更多的时间和精力研究和实践精致化管理。

3. 学生工作精致化的根本是管理制度的精致化

精致化管理，本质上讲就是将系统性管理模式引入学生工作，它对学生工作管理提出了系统性思维要求。它要求从事学生工作的管理者将学生工作视为一个整体，从全局的角度来思考问题，坚持从管理系统的集合性、整体性、层次性、相关性来指导高校学生管理工作，由此才能达到事半功倍的效果。

因此，原有管理模式下的相关管理制度必须要适时创新，即要建立以适应学生成长成才需要为中心，以形成全员、全过程、全方位育人格局为导向，以教书育人、管理育人、服务育人为基本内容，以"党政配合、教管融合、校院整合、专兼结合"为原则的学生工作机制，辅之以决策沟通、信息共享、考核评价、激励约束、应急处理等制度和措施，努力用制度规范管理，使学生教育管理体制能与培养目标、形势变化、学生特点和成长需要相适应，为实现教育目标创造条件。

为此，可以探讨学生管理与教学科研人员互为渗透的体制，起码在学生管理制度设计上以及后续管理实施中，更好地体现系统性、精致化的内容，克服以往两者各自为政的弊端，从而提升管理的水平和效果。

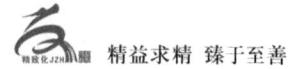

以创业教育为导向 加强高职生"精致化"管理的思考

赖志成[①]

摘 要:随着社会就业形势的日益严峻,高职生面临着前所未有的就业压力。以创业教育为导向,以"精致化"管理理念和手段为支撑,加强高职生的创业意识、创业意志、创业能力等综合素质的培养,是职业教育发展的新理念、新方向。本文从创业教育的视角出发,从"精致化"管理理念入手,结合职业教育教学过程中存在的一系列普遍问题,对如何加强高职生"精致化"管理进行思考并提出了几点建议和措施。

关键词:创业教育;高职生;"精致化"管理;建议和措施

一、引言

近期,我校党委副书记马龙海提出了以加强高职生创业教育为导向的培养路径,党委副书记、纪委书记王秀明提出了以"精致化"管理为手段和目标,稳步推进学校各项工作。根据学院领导的相关指示精神,切实贯彻推行"精致化"的理念和策略,本文以创业教育为导向,结合"精致化"的管理理念,对如何加强高职生"精致化"管理进行了思考。

近些年,教育界也相继提出了"精致化"管理理念,这是我国教育改革向深层次推进的标志,是当代教育改革的重要发展走向。随着高等教育大众化时代的到来,高职生的就业形势更加严峻。据不完全统计,2014年高校毕业生人数达到720万之巨。面对如此严峻的外部就业竞争压力,如何提高高职生的生存竞争力?这是一个时代课题。通过加强高职生的"精致化"的管理,以创业教育为导向,加强培养高职生的创业综合素质,对于高职生的就业创业具有重要的社会现实意义。

二、创业教育"精致化"理论解读

"精致化"概念最初来源于管理学领域,通常被称为"精细化管理",要求管

[①] 赖志成,男,硕士,讲师,广东金融学院继续教育学院党总支书记。研究方向:高等教育研究与思想政治教育。

理工作做到制度化、标准化、程序化，强调执行力和绩效评估。台湾学者最早将"精细化管理"概念引入基础教育领域。目前，"精致化"管理是应社会发展需要而产生的一种客观存在情况。笔者认为可以从以下三方面解读高职创业教育的"精致化"理论：

（1）"精致化"是全新的管理理念。它倡导"科学管理"与"人本管理"的融合，科学精神与人文精神的统一。高职创业教育教学管理工作包含大量的内容，涉及人、财、物统筹和资源配置，需要科学管理；创业教育是做人的工作，涉及人的思想，更需要体现"人本"和"人文"精神，以人为本的教育理念。作为教育管理理念的"精致化"，不仅要强调科学管理中的实效性，还要充分体现人本管理中的人的主体性，全力调动教育者的主观能动性，充分尊重被教育者的个体差异性，依照"因材施教"的原则创造性地开展高等职业教育工作。

（2）"精致化"是可行的教育模式。在强调"做什么"的基础上，"精致化"更加关注"怎么做"和"如何做得好"。本文认为，"精致化"教育要以高职生的创业教育为导向，坚持从细节入手，强调育人过程与效果并重，要求在教育内容上体现针对性、在教育安排上体现科学性、在教育设计上体现最优性、在教育方法上体现艺术性，达到分类指导，取得实效。

（3）"精致化"是崇高的价值追求。高职生创业教育是一项具有长期性、系统性和复杂性的"过程教育"，其教育效果在短期内难以得到充分的显现和客观评价。在这个意义上，"精致化"不单是某种具体的模式、标准和目标，更是倡导精益求精、追求卓越的工作境界和崇高的价值追求，启迪教育者以创新思维的工作流程、科学精细的管理方法等加以持续改进和优化，达到质量和效益的双突破。

三、职业教育办学过程中的问题剖析

研究发现，国内职业教育办学过程中，普遍存在一系列问题，诸如在培养目标、教育教学管理、教学资源统筹等方面有诸多管理上的问题，存在进一步改进和优化的空间。

首先，职业教育培养目标和定位与社会现实需求普遍存在一定偏差，培养目标不是非常明确。我们知道，实践教学的主要目的是培养学生的技术应用能力，应在教学计划中占有较大的比重，实践教学要改变过分依附理论教学的状况，探索建立相对独立的实践教学体系，就要逐步形成基本实践能力与操作技能、专业技术应用与专业技能，综合实践能力与综合技能相结合的实践教学体系。而职业教育实践教学的地位是由其培养目标和规格所决定的，职业教育不是造就学术精英，而是培养实干家。因此，以创业教育为导向，将"精致化"管理理念贯穿于职业教育实践教学管理的全过程，培养高职学生的创业就业意识，以此满足个体和社会发展的实际需要，是职业教育的客观要求。

其次，现阶段高职教育教学资源普遍较为匮乏。首先表现为硬件设施方面。随着高校的扩招和大众化教育的普及，高职院校许多硬件资源配备，尤其是实训硬件资源的教学比例与日益膨胀的学生数量不成正比。由于受实训场地和缺乏社会实践等因素的限制，导致高职生有效参与校内实训和社会实践的机会少之又少。然而，高职生的培养目标定位是培养社会应用型人才，而不是培养理论家。因此，职业教育应当积极有效提高硬件资源的配套和开拓实训场地，盘整硬件资源，凸显高职生实践方面的学习和训练，提高实际操作能力和动手能力，培养创新型、社会型的社会实用人才。其次表现为师资方面。"双师型"师资严重匮乏。"双师型"师资是职业办学的根本保证，是完成高职教育培养目标的实践者和指导者，对于培养什么样的学生，如何培养学生起着至关重要的作用。现实教学过程中，"双师型"师资的严重匮乏，直接影响着培养的学生的质量，导致教育过程中产生了很多的"半成品"，社会可用度降低。

四、加强高职创业教育"精致化"管理的几点建议

针对高等职业教育教学过程中出现的一系列问题，实施"精致化"管理教学，转变职业教育观念，优化教育管理模式和途径，是现阶段高等职业教育发展的需要。创业教育是以创业素质为培养目标，重在培养高职生的创业精神、创业技能。因此，在高职教育实施过程中，应积极探索并深入开展以创业教育为导向，将"精致化"管理理念贯穿于职业教育人才培养的全过程，培养高职生的创业意识、创业精神、创业能力，完善高职生的创业知识结构，培养全面发展的应用型人才。具体可以从以下几方面操作。

1. 更新培养理念，完善高等职业教育培养目标体系

面对传统职业教育模式的困扰，需要教育工作者积极转变教育观念。根据现阶段的社会发展需要，要以创业教育为指导，将"精致化"管理理念贯穿教育教学管理的全过程，以生为本，因材施教，充分激发高职生的创业精神、创业热情，培育高职生的创业技能，改进职业教育培养目标和层次，充分尊重高职生的主体性，发挥主体创造性；深入实施创业素质的培养路径，挖掘高职生的个性潜能，培养高职生的开拓进取精神。因此，培养具有创业精神的技能型人才，培养具有开办企业能力的创业者，应成为高等职业教育的新理念、新定位。

2. 以学生社团组织为依托，打造三位一体的"精致化"管理模式

职业教育培训过程中，打造三位一体的"精致化"管理模式。首先是依托学生社团组织成立素质拓展部。通过社团组织搭建平台，为实施"精致化"管理提供途径。诸如积极开展创业讲座、模拟社会创业活动、角色扮演、情景模拟、团队游戏、企业者分享、创业计划大赛、模拟公司、融资实战，充分激发学生的创业热情，让学生体验创业模拟过程的喜悦，提高创业综合素质。其次是通过成立宿舍管理委员会积极营造宿舍创业文化氛围，通过宿舍创业文化的营造，让学生在点点滴滴中感受到创业文化的存在，潜移默化中将创业意识和创业理念灌输到高职学生学习目标和理想中，充分培养高职生的创业意识和创业热情。再次是通过学生党团学组织的自我监督和自我管理，发挥学生骨干模范带头作用，形成良性的日常管理和

监督机制，共同维护正常的教学秩序和营造积极的创业环境氛围。

3. 注重校企合作，建立创业就业指导中心和实训基地

创业教育不只是简单的知识传授，而是让学生通过亲身感受、实践，不断修正观念，将自身创业知识形成主动发展的过程。为此，在高职创业教育办学过程中，要积极整合创业教育资源，投入足量办学资金，创办创业就业指导中心，创建创业实训基地。如可以借助校内外校友资源，聘请知名企业校友、专家，组建"双师型"师资，全方位、多层次地开展校企合作办学模式，加大与企业的合作空间和领域，创办创业教育实训基地，为高职生创业实践提供实训场所，让高职生真实了解创业过程和实质。另外，也可组织学生深入校企合作实践单位，走访调研，亲身体验创业应具备的各方面素质和条件，培养高职生的创业意识、社会责任感、使命感和创业自信心，为未来自主创业奠定基础。

4. 以创业教育为导向，营造良好的创业文化氛围和外部环境

外部环境是一个人成长成才的重要条件。良好的校园创业文化环境是培养学生创业意识、创业热情、创业信心、创业信念的重要外部条件。高职办学过程中，要培养高职生的创业精神，就要大力宣传、积极营造校园创业文化氛围，这会对学生产生潜移默化的影响。所以，首先要大力营造校园创业文化氛围的环境，提高学生的创业认识，激发学生的创业热情，鼓励学生勇于创业。其次，建立完整的学生创业服务体系，落实相关创业政策，提供一定创业资金支持，为学生创业实践活动提供便利的外部环境和制度保障。

五、结语

本文基于职业教育教学管理过程中存在的一系列问题，从高职生创业教育的视角出发，结合"精致化"管理理念展开思考和研究，探索并提出了一些合理性的意见和建议，旨在进一步推动我校在职业创业"精致化"教育管理过程的实施，加强高职生的创业意识、创业信心、创业能力的培养，使高职生逐步形成自信、自强的人生品格，实现学生的全面发展。

参 考 文 献

[1] 王铁军. 精致化：学校管理的新理念、新策略 [J]. 江苏教育学院学报（社会科学版），2007（5）：9–12.

[2] 刘振平，李金东. 精致化管理：高校学生教育管理新理念 [J]. 湖北函授大学学报，2011（10）：15–16.

[3] 揭育通. 高职院校大学生素质拓展主题训练的实践探索 [J]. 中国成人教育，2008（11）：94–95.

[4] 曾庆双. 基于行为养成的高职院校学生素质拓展培训模式的构建 [J]. 泸州职业技术学院学报，2009（1）：1–5.

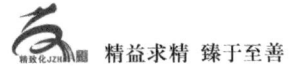 精益求精 臻于至善

精致化管理的主客体确立

吴 刚①

摘 要：精致化管理就是对全体学生的精益求精管理。其外延是主客体的统一，即学生管理工作的主体是辅导员老师，客体是全体学生；内涵是内外两个方面的整合，包括辅导员管理水平与地位的提高，学生专业素养与竞争力的提升。辅导员队伍建设不能自然演进，需要在许多方面有所组织、实施与体现，使之更好地面对全体学生的教育、管理与服务。

关键词：精致化；主体；客体；辅导员

一、高校学生工作精致化管理的内涵

高校学生工作"精致化"管理是指，在工作内容上体现针对性，在工作设计上体现科学性，在工作方法上体现艺术性，依靠以人为本的管理和服务，注重科学精神和人文精神的融合，根据学生特点和培养目标，激发每一位学生的内在潜力、意志力和创造力，信任学生、鼓励学生，除教师引导外，更要培养学生自我教育和自我发展的主体能力，从而具备可持续的竞争优势。

从实际工作的情况看，我们对精致化管理这样界定：所谓精致化管理就是对全体学生的精益求精管理，其外延是主客体的统一，即学生管理工作的主体是辅导员老师，客体是全体学生；而内涵应是内外两个方面的整合，这里包括辅导员管理水平与地位的提高，学生专业素养与竞争力的提升。

沿着这种逻辑，我们需要修正过去的一些做法，即辅导员队伍建设不能任其自然地演进，需要在许多方面有所组织、实施与体现；学生管理工作不能再忽略中间部分学生，应回到面对全体学生管理与服务的层面上来，这是学生管理者应有之义，需朝着此方向努力。

二、精致化管理的主体确立

来自辅导员的创新行为是高校精致化管理目标实现的重要因素，而辅导员主体地位确立，是需要辅导员在深刻领会"两个目标"与"三个认同"（吴刚，2011）

---

① 吴刚，男，管理学硕士，副教授，广东金融学院应用数学系党总支书记。研究方向：企业管理层的治理结构。

精神的前提下，完成学生管理工作的创新理论准备与行动准备。鉴于这一事实，已有大量关于创新行为的研究探讨了诸如什么影响创新行为、怎样驱动创新行为等问题，这成为思考学生管理工作的出发点。但是，这些研究大多把创新行为看成连续行为变量，而根据 Janssen（2000）的研究，创新行为包括提出创意、推展创意和实施创意三个阶段，其中任何一个阶段既可独立构成创新行为，也可与其他环节联合形成创新行为。

从目前辅导员实际工作情况来看，有条件推展和实施创新行为的辅导员却囿于创新，缺乏更进一步推演，这也许与体制和机制相关。更为直接的体现或许与论资排辈、晋升路径安排，以及其他资源拥有关联。当然，辅导员缺乏创新行为或愿意停留在较低层面，还与这么多年来养成的工作惯性有关。

精致化管理理念的提出，就是从根本上要回到辅导员在高校地位竞争力的提升上来，解决辅导员动力不足等问题，进而实现学生管理目标达到精致化状态。事实上，在当今社会中，每个辅导员均希望在竞争中胜出，但在上述的语境中，依赖常规与传统手段不易达成目的。这就促使了非常规手段在地位竞争中的应用，诸如以创新强校的项目管理、外派学习，以及注重内在的工作纪实呈现等方面。多数学者研究发现，地位竞争与创新行为具有内在联系。所以，辅导员对"非常规"手段的需求很大程度会导致创新行为的唤起。

三、精致化管理的对象确立

与"抓两头促中间"管理理念相比，精致化管理更为科学。事实上，抓两头容易，促中间不简单。从以往的经验看，中间部分坍陷发生的概率分布不容忽视。以下就是一位学生所写的具有真知灼见的学业报告，道出了一部分人的心声。

这位学生是这样写的，"虽然我并不是那些倍受冷落的普通生或差生，但我却可以感觉到他们内心极其忧愤与委屈。倘若我是那个从未受老师支持鼓励，甚至从未被关注过的人，那我会有多失落与伤感？成绩平平，可是我尊师重教、严守纪律，难道就落到连老师的关心也不配达及吗？有些人打游戏、不上课、成绩差，被称为一群懒羊，却尚可得到些许关心，而这些普通学生成绩比他们好，上课也认真，品行也优秀，凭什么就注定要受到冷落呢？一想到每学期的奖励都与他们无缘，莫名忧愁就会升起。唉，他们也许就应该这样忍受孤寂吧。"

由此可见，每一个学生都渴望而且应该得到老师的关注，他们可以在与老师多一点接触、多一些交流中得到更多收益。学生内在的力量在这种过程之中得以延展，其表象的困惑在这种过程之中得以纾解。常常说的大学最主要的功能——"得贤之化"，就会得到进一步彰显。

既然师生沟通与交流如此重要，那就不应该出现老师的"不小心"，甚至懈怠而忽视对中间部分学生的管理，因为我们深知，任何有意或无意的忽视，都会严重影响到这些学生的行为，甚至扼杀他们的学习积极性、主动性和创造性，进而使得他们在能力发展与提高方面受限。当学与不学变得无差异的时候，不学就是唯一均衡选择。

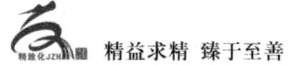

作为理性人,学生当然知道他们理应在主业方面的努力与坚守。以金融为主打专业的广东金融学院,绝大多数学生还是传递出更多正能量,这是我们这所大学的主旋律。举例说明,2013—2014学年的上学期,本人给劳经系(劳动经济与人力资源管理系)上"经济现象博弈分析"这门课。有一位计算机科学系2013级的新生,从第三周开始,会在每周三下午8、9节课,准时来听课。之后,一直跟随着,直至上完课,并和大四学生一道提交了一篇论文。课程结束,他发来一则信息,时间是2013年11月27日周三课后18:39,内容如下:

"老师,您好!一个偶然的机会我走进了您的课堂,我从此深深地被您以及您的课所着迷,您的讲学是真正能够长智慧,提境界的,我也为您举手投足之间的个人魅力所倾倒,作为一个迷茫的大一新生,能够遇到您,并且能够在您门下学习我倍感荣幸,每个星期我最盼望星期三下午的到来,因为有您的课。我知道您星期四还有一个管理学的课,可是因为课表冲突去不了,希望以后有机会跟您学习这门课。向老师您自我介绍一下,我是大一计科系信息系统与信息管理专业一班的钟世浩。"

在特定历史阶段,一所大学能够支撑的最大承载力总是一定的,不单是物质,诸如教室、住宿等,也应该与配备的人力资源密切相关。置于急剧变化时代里,大学聚集了具有相同年龄特征的年轻人。一时间来了这么多,很可能会给我们带来前所未有的考验。这种情势,由不得我们改变,除了顺势而为之外,我们需要坐下来认真思考,好好应对。

四、结语

精致化管理的提出与推行,无疑使我们的学生管理工作找到一种科学方法。首先,强调坚持社会主义核心价值观的极其重要性。确立做一个有益于社会、国家、人民的人,就是要有真才实学、过硬的创新本领。而这一切塑造与培养都来自于学习,既有政治学习与专业学习,又有个人学习与集体学习。学习是一个极其关键的动名词,我们学什么?怎么学?向谁学?能否学以致用?等等问题需要我们做出响亮回答,不能有丝毫含糊。

其次,建构包涵"广金精神"的学校风尚。一是要让学生懂道理、守规矩,包括明白上大学交学费是一件天经地义的事情;二是要让学生建立相对比较体系,明白自古以来读书之人是"穷学生"的道理,穷则思变,不放大别人财富,也不放大自己贫穷;三是让学生懂得"没有金刚钻不敢揽瓷器活"的道理,要行动不要坐等。

第三,要有做实工作的作风。做工作要具有前瞻性,缜密规划,认真计划,正确推进。要未雨绸缪,防患于未然,针对新生、老生的基本特征,有针对性地进行工作,使其工作更卓有成效。调动辅导员、班主任的工作积极性与主动性,以班级为单元,以小组研讨、主题班会等形式,实事求是,收集不乏智慧之意见与建议,开启大学生活的痕迹管理。

科学发展观视域下的高校就业
思想政治教育问题与对策

曾英杰①

摘　要：就业思想政治教育是大学生就业工作中重要的组成部分。面对大学毕业生就业中碰到的思想问题，高校应从"大学生就业"和"思想政治教育"有机结合的视角，摸清高校就业思想政治教育的现状，突出高校就业思想政治教育的功能，改进高校就业思想政治教育的对策，更好地推动实现"更高质量的就业"。

关键词：科学发展观视域下；就业思想政治教育；问题；对策

深入贯彻落实党的十八大提出的"做好以高校毕业生为重点的青年就业工作""推动实现更高质量的就业"的要求，必须发挥就业思想政治教育的独特作用，进一步优化大学生就业结构和就业质量。这是新时期大学生就业工作的崭新课题。2009年，教育部办公厅《关于加强普通高等学校学生就业思想政治教育的通知》（教思政厅〔2009〕1号）提出："高校要建立和完善由学校党政统一领导和协调，有关职能部门相互配合，院（系）具体组织实施的学生思想政治教育与就业工作相结合的工作机制，充分发挥思想政治教育在引导和促进学生就业中的积极作用。"该通知把做好就业思想政治教育确定为高校就业整体工作的关键环节，并对就业思想政治教育的工作机制、具体范围和途径载体做出规定。这是1999年我国高等教育大众化以来，国家教育行政部门第一次提出"就业思想政治教育"的概念和要求。笔者认为，在科学发展观的视域下，围绕全面建成小康社会的目标，结合我国高等教育"大众化"的特点，从"大学生就业"和"思想政治教育"有机结合的视角，摸清高校就业思想政治教育的现状，突出高校就业思想政治教育的功能，改进高校就业思想政治教育的对策，一定能够更好地推动实现"更高质量的就业"。

一、科学发展观对高校就业思想政治教育提出的新要求

作为马克思主义中国化的最新成果，科学发展观在党的十八大被确定为指导思

---

① 曾英杰，男，硕士，讲师，广东金融学院劳动经济与人力资源管理系党总支书记。研究方向：大学生思想政治教育与研究。

想。科学发展观的核心立场是以人为本,第一要义是发展,基本要求是全面、协调、可持续,根本方法是统筹兼顾。十八大还对如何贯彻落实"第一要义""核心立场""基本要求""根本方法"提出了四个"必须更加自觉"的要求,更为系统、更加深刻地阐述了科学发展观,同时要求把科学发展观贯彻到小康社会建设的全过程。大学生就业和大学生思想政治教育工作,是全面建成小康社会进程中实施"就业优先战略"与"构建和谐社会"的重要内容。在科学发展观视域下,进一步推动高校就业思想政治教育应该包括三项新内容。

一是落实"以人为本"。在高校就业思想政治教育的实施过程中,要根据世情、国情、社情和就业形势的新变化,突出指导和服务大学生就业的人本理念,强化大学生的主体地位;并且要站在大学生的角度,以社会的新需求和大学生的自身特点开展就业思想指导、职业道德教育和维护就业权益。

二是立足学生发展。在高校就业思想政治教育的实施过程中,必须要按照"全面、协调、可持续"发展的要求,以有利于大学生发展的理念开展就业思想指导。既要对他们进行职业生涯规划教育,引导他们科学设计个人的职业发展,又要加强职业道德教育,提升职业精神和就业境界;既要以社会需求引导他们确定职业选择,培育择业能力,又要鼓励他们树立到国家最需要地方建功立业的就业创业理想,锤炼扎根基层的就业创业能力;既要保证大学毕业生的就业率,又要围绕不同的兴趣和特长展开个性化指导,引导每个毕业生在合适的领域、合适的职位、合适的岗位发展,保证他们的职业稳定性,提升就业满意度。

三是注重统筹兼顾。在高校就业思想政治教育的实施过程中,要将学校、家庭、社会、学生自我教育有机结合,把思想政治教育和就业工作统筹考虑与安排。坚持以社会主义核心价值观为指南,帮助学生认清世情、国情、社情,认清就业形势,合理调整预期,加强技能训练,统筹做好各项就业准备。既要统筹校内校外的就业教育资源,又要兼顾学生个体实际和社会就业发展形势,兼顾年级、性别、专业、家庭差异学生的就业预期,这样才能实现就业思想政治教育的针对性和有效性。

二、科学发展观视域下高校就业思想政治教育的问题管窥

我国高等教育"大众化"以来,国家和教育行政部门出台过3份关于"大学生就业"与"思想政治教育"的重要文件,一份是《教育部关于进一步深化教育改革,促进高校毕业生就业工作的若干意见》(教学[2003]6号),一份是《中共中央国务院关于进一步加强和改进大学生思想政治教育的意见》(中发[2004]16号),一份是《国务院办公厅关于加强普通高等学校毕业生就业工作的通知》(国办发[2009]3号)。文件提出,要"加强毕业生就业指导,将就业指导课作为学生思想政治教育的重要组成部分,并纳入日常教学""加强对高校毕业生的思想政治工作"等,应该说,十多年来高校对大学生的就业思想政治教育是重视和有效的。结合此前对广州地区7所高校进行的问卷调查,对照科学发展观对就业工

作的新要求，经过分析和总结，笔者发现，目前高校的就业思想政治教育存在以下缺失。

（一）大学生就业与思想政治教育出现脱节

大学生就业和思想政治教育在实践中脱节，主要体现在：毕业生诚信意识淡薄、法律意识不强。有些高校在就业指导中淡化对思想道德修养的指引作用，认为思想品质是"软东西"，对大学生就业的推动作用不大。在开展就业指导中，有意或无意虚化思想政治素质的培养，虚化职业道德和职业精神的培养，致使部分毕业生缺乏脚踏实地的精神；开展就业法律教育不够扎实，使部分毕业生在择业签约中诚信意识不强，随意毁约，对单位招聘和就业市场秩序造成不良影响。调查中还发现，有些高校采取层层签订就业率责任制，以及与考核评优挂钩等方式，致使二级教学院系、辅导员、班主任想方设法催促，甚至逼迫毕业生尽快与用人单位签约，从而忽视细致有效的思想政治教育工作。

（二）大学生就业思想政治教育的针对性不强

一是存在就业思想政治教育"前紧后松"的现象。就业思想政治教育作为一项系统工程，应按照不同年级的特点有计划、有步骤、有重点地展开。但是，在调查中发现，不少高校一般只在低年级开设"大学生职业生涯规划"课程，辅导员、班主任的工作精力主要投入在低年级。而在就业季节必须强化的就业指导及其思想政治教育，却由于学生们忙于实习和答辩，辅导员、班主任和有关教师开展的就业思想政治教育仅是"三发式"（发信息、打电话、发邮件）的"蜻蜓点水""应付了事"，不能深入到每个毕业生的心里。

二是在就业思想政治教育中，没有按阶段、分步骤地做好学生科学就业观的培育和养成，导致部分毕业生在择业中依然存在"社会适应我"而不是"我要适应社会"的以自我为中心的择业观、"破罐子破摔"的自暴自弃的择业观、"唯金钱为上"的极端功利的择业观。

（三）大学生就业思想政治教育的方式陈旧

首先，没有确立大学生接受就业思想教育的主体性地位，具体体现在大学生就业指导课教学上仍然沿用大合班和"满堂灌"的方法，使学生"被动"地接受。其次，对就业政策的宣传方式陈旧。就业政策往往只是通过报告会、专题讲座等集中宣讲，方式单一，不能满足大学生多样化、多元化的需求，更加缺乏个性化的辅导，缺乏应用新媒体技术对就业思想教育的探讨。第三，对毕业生心理素质培养缺乏系统性。

（四）大学生就业思想政治教育队伍素质不高

从调查中发现，不少高校党政领导对学生就业思想政治教育的重要性认识不足，过于强调就业率，认为"就业指导只要把毕业生送出校门就行"，对送出拥有什么样思想道德素质的学生重视不够，从而也造成对大学生就业思想政治教育队伍建设的忽视。在调查中还发现，从事一线学生思想政治教育的辅导员、班主任中45%认为不太擅长开展就业指导，而从事就业指导的工作人员中63%认为不太擅长开展思想教育,这样就比较容易导致"就业指导"与"思想政治教育"在实践中产生脱节。同时,从事就业指导和思想政治教育的专职人员数量不足、职责不清、激励不力,工作理论和实践经验存在缺陷,对进一步提升就业思想政治教育的质量提出挑战。

三、科学发展观视域下加强和改进高校就业思想政治教育的对策思考

总的说来,高校就业思想政治教育出现的诸多问题,原因是多方面的,主要是由于没有把握"大学生就业"和"思想政治教育"的有机结合,没有发挥思想政治教育在引导与促进学生就业中的积极作用所造成的。因而,科学发展观视域下的就业思想政治教育,必须确立"加强思想政治教育,提升大学生就业竞争力"的工作理念,把握就业过程中思想政治教育的着力点,改进就业指导中思想政治教育的方式方法,实现"大学生就业"和"思想政治教育"有机结合,提升就业思想政治教育的科学化水平。

(一)确立"加强思想政治教育,提升大学生就业竞争力"的工作理念

从教育目的来看,大学生思想政治教育和就业指导工作是一致的,都是以提升就业竞争力和就业质量为目标。就业思想政治教育作为大学生就业教育的重要组成部分,在整个就业教育的过程中,思想政治教育具有帮助学生抵御不良思想侵蚀的功能,引导学生树立科学的择业观和就业观的功能,引导学生树立正确的道德观念和良好的职业素质的功能,提高学生就业心理素质和培育创新精神的功能。这些功能可以发挥引领、开发、疏导和保障的积极作用,切实解决学生存在的职业认知不清、择业期望值过高、就业功利性过强、就业诚信弱化、法律意识淡化、心理素质较差等突出问题,有效地提升学生就业核心竞争力。"以思想政治教育提升大学生就业竞争力"的内容意蕴,就是在思想教育和职业教育过程中,坚持以社会主义核心价值观为指引,通过加强思想政治教育提升大学生政治素质,树立科学的择业观和就业观;通过"以生为本"的思想政治教育理论课、职业生涯规划课、就业指导课教学和日常辅导,增强就业思想政治教育的针对性和实效性;通过开展心理健康咨询和心理帮扶,做好对职业心理调适的服务,增强大学生就业心理素质;通过加强对职业道德等公民思想道德素质教育,提升从业综合素质和竞争力。因此,确立"加强思想政治教育,提升大学生就业竞争力"的重要理念,是高校开展思想政治教育过程中统筹兼顾校内外资源,形成以校内教育为主,家庭、社会和家长对学生的教育互相配合,实行全覆盖的大学生就业思想政治教育新模式的核心观念。

(二)完善就业思想政治教育的工作制度和机制

就业思想政治教育应着重在大学生职业生涯规划和就业指导,以及不断构建和完善全员化、全程化、个性化的就业工作机制上。

实际上,职业生涯规划和就业指导已作为很多高校的必修课程,每位大学生都

要进行学习。但是,课堂的教学质量和效果如何,却一直没有引起有关方面的足够重视。教育主管部门和高等学校必须采取积极有效的措施推进课程建设,严格教学管理,加强教学质量监控,发挥课堂的主渠道和主阵地作用。从某种意义上说,加强课程教学质量是高校就业思想政治教育的突破口,只有切实提高课程的教学效果,才能直达学生们"灵魂深处",解决就业思想存在的突出问题。

建立和完善全员化、全程化、个性化的就业思想教育工作机制,是把握就业过程中思想政治教育的重中之重。其关键之处,在于学校建立党委统一领导,党政主要负责人亲自抓,一把手负总责的领导机制;在于坚持一级带一级,一级抓一级,层层抓落实的工作机制;在于坚持建立起在党委直接领导下,党、政、工、团齐抓共管,各司其职,紧密配合的协调机制;在于建立起规范、有效的资金投入和保障制度;在于建立起上级考核与群众评议相结合、定性与定量分析相结合、社会考核与内部考核相结合的监督工作制度。从而进一步加强就业思想政治教育工作的软硬件建设,不断提升就业思想政治教育的科学化水平。

(三)把握就业过程中思想政治教育的着力点

就业思想政治教育以学生的就业需求为导向,着重解决学生在就业过程中产生的思想困惑和心理压力,并且以就业指导为中心,围绕提高就业素质和能力,通过提升学生内在的思想政治道德及相应素质激发学生的积极性和主动性,引导学生树立正确的就业观念和做出正确的就业行为,促使毕业生就业率和就业质量整体提高,从而实现就业的稳定有序以及人力资源的优质配置。

改进就业指导中思想政治教育的着力点有二:一是在高校的二级院(系)建立一种专业教学工作、就业教育工作、思想政治教育工作相辅相成的工作机制,将学校、家庭、社会、学生自我教育有机结合,把学生思想政治教育与就业工作统筹考虑和安排,细化、量化院(系)就业思想政治教育的各项考评指标。从而引导院(系)通过开展各种健康向上、主题鲜明的活动,拓宽培养渠道,强化育人效果,使大学生提高就业思想觉悟,正确认识就业,克服不正确的就业心理,确立正确的就业观,提高大学生就业、择业、创业的竞争力,确保就业思想政治教育的有效实施。

二是在内容上找准贯穿大一到大四"全程化"就业思想教育的主要抓手。在专业教学、假期实践的每个环节渗透就业思想政治教育,针对不同学期开展不同的内容。比如,在大一年级,上学期:开展就业启蒙教育,重点帮助学生了解校史校情,专业课程设置,专业社会影响,历年就业情况,职业前景,等等,使学生得到就业启蒙,激发就业意识;下学期:就业定向(初步)教育,通过开设"职业生涯发展"课,配合职业素质与能力测试,请成功就业或创业的校友开设讲座,让学生尽早确立就业目标和职业发展方向。在大二年级:职业体验教育。学生缺乏对就业的直观理解,可能会造成职业规划不切实际。在大二阶段要利用实习基地,鼓励学生开展认知实习,开展与提升职业能力密切相关的社会实践活动,使学生亲身感受职业特点和要求,进一步修正个人职业规划。在大三年级:职业反思教育。突出培养职业能力。有的放矢地做好考级、考证、考公务员、考研、出国留学等学生群体的指导服务。鼓励大三学生多参加各种模拟人才招聘会,多到企业实习。大四年级:择业与岗前教育。对学生进行就业相关政策解读、制作简历、面试技巧、劳动法规、谈判签约等培训,进行职业技能提高和职业道德教育等,提高职业适应能力。

（四）建设一支高素质的就业思想政治教育工作队伍

着力打造一支既了解就业工作业务,又能够把握思想政治教育规律的专业化队伍,是当前高校就业思想政治教育工作的重中之重。作为一项系统性工程,高校学生就业思想政治教育是包括教育者、教育载体、受教育者等构成要素相互联系、综合作用的动态过程,因而,在建设一支高素质的就业思想政治教育工作队伍过程中,要大力发挥学生和辅导员的主体作用,建立健全有利于大学生发挥主体作用的工作制度和模式。比如,鼓励和发展学生成立以提高职业发展能力和就业能力为目标的社团;树立榜样教育形象,使不同方面、不同层次的有代表性的优秀学生典型深入学生头脑之中。特别要宣传成功创业的榜样,宣传到边远地区就业、到基层就业、到西部就业、到祖国最需要的地方艰苦创业、建功立业的先进典型。榜样教育形象、生动、具体,易于效法,感染力强,教育作用强烈、深刻、持久。

同时,建立一支由思想政治辅导员、"两课"教师、就业指导中心教师、心理咨询教师、社会成功人士等构成的专兼职的就业思想政治教育工作队伍。思想政治辅导员作为大学生四年的直接管理者、服务者,与学生易于沟通且关系密切,因而,要充分发挥他们在学生就业思想政治教育中的主体作用及一线能动作用,增强服务意识。强化对学生思想政治教育责任的管理,树立针对学生的"全程化"就业指导意识。"两课"教师是就业思想政治教育工作队伍中思想政治教育理论教学的主要力量,大学生在就业过程中表现出的许多思想问题都需要通过"两课"的教育教学给予指导和解决。建设一支师德高尚、教育理念科学、教育方法先进的"两课"师资队伍是切实有效开展就业思想政治教育的关键。要使"两课"教师树立全新的教育观念,实现全员育人、全方位育人、全过程育人的格局,从而减少就业思想政治教育的盲目性和抽象性,增强针对性和可操作性。就业指导中心教师负责政策指导,提供就业信息,开展招聘活动,帮助推荐就业,同时引导大学生认清就业形势,调整就业期望。心理咨询教师对学生进行系统的心理辅导,帮助他们认识自我,及时解决就业过程中的心理困境。社会成功人士的分享可以拓宽学生社会视野,让他们深刻地认识社会,积极地涌入社会。

总的来说,加强和改进高校就业思想政治教育,必须建立由学校党政统一领导和协调,有关职能部门相互配合,院（系）具体组织实施的学生思想政治教育与就业工作相结合的管理体制,将就业思想政治教育贯穿和渗透到教学、管理、服务等各项工作中,形成育人合力,增强其针对性和实效性。在具体实施过程中,必须确立"加强思想政治教育,提升大学生就业竞争力"的理念,把高校、家庭、社会、学生自我教育有机结合起来,通过倡导"以生为本"的就业思想政治教育理念,增强就业心理素质，加强职业道德等公民思想道德素质教育，提升就业综合素质和就业竞争力，推动实现"更高质量的就业"。

参 考 文 献

[1] 李卫红. 提高认识，开拓创新，在大学生就业工作中加强思想政治教育 [J]. 思想理论教育导刊，2007（9）：4-6.
[2] 章冬斌. 加强大学生就业思想政治教育工作途径探索 [J]. 黑龙江教育学院学报，2009，28（10）：39-41.
[3] 付常娥. 论大学生就业思想政治教育的价值意蕴及其实现路径 [J]. 学校党建与思想教育，2009（8）：82-84.
[4] 杨金荣. 加强大学生就业思想政治教育探微 [J]. 学校党建与思想教育，2010（3）：73-85.
[5] 李忠军. 大学生就业思想政治教育研究 [J]. 高校理念战线，2009（10）：43-45.
[6] 乔祖琴，赵允玉. 大学生就业思想政治教育的新思路探析 [J]. 南京邮电大学学报（社会科学版），2010，12（1）：105-108.

 精益求精 臻于至善

"微时代"的青年分类引导工作探索

——基于"精致化"的理念思考

陈 超①

摘 要："微时代"带来了信息科技的日新月异，使信息传播的速度更快、更精细。由此，青年分类引导工作也变得愈有挑战性、愈为重要。因此，结合"精致化"的理念，坚持用"微手段"的引导，实施"精标准"的要求，将为构建"微时代"的青年分类引导工作提供新的路径。

关键词："微时代"；青年；分类引导

一、"微时代"的格局特征

伴随着互联网技术的日新月异，近年来，以微博、微信为主要手段的信息沟通方式迅速取代了传统的纸质媒体和互联网信息沟通平台——"微时代"宣告来临。从具有上千年历史的纸质媒体，到电影电视的萌芽、发展到兴盛，历经了近百年的历史，而从互联网的兴起到其迅猛发展前后却不过十余年的时间。历史表明，新媒体的发展必将以传播速度更快、传播的内容更具冲击力和震撼力的方式取代过去传统的信息传播方式，形成新的传播时代——"微时代"。

那么，"微时代"的整体格局呈现出何种特征？简而言之，这一时代是指以微博为传播媒介，以短小精悍作为文化传播特征的时代。它以微博、微信作为媒介的主要传播方式，表现出中心化、裂变式、多级的传播模式，传播碎片化信息。作为"微时代"最主要的沟通平台——微博，每条微博的字数容量最多不超过140个字。140个字的微博，将我们推进"微时代"，而草根们就在这个时代里惜字如金，将所有问题融进140个字内。140个字要求信息用尽量少的文字表达尽量多的内容，这个对信息长度和容度的要求，与"精致化"存在着某种异曲同工之处。而从中也可以看出，"精、微"恰是这个时代的一种生活表征和传播要求。

---

① 陈超，男，硕士，副教授，广东金融学院团委副书记。研究方向：校园文化与文艺研究。

目的决定成效。有针对性地进行青年引导，是提高当前共青团工作和学校思想政治教育工作成效的积极手段。"微时代"来临，当微博、微信成为一种新的传播方式，它们与青年分类引导又将具有何种关联？需要怎样才能更好地做好在"微时代"的青年引导工作？而它的必要性和可行性又体现在哪里？这些都是"微时代"教育工作者需要解决的问题。

二、为何要加强青年分类引导

当前，随着现代化、城市化的发展，中国经济体制面临深刻变革，人们在思想认识、道德选择、价值取向等方面的独立性、多样性、多变性、差异性日益增强，影响青年思想的因素更为多样，青年思想引导工作面临的环境更为复杂。[1] 不同类别青年群体存在的思维方式、思想问题、行为习惯也产生了很大差异性。因此，只有充分认识到各种不同青年群体之间存在的差异，充分尊重不同类别、不同青年的自身特点，确定用不同层次的、不同侧重的、不同内容的引导方法和手段，才能增强当前青年的引导工作，特别是思想政治教育工作，才能在真正意义上实现对各级各类青年的有效引导。

引导青年是当前共青团工作的基本职能。为进一步加强共青团分类引导青年工作，我们需要针对在校青年大学生如贫富之间、城市和农村之间、身心健康与心理存在问题群体等不同类别，坚持以理想信念教育为核心，不断增强新形势下引导工作的针对性、适用性和普遍性，并根据他们的家庭出身、人生经历、身心问题、情感认知等情况和差异，把握他们思想意识的关键点，才能使青年引导工作取得较为积极、明显的成效。

对于大学生而言，重在引导他们了解党领导下我国社会主义现代化建设取得的成就，正确认识世情、国情、党情，理性认同爱国主义、社会主义、党的领导的有机统一；对于农村来的学生，要着重引导他们学习党的各项惠农政策和党对新农村建设的根本要求，把农民生活的变化与党的领导更加紧密地联系起来，并运用一定的扶助手段去帮助他们克服生活上的困难；对于心理有问题的学生，要引导他们用积极的人生观、世界观来客观分析问题，做好心理咨询。总之，青年引导就是要紧密结合他们所处的环境和地位，根据他们的所思所想，合理确定引导侧重点和引导内容，采用符合他们具体特点的引导方法。

青年是时代精神的反映。在"微时代"，信息传播更为自主化、碎片化、便捷化，信息的发布和使用相对传统媒体更为自由，呈现一种"无屏障性"，青年从新媒体中获得的信息具有不确定性和难以控制性。由此，很多信息给青年思想观念和道德认知上带来巨大的影响，特别是其中的消极影响，很容易造成青年人思想的钝化、泛化，导致价值观选择和道德行为上的偏差。由"微时代"所带来的多元化的思想观念、价值判断标准和情感评价泛化现象，色情、暴力、无政府主义等思想大肆传播，严重影响了当前青少年思想德育的大环境，极大地影响着共青团工作引导青年的效果，影响着青年的健康成长，对共青团引导青年的工作提出了严峻挑战。因此,在"微时代"就必须根据这一时代的总体特征,做好青年工作的引导,突显其成效。

三、如何加强青年的分类引导

(一)理念上:坚持"精致化"

北京大学教育学院院长文东茅指出"精致化"是一种区别于传统的"粗放式"教育的学生工作理念,要求根据每一个学生特点,深入细致地开展工作,这是人才培养理念创新的成果,既符合国际高等教育的发展趋势,又顺应了我国高等教育的改革趋势,对于培养拔尖创新人才具有很重要的实践价值。[2]现代社会,"精致化"是社会追求进步、国家追求发展、人类追求文明的必然要求。胡适在百年前就通过小说《差不多先生传》,讽刺了中国社会中那些处事不认真的人,"差不多""可能"是中国传统国民性中的弱点,在现代社会理应得到重视和纠正。在学校教育中,相对于粗糙的管理和服务而言,精致化理念无疑是一剂对症的良药。精致化管理的价值内涵是:以人为本,用科学的方法来解决问题。针对问题,真抓实干,是对工作质量的一种要求。在共青团工作中落实"精致化"思维,这与其加强"青年引导"的目的意义是一致的,是为了更具有针对性、更加自主地区别不同青年对象,从而突显工作的实效性。因此,让精致服务的理念深深扎根于共青团工作,向管理要质量,才能使每一位青年在教育引导中体会到人性化的关怀和负责任的教育,也才能带来教育的异彩纷呈。

(二)方式上:坚持"微手段"

"微时代"中信息传播的开放性为青年引导开辟了新的空间,在青年教育引导过程中,要加强运用"微手段",通过微信、微博突破地域和时间的限制,打破单一的传统教育时空,以先进的电子技术手段向青年适时地传播优秀文化遗产、核心价值观等主流价值与行为规范,使青年在一个比以往更加广泛的社会环境中积累社会知识,发展和形成自己的个性,顺利参与社会生活。青年引导要借助微信、微博,挖掘大量丰富的资源,吸纳人类文明一切优秀成果,进行继承与创新;也要通过微信、微博自主地、快速地传播主流思想,从而突破时空的局限,为青年道德发展提供崭新的、空前广阔的理论与实践平台,使正面、积极的声音可以摆脱时间、空间等限制,迅速而广泛地在青年中传播,从而为青年引导工作带来更为丰富的内涵和更为快捷的手段。

(三)要求上:坚持"精标准"

精致化的青年工作,要将不同类型的青年进行分类指导,设计不同的内容和方式、手段。在这一过程中,要特别注重将微时代的"微文化"建设与校园文化建设紧密结合起来,把包括校园网络文化、手机文化等文化建设纳入和谐校园文化建设的总体格局,构筑不同类型青年教育的文化阵地。要通过组织微信息和新媒体的知识讲座,普及媒体文化和信息知识,提高不同群体青年对媒体运用的文化素养和技能知识,策划校园主题教育的活动。综合以上方式,用不同的考核方式和要求,针对学生在家庭出身、人生经历、身心问题、情感认知等方面存在的差异性情况，做好青年分类引导。

参 考 文 献

[1] 何雄. 着力提高当代青年思想引导的针对性 [N]. 光明日报，2009 – 10 – 16.
[2] 王庆环. 北京大学：走出"精致化"创新之路 [N]. 光明日报，2010 – 06 – 01.

学生党建工作的精致化问题研究与探讨

——以金融系学生党建办公室视角分析

胡小波[①]

摘　要：学生党建工作具有一定的复杂性与繁琐性，将科学的管理方法运用到学生党建工作中，可以提高党务处理效率，更好地开展学生党建工作。本文将主要从金融系学生党建办公室的视角，全面分析其在积极分子的培养与发展以及党员的再教育两项主要学生党建工作上运用"精致化管理"的具体可行性措施。

关键字：学生党建；精致化管理；学生党员发展；学生党员再教育

　　随着管理学理论的不断发展，出现了更多科学、有效的管理方法，其中精致化管理就是注重管理的整个过程，对任何事情都要做到精密细致。每一项工作内容都明确专人负责，建立任务、目标、标准、流程等环节，精确实施计划、决策、控制、考核的管理方法。学生党建工作具有一定的复杂性与繁琐性，将精致化管理运用于学生党建的管理运作中，可以提高党务的处理效率，更好地开展学生党建工作。

　　金融系学生党建工作大体分为两个板块，一是入党积极分子在入党前的培养与发展工作，二是学生在成为党员以后的再教育工作。而完成学生党建工作的核心力量则是在金融系党总支领导下的金融系学生党建办公室（下称"党建办"）。因此，本文将以党建办为主体、以党建办的工作为核心来尝试研究与探讨金融系学生党建的两个板块的精致化问题。

一、积极分子的培养与发展

　　在金融系的党员发展程序中，最主要的学生党建工作是党校培训的组织，第一、第二、第三榜的公示以及通表转正大会。

[①]　胡小波，男，讲师，广东金融学院金融系党总支副书记。研究方向：高校学生思想政治工作与研究。

在此阶段，党建办的精致化工作目标一方面是能够作为入党积极分子与系党总支之间的桥梁，使得入党积极分子能够更加了解党的知识、了解金融系党组织的特点；另一方面，应该不断收集积极分子的各种材料与表现情况，使得金融系党总支更加了解积极分子，协助系党总支全面客观地考察每一名积极分子。

党员发展是一件十分严肃的事情，要求工作程序一定要细致严谨。在这个阶段，"精致化管理"就应具体体现为严谨、周全、细致，注重每一个细节的处理，对时间、各项工作的把握应该精确化、制度化、规范化。

（一）党校培训的组织

在开学前的两三周内，党建办工作人员应向老师确定本学期的党校培训开课时间，每班学员人数及开课的课程和老师，根据老师的要求申请好课室，修改制作好"党校培训开课通知""学员须知""课程表""往期补课（考）名单"，并和"党校培训报名表"一起上传到公共邮箱。其中"课程表"会发与每个上课的老师。

接着召开各班的团支书会议，通知本学期党课开展的相关事项，要求各团支书到公共邮箱下载资料并通知本班同学，强调党课的纪律，以及通知补考同学按时和本期同学一起考试。

按照预期的人数估计向图书馆申请并借到教材，收集各班的报名表电子版及纸质版，并下发教材。根据报名表及往期补课（考）名单做好"教室座位表""考勤表""考试座位表"，并上传到学习部公共邮箱，让团支书通知学员下载。

准备好党课的开课相关材料，联系好会议记录人员与摄影人员，提醒并联系好上课老师。

党课开课，做好课堂的纪律监督以及学员的考勤统计，收集相关的思想汇报。与老师确定好结业考试试卷并准备好。与其他各部门联系，安排好结业考试的监考人员和试卷的批改工作。

统计好成绩，结合考勤以及课堂纪律整理出学员的最终分数和结业名单，给老师看并公布出来。

根据结业名单向校党委申请结业证书，填写好并盖章。之后，交给各辅导员下发给班级，同时，返还教材。后期整理本期党课资料，录入积极分子信息。

（二）第一、第二、第三榜的公示以及相关材料的递送

第一榜名单张贴应在入党推优大会后，党建办收集系团总支发来的一榜表，在做适当的调整、检查以后，打印三份，一份张贴、一份存档、一份备用。一榜张贴在系办公告栏。公示周期为五个工作日，应在一榜表上注明对公示对象的意见反馈的方式，公示期间注意收集各方的意见或建议，并及时向金融系党总支反馈。公示完成后，应按照党章要求，对第一榜对象以外调函的形式进行政治背景的审核，由学院统一寄送外调函，并由党建办回收，归档。

第二榜名单张贴应在征集学生党员意见、群众意见、班主任意见以及学生管理工作者意见后，由系党总支统一讨论决定。党建办工作人员应反复和老师书记确认名单的准确性再予以公示，以防出现不必要的工作失误。第二榜同样公示五个工作

日，具体要求同第一榜。

第三榜名单张贴应在院党委组织部审核讨论后进行，二榜公示结束后，需准备相关的三榜材料由党建办主任发往院党委组织部进行审核，院党委组织部审核通过后，由党建办工作人员领取三榜，并在系办一楼全院公示五个工作日，公示要求同第一、二榜。第三榜公示结束后，应召开第三榜人员会议，组织填写入党志愿书。

（三）通表转正大会的组织

通表转正大会是金融系入党程序中最为重要的一个环节，应分为大会筹备、大会进行、会后资料整理三个阶段进行。

大会筹备应在第二榜公布后立即进行，党建办应根据参加对象的人数科学确定所需的课室数量，进行课室申请，制作大会参与人员座位表、大会工作人员安排表、大会实到人数情况分析表，准备每个分会场所需的档案资料以及布置会场所需的相关物品，同时应及时通知大会参与人员相关的时间安排，确保出席。整个筹备工作要求工作人员要尽可能地考虑各种突发情况，反复多次检查相关材料的完整性，确保大会当天会议能够顺利有序进行，同时由于参会人员涉及各个老师以及全体党员，要求工作人员及时做好跟各方的沟通，以防信息传递不畅。

通表转正大会当天，党建办工作人员要先行布置好各个会场，开会期间，相关工作人员要不断在各个会场之间穿梭巡查，以确保快速有效地处理突发情况，同时应检查各个会场的签到情况，以确定实到人数是否满足大会要求。会议结束后，应该带走所有材料，擦净黑板。

会后，应将各个会场回收回来的档案袋进行分类整理，将党员个人材料存入党员档案袋，将大会材料存入历史档案备查。

二、党员的再教育工作

为保持党员的先进性，发挥党员的先锋模范作用，必须经常开展对党员的教育工作。对党员的教育既要体现纪律性要求，也要发挥先进性作用。

在金融系学生党建工作中，主要体现为党员奖评制度、党员系列义务活动以及优秀党员的展示与宣传。

在党员再教育这项工作上，精致化管理应具体体现为不能拘泥于传统，不能拘泥于教条，要做到无论是教育方式还是宣传方式都应该与时俱进，紧跟党的政策方向与社会主流先进文化，使学生党员愿意去接受教育，乐于去接受教育。

（一）党员奖评制度

党员奖评制度既体现了纪律性要求，也能够发挥先进性作用。其主要由民主评议、优秀党员评议以及"党员之光"表彰大会三部分组成。其中，以民主评议为基础，以"党员之光"为深化，以优秀党员为升华，实现党员的全方位奖评。这样既能够反映党员的基本状况，也能够表彰优秀的学生党员，同时给拔尖的党员同志一个更高的平台去展示自己。

对全体党员的考核工作——党员民主评议。这项工作在每学年的第二学期开展，主要由非党员、班委以及各支部对党员在一学年里思想、政治、学习、工作、生活等方面的评价与核定。党员的民主评议由三部分成绩组成，分别是党员的自评、非党员的评议以及支部的评议。工作流程首先是召开责任区负责人会议，通知评议大会的具体时间地点以及党员自评与非党员评议大会的注意事项，保证评议工作的顺利召开；其次是评议大会前期各项资料的准备，包括评议表、现场座位表、成绩统计表、非党员签到表等的制作；然后是评议教室的申请以及非党员参加评议大会的通知具体落实；最重要的是评议当天的有序开展，包括教室的现场布置、组织非党员代表进行评议表的填写、评议表回收及整理；最后是成绩统计环节。成绩统计表确认无误后将又发送至书记以及各级辅导员邮箱，并通知辅导员对成绩不达标的党员同志进行思想教育，以此增强党员批评与自我批评工作，促进全系党员素质的不断提升。

"党员之光"表彰大会设置各种奖项，包括"党员学习之星""优秀周记奖""党员积极分子""优秀党务工作者""优秀责任区负责人"，等等，力图能全方位发掘优秀的党员干部，提高党员的工作积极性。表彰大会在每学年的第二学期中后期由各个支部书记及支部委员推荐获奖名单，由党建办负责汇总整理并按照一定规范形成最终获奖名单后进行公示。与此同时，部门人员配合做好表彰大会各项资料的制作、整理、完善与印制，教室申请，会场布置的物资准备，现场座位的合理安排以及领导老师的邀请，获奖党员及相关人员的通知协调等工作。

为了进一步引领我系党员不断追求卓越，并为广大党员同志树立先锋模范典型，党建办同时也会进行优秀党员的评选工作。每学年，按照院党委的指示将从各支部书记推荐的各支部优秀党员中，通过竞选的方式推选出两名优秀党员参加院优秀党员的评选。在两名院优秀党员产生的过程中，党建办从前期与支部书记良好的沟通，到各个系优秀党员的演讲竞选，再到各支部派代表参与投票，这其中各个环节都需要我们部门的合理统筹与安排。优秀党员的评选工作，在奖励优秀党员的同时，也对全系所有党员起到了先锋模范的示范作用。

(二) 党员系列义务活动

中国共产党的宗旨是全心全意为人民服务。金融业作为服务业，也需要具有高度服务意识的人才。因此，倡导党员服务群众既是党性的要求，也是金融系本专业的要求。金融系党员系列义务活动包括两个方面，一个是面向新生的"一帮一·一带一"活动。另一个是每学期定期开展的党员义务活动。该活动对象涉及面非常广，可以是同学，可以是社区，也可以是校工。

金融系学生党员"一帮一·一带一"系列活动，包括宿舍走访和宿舍风采展示两个环节，开展这个活动不仅响应了我院党委关于鼓励我系全体学生党员充分发挥先锋模范作用的号召，还可以帮助新生解决其思想、学习及生活等各方面问题，引导其树立正确的价值观、人生观、世界观，使其成为一名健康、积极向上的大学生。在走访宿舍的过程中，我们通过每位党员与所负责的学生交流、谈心，及时了解掌握他们的思想动态和心理状况，培养他们乐观向上的品德和积极上进的精神；掌握所负责学生的学习现状，帮助他们制定合适的学习目标，端正学习态度，力争取得优异的成绩；了解所负责学生的生活情况，重点关注家庭经济情况较贫困的学生，做到及时开导并给予帮助，使其能够感受党的温暖、体会党的关怀、加深对党的感情。虽然走访宿舍的形式可以提高金融学子的政治思想觉悟，替他们营造良好学习氛围，创建良好人文环境，但我们希望可以通过更好地为群众服务、更加贴近群众的形式，将工作完成得更实在、更全面、更理想，增强真实性，避免虚浮作风。

党员义务活动是我系党员风采展现的一个平台，同样是以点带面促风气，奉献意义和表率作用并进。该活动由党建办主办，各学生党支部轮流承办。党员义务活动在每学期4月/10月开始策划。首先召开党建办和承办支部人员会议，对活动作初步时间和主题规划，分享以往承办活动经验，督促其成立策划小组。为方便及时联系，党建办至少有1人在策划小组内，作为本次义务活动负责人。负责人时刻跟进策划小组工作的前期准备，包括最终活动主题、形式、具体流程、需要物资、人员配置和特殊环节或需要等方面。在策划小组主要策划会议上，本部门同事需出席，并积极配合。小组方案所涉物资如横幅、展板、桌椅、帐篷等由本部门负责提供。另外，党建办召开责任区负责人会议，宣布活动承办方，告知义务活动准备情况、开展时间和人员配置，号召各位党员积极宣传和参与。活动当期，本部门同事尤其要做好跟进工作，依照策划书所需配给好物资，及时向各支部传达策划组信息，应付好突发情况。活动后期，一是整理照片归档，活动报道稿由承办支部撰写，上传至"党建在线"；二是若还有成果展示等后期活动，需继续跟进；三是本部门内部同事每人上交活动总结。

（三）优秀党员的展示与宣传

作为党员，需要不断发挥先锋模范作用，对于优秀党员，应进行展示与宣传，才能树立起榜样的力量，促使党员不断向优秀学习，带动群众不断向党组织靠拢。金融系的党务工作主要体现在两个方面，一个是"党员责任区示范岗PPT大赛"，另一个是定期的网站更新、喷画海报宣传优秀事迹。

优秀党员责任区、示范岗PPT大赛通过从初赛全系各责任区、示范岗广泛参与到决赛数队佼佼者的PPT等的风采展示，既发挥以点带面的党员先锋作用，传递优秀正能量，又能提升党员形象和影响力。大赛一般于第一学期10月份举行，在上一学期的5月份开始准备。发送优秀责任区、优秀示范岗和优秀责任区负责人申请表给各负责人，定时回收并评分。其中，优秀责任区负责人同时参照责任区负责人考察制度综合评分得出，在9月份"党员之光"表彰大会接受表彰。暑假后的学期9月份，从已评分表格中选出相应数量的责任区和示范岗，进入初赛，初赛实质是一次PPT质量把关。召开责任区负责人会议，宣布大赛准备情况和上学期评选成果，通知晋级初赛班级开始制作PPT。同时搜集示范岗的负责人的联系方式，召开晋级示范岗舍长/负责人会议，告知开始制作PPT。对部门同事分责任制，一人对应若干责任区或示范岗，逐一跟进其PPT制作情况。初赛当天，邀请党建其他部门同事、各支部支委作为评委到场，对其按照大赛PPT评分规则打分，提出改进意见。主持稿撰写工作，主持人选定及排练等工作同时展开。10月份决赛。初、决赛之间的PPT跟进工作不能松懈，在决赛前3天确定最终版，上交部门备份。决赛的常规前期准备部门，如各项物资准备，原有策划制度已涵盖便不赘述。在责任区和示范岗PPT展示后有党团知识竞赛环节，作为附加赛部分算入总成绩。比赛结束。同样是资料归档、撰写报道稿；本部门内部同事每人上交活动总结。

党建办需定期对金融系里面的党务活动专属板块"党建在线"进行更新，经常播报金融系党务的最新动态；定期为各项表彰制作喷画海报，展示优秀的党员的风采，不断加深党员在同学们心中的形象。

三、结语

本文试图从金融系学生党建办公室的角度探讨如何将精致化管理运用到学生党建工作中，罗列了一些已有的或是设想中的制度与规范。而学生党建工作具有复杂性与繁琐性，再加上党务工作需紧跟时代潮流的创新性，不同的党支部也存在着不同的特殊性，因此并不能够在短短一篇文章内叙述透彻明晰，仍然寄望于每个学生党建工作者在基层党务工作中不断地实践，不断积累经验，开拓创新，将学生党建工作的质量提上更高的台阶。

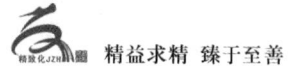

试论诺丁斯关怀理论对高校精致化管理的启示

何承栋[①]

摘　要：诺丁斯的关怀教育理论在当代西方的德育教育中占有重要地位，该理论所提倡的以人为本、关心他人、尊重他人的观点被很多教育工作者所采纳，并取得了很好的效果。随着经济的发展，我国高校学生管理表现出越来越多的问题，传统的管理模式已经不适应新的形势。针对这个问题，关怀教育理论对高校管理精致化提供了重要的借鉴作用。我们应不断创新教育管理方法，重视道德伦理的培养，进一步推进我国高校学生管理工作的精致化进程。

关键词：诺丁斯关怀教育理论；精致化；学生管理

一、诺丁斯关怀理论与精致化管理

（一）诺丁斯关怀理论

1. 什么是关怀理论

关怀理论学兴起于二战后的西方世界，直至20世纪80年代末在西方得到普遍关注并产生广泛影响。如今关怀理论经历了40多年的发展，已经成为汇聚众多学者和著作的重要理论学派，其中内尔·诺丁斯就是关怀伦理学派的著名代表人物之一。诺丁斯认为，关怀是人生活的本质，人的生存就是建立在与外界发生关系的基础上的。由于在人生的各个时期我们都需要他人的理解、尊重、包容和认同，因此关怀他人和被他人关怀就是人的基本需要[1]。关怀教育理论要求以关怀为核心来组织学校的教育活动，致力于把学生培养成有爱心、会关心人和被关心的完全的人，在教育中注重爱与理解的作用。

2. 关怀理论的内涵

（1）关怀的性质。

诺丁斯认为，关怀是一种关系或联系。它起于被关怀者的需求、意图，终于被关怀者的反馈、回应。当关怀者感知到被关怀者有某种被关怀的渴望时，关怀者会做出相应的反应，合理地满足这种需求。被关怀者受到关怀，需积极地接纳、回馈

---

① 何承栋，男，广东金融学院工商管理系党总支副书记。研究方向：高校学生思想政治工作与研究。

这份关怀，这样才能形成一种良性循环，使关怀关系得以维持。在关怀关系中，当事人是关怀者和被关怀者，他们之间的关系是一种互惠互利的平等关系。从表面上看，被关怀者接受着关怀，好像处于弱势地位，实则不然。在关怀中，关怀者需要全身心地投入，需要不计报酬地付出与行动，而被关怀者同样要做到接受与回应。关怀需要关怀者的关怀和被关怀者的认可，少了任何一方关怀关系都不能继续下去。

传统的伦理学认为，关怀是一种美德，这样就把关怀的目的从被关怀者身上转移到了关怀者实现自己的道德目标上，把关怀的双方置于一个不平等的地位之上，同时不利于关怀关系的维持[2]。

（2）关怀的形式。

关怀可以分为两种：自然关怀和伦理关怀。自然关怀是出于人的本能反应而做出的行为，是一种"我必须"的关怀。这种关怀是最原始、最自然的关怀，源于人内心对爱的反映，无需任何外力的帮助。自然关怀能帮助人们增强关怀与被关怀的意识。另一方面，由于自然关怀的有限性，关怀必须经外力的帮助才能扩展它的范围，这就是伦理关怀。伦理关怀建立在自然关怀的基础上，经自然关怀积累的对关怀的认知，在自然关怀受限时，发挥出来，形成本能之外的"我应该"的关怀。伦理关怀是自然关怀的维护、保存和补充，与自然关怀相辅相成，构成一个充满关怀的社会。

（3）关怀的方法。

第一种方法是榜样。榜样在教育中有着至关重要的作用，教师不仅是教导、关怀学生的人，还是以身作则践行关怀的、学生的榜样。教师要做的，不是给学生制定具体的关怀准则，而是为学生营造一个舒适的、有爱心的环境。为做到这点，教师必须真切地关怀学生，让他们体会到这种关心，并在以后的学习和生活中能从关心自己，扩展到关心身边的人，再到关心整个社会。

第二种方法是对话。对话是沟通的最基本的方法，在人与人的交往中扮演着渠道的作用。这里所指的对话，是建立在平等的基础上的，不是一问一答的固化模式。对话的主题可以是多样性的，富有争论性的，可以是严肃的，也可以是活泼的。教师加强与学生的对话，目的在于增进师生的情感交流、信任与认可。

第三种方法是实践。诺丁斯强调，学校应该多鼓励学生参加各种实践活动，在实践中感受关怀与被关怀的过程，掌握关怀的技巧，培养关怀的能力，从而把关怀变成一种本能。诺丁斯认为，"如果我们希望人们过一种符合道德的生活，关心他人，那么我们应该为人们提供契机，使他们练习关心的技巧。更重要的是使他们有机会发展必需的个性态度。倡导关心的实践，培养关心他人的态度"。

第四种方法是认可。认可是关怀者与被关怀者的双向行为，是关怀关系得以维持的必要因素。对教师来说，学生的认可能够激发教师进一步努力的信心，从而稳固与学生的关怀关系。同时，教师对学生也要认可。这种认可，不是一味地赞成，而是要综合分析学生的行为，对值得鼓励的一面做出积极的肯定，对与现实不符的一面，要客观分析错误的原因，引导学生朝正确的方向发展。

3. 关怀理论的特点

首先，诺丁斯的关怀理论强调对学生个体的尊重，注重学生的感受与体验。她认为，每个孩子都是不同的。在竞争日益激烈的今天，教育不能忽视学生的差异性，实行统一模式的培养，而应该尊重个体的多样性，最大限度地发挥学生各种的可能性[3]。为了做到这点，就需要"关怀型教师"的配合。关怀型教师，不仅要关心学生的学术能力，更重要的是以身作则，关心学生，爱护学生，培养学生的关怀能力。师生关系中，教师要更加看重学生与自己的关系对学生的影响，这样才能结合这种影响把教书和育人结合起来。

其次，关怀理论具有连续性和关系性。诺丁斯强调，实行关怀教育，学校在课程设置上要具有连续性，这种连续性包括目的、内容和人。目的的连续性是指学校的关怀要使学生感受到，因此要贯彻对学生的关心；内容的连续性是指在课程设置上，学校要尊重学生，设置多样化的课程；人的连续性则是指学校应给学生与教师尽量多的时间进行相处。长久的相处才能使师生之间更加了解，有助于师生发展信任与关心的关系。关怀的关系性，体现在关怀是建立在双方平等互惠的基础上的，需要关心者和被关心者的共同努力[4]。

（二）精致化管理理论

1. 精致化管理的内涵

精致化理念作为教育管理理论发展到较高阶段的产物，被引进到学生管理工作中来，是学校优质化教育的必然要求。同时，近年来高校不断扩招的情况也为管理带来了新的问题和挑战，这使得精致化管理更加重要。

精致化管理是一种最大限度地减少资源浪费，降低管理成本，增加资源利用率的管理方法[5]。它是在科学管理和以人为本管理基础上发展而来的，既包含了科学性与人本性，同时融入了自己独有的精确、精细与精准，力求在目标制定、过程实施和结果完善上都做到精益求精。要做到精致化，高校必须努力做到"专业、专注、专心"，在学生管理工作上，做到"三精"，即精确化的目标定位、精细化的过程把控和精准化的结果测量。

2. 关怀教育理论与精致化管理的联系

在目标把控上，精致化管理强调以人为本的管理，而诺丁斯关怀教育是以关怀为核心的，两者在实施上异曲同工。以人为本与关怀都尊重个体的主体地位，都是人性化的模式；在课程设置上，精致化管理要求课程更加细致化，增加德育教育的内容，从侧面上反映了尊重学生多样化的要求；在评价机制上，精致化要求创新管理评价系统，同时引进对话作为评价管理成果的一种方式，既加强了师生之间的沟通，又增强了管理机制的有效性，体现了关怀教育的主张。

二、诺丁斯关心教育理论对高校精致化管理的指导方法

（一）精确目标定位，建立管理评价机制

1. 建立以人为本的高校培养目标

在我国，教师大多采用填充式的应试教育方式，极度重视学生知识的学习。教育者盲目遵守教育大纲或用整齐一致的教育目标来约束学生的发展，忽略了学生的内心感受和心理需求，也阻碍了学生能力多样性发展。这种教育可以筛选出可以在考场上写出标准答案的优等生，但却可能导致老师把所有的精力都集中在培养优等生上，而其他在考试方面不及他人优秀但有其过人之处的学生就会被埋没。这种忽略学生差异性的教育方式会形成恶性循环，导致学生两极分化，然后造成学生一系列的思想道德问题。

现代高校的基本任务应该是培养具有道德修养、创新精神以及全方位发展的高素质人才，所以学校应重新定义德育培养目标，改变不再适应当今社会发展潮流的教学模式。教育的目标应该变得更加的复杂且考虑学生的多样性，不再以学生的学术能力作为第一要务，应关注学生全方位的发展，重视个体性、具体性和学生真实感受，让道德在学校教育的每一个过程中得到体现，让学生拥有"关怀"的道德修养。关怀能力的发展需要教育的培养和经验的积累，因此学校要把培养学生接受和付出关怀的素养作为教育目的。

以人为本是保证高校目标实现的重要前提，只有以人为本才能打造高校师生和谐氛围，才能真正有效落实高校管理工作。高校建立管理制度的目的是为了教育、引导和帮助学生全面开发自身的潜能，培养学生成为具有科学能力和创新能力的新世纪人才。而以人为本的管理就是以人的主观性为管理的中心原则，以发挥和提高主观创造力为管理根本的一套方法。在人本原则下高校学生管理工作有三个维度：学生、一线教师以及管理人员[6]。

以学生为本的管理制度应该把维护校园秩序重心转移到支持学生全面发展上，学校应该充分发挥教育促进学生发展自身能力的职能，提高学生主观能动性，引导学生主动学习。但以学生为本并不是盲目满足学生的需求和感受，过分强调学生在现实中的作用会使学生与社会脱节。以学生为本的教育主要围绕学生的健康、发展和成长进行，依据高校教育目标，遵从学生身心健康发展规律，针对不同时期、不同状况的学生进行指导和教育。

除了学生，老师也是学校的重要教育资源。在实现高校德育培养目标中，不能只靠学生的自身管理能力和自我意识，因为学生群体总体上来说是不完全成熟的群体，辨别是非的能力较弱，容易受到社会上的不良信息影响。这时需要老师进行有效的指导，作为榜样起到鼓励学生的作用，及时引导有问题的学生，避免问题进一

步恶化。

管理人员是校园管理制度的重要组成部分,因为其处于管理地位,大多时候在实施管理目标时,首先考虑的是实现目标的效率,而很少从以人为本的角度考虑学生、老师的处境和感受。以人为本可以激发管理人员的工作热情,使他们多站在教师和学生的角度上考虑问题,适应时代的发展。

2. 创新管理评价机制,加强师生对话与交流

在我国传统教育评价机制中,因过度重视学生的学术能力导致其成为评价学生能力的重要标尺,甚至在个别地区还被认为是判断学生优劣的唯一标准。但当今社会,高素质人才不仅需要有较高的学术能力,而且其道德水平更应该达到一定的高度。学校应改变过去以学术能力为中心的学生评价机制,从心理、学术和品德等多方面考虑学生综合素质,完善学生评价机制,全方位地评价学生的综合能力。

老师作为学生信息的获取者和学生的引导者,其在构建新型学生评价机制中起到至关重要的作用。对话是学生与教师之间沟通的基础桥梁,是学会如何创立并保持与他人的关心关系的基本方法。在对话中,学生是一个人,而不只是他(她)说出的话语,所以教师不仅要在意学生说了什么,更要思考他为什么这么说、这么想[7]。在对话的过程中,对话的主题应该是无禁忌的,学术性的问题、人类中的核心问题都可以进行讨论。通过这种开放性、随意性的对话,教师可以深入了解学生的想法和价值观取向,从而也体现了关怀教育中师生关系平等、互相尊重的教育理念。

(二)精细管理过程,最大限度把细节具体化

1. 对学校的要求

彼得·杜拉克先生认为:管理 = 任务 + 责任 + 实践[8]。学校应该制定相关的规章制度来满足学生之间、学生与学校之间的权利关系的需求。在建立科学的学生管理工作系统时,除了依据国家有关法律规定外,还应该考虑学校自身条件和实际情况,订制完整、具体的学生管理规范。完善的学生管理制度可以规范学生的行动,有助于学生干部进行日常的管理工作,也约束了学生干部的权力。

要使学生管理工作系统得到有效的运作,学校需要建立一支高素质的管理团队,并不断提升管理人员的管理能力。当今高校因扩招政策,学生人数每年正以高速增长,学校的管理压力也随之增大,学校管理团队正面临着前所未有的新挑战。所以学校管理团队需要进行专业化的培训,保证学生与教师的教学任务和学习任务正常、顺利运行。

2. 对教师的要求

当前高校中的师生关系正处于断裂的状态,其中很大一部分原因是,一位教师所面对的学生人数太多,来不及一一对应;同时,教室的不固定造成教师和学生都缺乏一种归属感。从根本上说,这是我国现实情况造成的一种"僧多粥少"的局

面。短时间内，这种局面没办法得到解决，但是我们可以从结构上缓解这种情况。例如，老师可以让学生以小组方式作课堂展示，这种方式既增加了学生之间的交流，也加强了学生与老师的沟通，一举两得。

3. 对学生的要求

学生是道德教育中的主体部分，应该以成为有道德修养、创新精神以及全方位发展的高素质人才作为自己的目标，积极配合学校的管理工作，遵守学校的规章制度。不能以"学生为本"作为借口，任意要求学校和教师满足自己，学生应该提高自我管理能力，充分发挥主观能动性。关怀关系是关怀者和被关怀者的相互关系，学生要积极回应教师的关怀，激发教师关怀的积极性。

(三) 精进管理结果，不断优化管理水平

高校的管理机制需要通过建立高校管理反馈机制来进行改革和完善。管理反馈机制对高校管理的目标制定有着至关重要的作用，因为高校管理中计划以反馈作为前提，如果没有及时正确的反馈，管理者就难以正确把握计划的进度和实施情况。

为了建立这个反馈机制，高校还需要建立一个健全的高校管理反馈信息系统。信息系统可以对高校管理中的各种信息进行收集、处理和储存，以及在信息系统上对信息进行公开，有助于提高学校管理透明度，高校管理人员也可以在系统上获得准确的管理信息，减少因信息问题而导致管理问题。信息交流更加简单且范围更为广泛，使高校管理部门实现了资源共享，以便计划决策者能更好地进行理性决策。

为了提高管理反馈系统的运行效率，针对管理人员也需要建立有效的管理责任制度，监督管理人员认真承担他们各自的管理责任，注重管理的效果，而不是草草了事，从而提升管理人员的工作水平，优化高校学生管理水平。

现代大学竞争的核心已不仅仅是资金、人才和技术，更重要的是制度建设，任何观念必须落实于制度的执行才能真正有效，所以高校必须建立管理反馈机制[8]。要把管理信息的反馈思想融入制度之中，才能使反馈制度在校园中顺利实施，有助于管理目标的达成。

三、诺丁斯关心教育理论对高校精致化管理的意义

(一) 弥补传统教育之下忽略学生个体能动性的缺点

传统教育常通过命令、说教、训导等方式进行教育，过分强调个人对国家或集体的贡献。而抱有这种教育理念的教育者想要学生发展成当今社会所需要的有自我独立意识、敢于创新高尚的高素质人才是很困难的。但是关怀教育能激发学生主观能动性，改变过去命令式、填充式的教育方法，让学生作为学习的主体，再加上适当的引导学生学习自己思考解决问题的方法、提高自己的思想道德水平，帮助学生塑造正确的人生观。

（二）提高教师教学质量

关心教育扩展了教师的个性教育和创造型教育的发展空间。在教育过程中教师的主体作用得到充分发挥，在教学活动中教师可以按照自己的能力和学生的要求进行安排，改变传统教育观念下烦闷、无聊的教育环境，使教育活动变得有趣、理性、有意义。同时，教师与学生进行平等交流，打破了他们之间相互评价的阻隔，使教师更加理解学生的行为，了解学生的身心健康状况。

（三）完善高校管理制度

关怀教育理念可以使管理人员在管理过程中更用心地解决管理问题，有助于培养管理人员的责任意识，且在管理过程中更注重被管理者的感受，减少管理者与被管理者之间的摩擦，使管理计划有效发挥其应有的作用。师生可以通过建立的管理反馈制度反馈管理计划的实施情况并提出相应的建议，而这些建议在以后的管理计划的制定中将起到参考作用。师生参与到高校的管理过程中，使学校的管理工作切合学校的实际问题，提高管理的有效性。

四、结语

精致化管理是当前形势对高校管理工作提出的新的要求，符合现代化管理的趋势，同时体现了人本主义精神。诺丁斯关怀理论所提倡的尊重他人、关心他人的做法，对精致化管理起着重要的推动作用。以诺丁斯理论来研究高校的精致化管理，可以在提高管理效率的同时给我们提供许多新的思路和方法。因此，充分发挥德育教育在高校管理中的作用，以提高学校管理水平，势在必行。

参 考 文 献

［1］［3］何艺，檀传宝．诺丁斯的关怀伦理学与关怀教育思想［J］．北京师范大学学报，2004（1）：81－82.

［2］侯晶晶，朱小蔓．诺丁斯以关怀为核心的道德教育理论及其启示［J］．教育研究，2004（3）：39－40.

［4］许文蓓．创新再教育机制　提升学生党员素质——高校学生党员再教育的现状分析［J］．南京航空航天大学学报（社会科学版），2009，12（4）：85－88.

［5］彭静．高校学生管理工作新视角——以人为本［J］．中北大学学报，2009，25（增刊）：11－13.

［6］Nel Noddings. Caring: A Feminine Approach to Ethics and Moral Education［M］．Oakland：University of California Press，2013.

［7］彼得·杜拉克．管理：任务、责任、实践［M］．北京：中国社会科学出版社，1987.

［8］刘浩宇，丁一芩．探索高校行政管理反馈机制构建［J］．中国科教创新导刊，2009（22）：215

精致化学生工作视角下高校学生干部队伍建设的实践思考

蔡秋华[①]

摘　要：精致化实质为高校学生工作建立了一种新的管理理念，创新了一种新的教育模式，强调了一个新的服务过程，明确了一个新的育人目标。高校学生干部队伍作为学生工作的具体参与者和实施者，面临着新的考验。精致化对学生干部在队伍层面提出更高要求，如在能力素质提升评价指标，在选拔聘用界定入门标准，在教育培养提高质量规格等方面。学生干部只有顺应精致化的要求，努力锤炼成精干、实干、巧干的精英队伍，才能为学生工作作出更大贡献。

关键词：精致化；学生干部；能力素质；教育培养

在"90后"成为高校大学生主体并将成为经济建设和社会发展中坚力量的关键时期，高校学生工作迎来了新的机遇和挑战。我校党委高屋建瓴、深谋远虑、切合时宜地提出了学生工作走精致化之路，与当前的社情校情和学生实情十分吻合，为我校学生工作顺利实现育人梦开通了新的航线。精致化对高校学生工作提出了全过程、全方位的新要求，实质为高校学生工作建立了一种新的管理理念，创新了一种新的教育模式，强调了一个新的服务过程，明确了一个新的育人目标，是高校学生工作在组织上、策划上、层次上和效果上的全新衡量标准。高校学生干部队伍作为学生工作的一支最基础最重要的力量，是学生工作的具体参与者和实施者，应主动适应精致化的要求，努力锤炼成精干、实干、巧干的精英队伍，为学生工作作出更大贡献。

一、精致化的管理理念对学生干部的队伍层次提出了更高要求

精致化概念被引入教育领域，对高校学生工作自然赋予了新的使命。精致化的管理理念要求学生工作以精致为最高准绳，贯穿工作的各个细节和整个过程。对学生干部的队伍层次而言，将面临新的考验，接受新的挑战，需要做出新的定位才适应新的要求。

---

① 蔡秋华，女，硕士，广东金融学院团委副书记。研究方向：高校学生事务管理工作与研究。

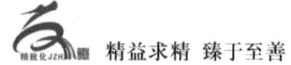

（一）精致化的效果目标要求学生干部队伍走向精英化

精致化是周到细致、精雕细刻、追求卓越、精益求精的高度概括，强调质量和效益同步提高、同步实现，是优质管理的必然要求和优化效果的必要保证。精致化的管理理念需要具备精致化意识和行动的执行者和实施者，才能有效地贯彻落实。学生干部作为学生工作队伍中最基层的人员，承担着推进学生工作的重任，只有成为精英式的队伍，才能主动适应精致化的新要求，掌握工作主动权，适应工作新强度，抓好工作方向盘。

（二）精致化的内外因素迫使学生干部队伍基础硬底化

精致化要求执行者和落实者不仅要面对现在，还要着眼未来，要有长远育人的理念和策略，为学校育人工作精心策划，为学生就业生涯精细导航。精致化将对学生干部产生内在动力和外在激励两方面作用。精致化的内在动力强化了学生干部的责任感和事业心。没有高度的责任感、事业心，没有崇高的敬业精神和奉献精神，就难以形成追求精致化的内在动力。精致化的外在激励提高了学生工作的规范性和精确性。没有一种健康乐观、积极向上的动力和攻无不克、战无不胜的实力，就难以保证学生工作的高度规范和最佳成效。学生干部只有牢抓思想、打硬基础、备足能量，才能推动学生工作的精致化。

二、精致化的教育模式对学生干部的能力素质提升给出了评价指标

精致化的教育模式不但要求教育效果达到至善至美，还要求教育过程完美、服务优质，也就是全程优教优育、效果精致无暇。如果学生干部缺乏必要的高水平和强能力，哪怕有再精致的策划方案、再高雅的工作内容，最终效果也只能事倍功半。精致化的教育模式实际上对学生干部的能力素质提升给出了更高的评价指标。

（一）由强调表层素质提升到注重内层素质

过去对学生干部的素质评价普遍是以最基本能力为指标，诸如知书达理、任劳任怨、乐于奉献，只要能积极落实老师分派的任务，就可以列入优秀行列。精致化的教育模式不但需要这些原属于优势条件的表层素质作为必备条件，更需要创新的意识和能力、策划的理念和思路等内在素质，这些是我们过去在选拔和培养阶段极少谈及，甚至免谈的，或者是学生干部本身压根儿就十分缺乏的。在精致化的教育模式推动下，我们不能回避对学生干部提出更高的素质评价指标，学生干部只有由简单的体力付出到体力和脑力同时奉献，才能变得更加超群脱俗。

（二）由千篇一律趋向大众化提升到按岗定责突出专业化

过去对学生干部的要求几乎都是统一指标，倾向大众化，使得有些学生干部在合适的岗位表现出色，而有些就履职不力甚至失职，这种现象归过于缺乏考虑不同岗位有不同能力需求。精致化的教育模式要求对学生干部素质评价不能千篇一律，应突出岗位能力，评价指标要由泛而粗转为专而细。因为，不同的学生机构对学生干部能力有不同的要求，就算同一个机构不同的部门也有不同的侧重点。就校级学生机构而言，团委、学生会、社团联合会、红十字会等机构，学生干部有些突出政

治性，有些突出群众性，有些突出兴趣性，有些突出服务性；就算同一个机构，不同部门，素质要求的侧重点也有不同，比如学生会的体育部与学习部，一个突出体育兴趣和专长，一个突出学习能力和成绩。只有坚持按岗定责、按责定标的原则考核评价干部，重点突出专业化的岗位能力，才能符合精致化的要求。

（三）由笼统的要求到具体的指标

纵观各高校，以往对学生干部的素质和能力要求基本是大同小异，都在强调学生干部要具备的基本素质、基本意识和基本能力。基本素质主要包括政治素质、道德素质和心理素质等，基本意识主要包括责任意识、团队意识、服务意识、形象意识和民主意识等，基本能力更是最普通的合作能力、交际能力、组织能力和表达能力。这些要求比较笼统，没有具体的评价指标和统一的规定，难以体现与众不同的能力素质。

精致化的教育模式必然要求学生干部要具备四种力，即学习力、执行力、胜任力和创新力。学习力要求学生干部具备较强的主动性和接受力，通过全方位的学习后，增强适应力、生存力和竞争力。执行力要求学生干部具有对工作自动自发的意愿，善于分析和应变，以及"言必行、行必果"的敢于负责和勇于担当的胆识。胜任力主要是学生干部在执行任务后，应该达到的工作最佳效果，是精致化尤其看重的能力。因此，重点考察参加选拔的学生所具备的胜任力与工作岗位所需的胜任力之间的吻合程度，从而达到人员—岗位—学校之间的最佳匹配，提高学校的管理水平。[1]创新力主要是学生干部在具备扎实的知识和丰富的想象力的前提下，有求优求强的欲望和好胜心，才能对传统工作容易产生新见解和新点子，推动工作常做常新，避免按部就班、一成不变。

三、精致化的服务过程对学生干部的选拔聘用界定了入门标准

学生干部的选拔通常采用"自愿报名、演讲竞聘、高票取胜"的方式，由此带来一系列的问题，比如学生干部口才决定成败，形象决定命运，等等。忽视了不同岗位应有不同标准，也忽视了学生干部的实操能力和动机取向，造成有内涵有实力的学生不一定能当选，也常常出现人员与岗位不匹配情况。某个高校在一年的校级学生干部选聘中，约有40%学生干部出现演讲口才好而动手能力差，也有30%左右因能力问题而要调整换岗的，这些给学生工作带来极为不利的负面影响。精致化学生工作体现了"科学管理"和"生本教育"的优势，精致化的服务过程要求学生干部的聘用标准要精、选拔方式要活、履职能力要专，才能确保学生工作的高效精致。

（一）制定精细的聘用条件，突出岗位的用人标准

在同一标准和同一筛子的招聘条件下，学生大锅饭或一窝蜂似的报名竞聘，并盲目地集中关注较为重要的岗位，出现了因岗位热门而不少优秀的学生"失业"，因岗位冷门而不少学生坐享渔翁之利的不良状况，从而导致学生干部队伍参差不齐。精致化的用人要求必须彻底消除这些盲目性和不合理性的现象。根据每个岗位

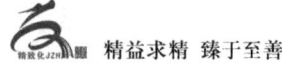

职责确定不同的条件和针对性的要求,让学生志愿报名时根据自身实际,扬长避短,方向明确,有的放矢。在学生干部的选拔和任用上,要充分考虑被选对象的兴趣爱好和特长,要因人制宜,因人设事,使其专长得到最大限度的发挥,以培养出更多专业型、实用型的高级人才。[2] 只有在精确的聘用条件下,才能选拔到优质的学生干部,为实现精致化的服务选好种、育好苗。

(二)采取灵活的选拔方式,突出岗位的能力特长

在以演讲为主要方式的选拔工作中,学生干部靠的是形象和口才,凭着一次性的台风、一瞬间的印象就赢得了信任和支持,这种"一见钟情"的做法显然是不全面、不准确的。不同的学生机构、不同的工作部门,应采取不同的选拔方式,选择不同的评委和观众,必要时适当增加多个选拔程序。比如团委、学生会和社团联合会等机构的主要学生干部选拔工作,由于各自的工作职责和侧重点不同,演讲竞聘应选择不同的评委组成和不同的观众参与。又如,团委组织部需要严肃的工作纪律、严格的办事原则和严谨的务实态度,应该增加工作案例分析的测试;学生会的文娱部单靠口才和形象是缺乏号召力和感染力的,应该增加文艺专项能力的展示。只有采取灵活的选拔方式和多样的选拔程序,才能更有效地选拔各行各类的拔尖人才,充分体现学生干部岗位的能力特长,为精致化学生工作提供能力保障。

四、精致化的育人目标对学生干部的教育培养提高了质量规格

精致化理念的提出与实施,是大学生综合素质满足社会形势要求、时代发展需求和用人单位需要的客观发展趋势,也是高校提高人才培养水平、提高学生综合素质、提高学生就业质量的主观自我提升。精致化的育人目标就是要把学生的发展放在至高无上的地位,通过给予最优质的教育服务,使学生得到最大的收获和启发,从而促进最有效最全面的发展。学生干部教育培养的素质目标、能力目标和人格目标,必须达到精致育人的水平。除了对学生干部高标准、高起点的选拔聘用外,还要重视对学生干部的严格培养和全面考核,着力建设高素质、高水平的学生干部队伍。

(一)加大培养工作力度,体现高投入、高要求、高评价的培养过程

优质的苗子还要优质的栽培,才能结出优质的果实。学生干部经过高标准的选拔任用之后,需要经过高投入、高要求、高评价"三高"的培养过程,掌握过硬的技能,工作起来才能得心应手。高投入就要做到人力、物力和财力的充分投入,由以往的指导老师培训或老干带新干的培养模式发展为聘请经验丰富、资历深厚的校内外专家和杰出校友进校开讲座、做报告。高要求就要做到制定完善的培训制度,明确严格的纪律要求,让培训教育成为学生干部万分珍惜、争先恐后、力争上游的素质拓展好机会。高评价就要做到培训后有考核评定,学校不是为了培训而培训,学生干部不是为了应付而参与,而是建立规范的考核制度,颁发结业证书,对缺席或培训时间不够、进步不大的进行重修。

（二）拓展专项培训平台，创新分类别、分层次、分阶段的培养途径

学生干部既然有不同机构、不同层次之分，那么培训也应有不同内容、不同层次之分。积极创新分类别、分层次、分阶段的"三分"培养途径，走专项化、针对性的培训道路，迈出培养精致化学生干部队伍的和谐步调。只有根据机构和职责不同，按照校、院、班级别不同，以及任期和资历不同，进行科学划分、合理组合，推行针对性的专门培训，做到培训内容针对性强、培训形式多样、培训方式灵活。[3]让学生干部在相同的层次群体中相互影响、相互促进，实现同步伐、同比较、同进步，从而形成相对稳定的学生干部梯队，保存了学生干部队伍各层次的骨干实力，也有利于学生干部能力素质的稳步提高，还有效避免学生干部绝大部分由低年级担任的不良现象。

（三）提高教育培养要求，实现有方法、有想法、有看法的培养目标

精致化理念要求学生干部的培养效果不是金字塔式，而是向日葵式。学生干部如在德、能、勤、绩等方面得到全面发展固然是最好，但能做到独当一面、领先同行已是精致化的理想要求。精致化要求学生干部在经过专门的教育培养和具体工作实践后，成为组织管理有方法、本职工作有想法、策划活动有看法的"三法"学生骨干。组织管理有方法就是要求在组织管理工作中有自己独特的见解和个人风格，本职工作有想法就是要求在埋头苦干和任劳任怨的基础上有主见、有思路、有捷径，策划活动有看法就是要求自己负责的领域和业务有创新意识和行动，让参与学生有新收获和新感受。只要各机构、各部门的学生干部都出类拔萃，成为各类业务行家里手、内行高手，八仙过海、各显神通，就能为精致化学生工作画上一道亮丽的风景线。

参 考 文 献

[1] 周云，张翼. 从胜任力的视角谈校学生干部的选拔与培养［J］. 教育与职业，2013（1）：41.

[2] 匡乐文. 论高校学生干部选拔的原则、标准与程序［J］. 当代教育理论与实践，2011（2）：37.

[3] 任婷. 高校学生干部分层分级培训体系研究［J］. 科教导刊（上旬刊），2012（11）：185.

 精益求精 臻于至善

运用精致化理念提升高校女生工作

——以处理某女生宿舍纠纷为例

李淑君①

摘 要：女大学生是高校中的主体，她们需承受更多的挑战和压力，女性特有的性格和特点，又给女生带来了更多的困惑和困扰，怎样让女生排除干扰顺利完成学业、走入社会、适应社会，是学生管理工作者面临的一个工作难题。

关键词：高校女生；量身定制；精致化

女大学生是年轻女性中的佼佼者，是当今大学校园的主体，尤其在文科院校，女生与男生的比例差不多是3∶2。经济和社会的快速发展为女大学生们提供了广阔的发展空间和众多的机遇，同时也为她们带来了更大的挑战，她们的成长成才需要付出更多的代价，她们的学业、就业、情感等方面，需要社会、学校、家庭给予更多的教育与关注。但由于社会的压力和中国传统的性别观念，导致了个别女生自卑、孤僻、不合群，甚至干出不该干的事情。对于此类女生，我们需要用以学生成长为核心，以学生发展为根本的"精致化"理念，以生为本，"量身定制"富有针对性的指导方案，帮助其顺利完成学业。下面以一女生宿舍纠纷为例，来说明运用"精致化"理念，引领提升现代高校女生的管理工作。

一、案例背景

女性学生刘××，清远人，住北校区××栋B517宿舍。该宿舍是由迎福公寓的十二人间搬回北校区时分出来的其中一个宿舍，在迎福公寓十二人住时就有同学丢东西，但一直没有找到丢东西的原因。搬回北校区25栋后，分出来的其他两个宿舍没有再出现丢东西的现象，但B517宿舍却连续丢了几次东西，有四位同学都报告自己的衣物丢失，并且报了110，龙洞派出所警察出警三次来校调查。事情发

---

① 李淑君，女，中级职称，广东金融学院劳动经济与人力资源管理系党总支副书记。研究方向：高校学生思想政治工作与研究。

生后我们经过和警察的沟通、对班上同学的询问,以及对517临近宿舍所有同学的反复调查,基本确定拿东西的人就在517宿舍。我们对517宿舍每位同学的家庭情况及入校以来各方面的表现进行了详细的调查,并多次进行一对一的谈话后,初步判断刘××同学有拿东西的嫌疑。

二、事件分析

刘××是农村生源,家庭条件比较贫困,父母重男轻女,每月给她的钱非常有限。同宿舍的其她三位女生,两位是开平人,一位是顺德人,相对而言家庭条件比较好,尤其是有位梁姓的开平女生,由于家里有亲戚在香港,她常往返香港,并把比较高档的衣服、化妆品带来学校。经过深入调查,我们了解到,经济条件的悬殊、梁姓同学有意无意地炫耀,使得刘××同学非常羡慕嫉妒,同时也非常自卑,用她自己的话说就是:同样是大学生,为什么她可以生活得如此的优雅,而自己却要辛辛苦苦去兼职打工赚生活费?慢慢地,她心理开始不平衡,在第一次拿点小钱没有被发现后,胆子稍微大一些了,又连续好几次将宿舍同学的东西往家里拿。由于东西拿回家不使用,同学没有怀疑她,但四人互相猜疑,宿舍的气氛开始紧张,原来天天同时上课同时吃饭的四位女生开始疏远。刘××由于心里害怕,和班上其他同学交往也越来越少,几乎每个周末都回家。当事情暴露后,她更是采取逃避的方法,躲在家里不肯回校,还不吃不喝,甚至有走极端的念头。同宿舍的同学也不理解她、不肯原谅她,并且三番五次提出要她搬离517宿舍,从此以后不再做室友、不再联系。

三、具体做法

我们在处理上述问题时,同宿舍三位女生坚持要处分刘××,强烈要求她搬离517宿舍。如何解决她们之间的矛盾和问题,我们发现不能简而化之。我们由系党总支书记牵头,集体讨论处理方案,在处理过程中充分体现"精心""精细""精巧",针对四个女生的不同性格特点,认真把握好个性与共识之间的关系,有效运用"精致化"理念,制定精细的个人指导方法,从建立友谊开始,重建她们之间的信任基础。我们坚持以生为本,坚持以学生的发展为前提,爱心育人、真心服务,让四位女生感受到现代高校人性化的关怀与负责任的教育,同时也告知丢东西的三位女生,教育的目的就是为了成就学生,而采取批评的手段就是为了挽救犯错误的学生,只要她能认识错误改正错误,就应该给她机会。

(1) 找准原因,对症处理。我们在确定刘××拿了同学的东西并不是为了要使用,而是由嫉妒不平衡引发的心理问题后,我们运用"量身定制"与"精巧"指导的精致化理念,首先帮助她分析所犯错误的原因,让她从思想上意识到由嫉妒不平衡引发的心理问题的严重性。同时我们把《广东金融学院学生违纪处分办法》中的第六条"对偷窃、诈骗国家、集体或个人财物者,视其情节轻重给予警告以上甚至开除学籍的处分"复印给该生,让她用心感悟,另一方面我们为她约心理老师，帮她排除心理障碍。在分析原因的过程中，针对她心理存在的问题，我们"精巧"运用在心理教育中渗透德育教育的方法，使德育教育犹如涓涓细流滋润学生的心田，发挥润物细无声的作用。经过面对面的交流沟通和三番五次的谈心，刘××意识到了自己错误的严重性，表示一定会改正错误，绝不重犯。她首先把拿的东西退给同学，钱也如数还给同学；其次以书信、口头方式向同学认错、表达歉意，请求同学的原谅。

（2）学会体谅，宽厚待人。在整个事件中，丢东西最多的梁姓女生，一直不愿意原谅刘××同学，同宿舍的其她两位同学也和梁姓女生站在同一条战线上，坚决要求刘××搬离517宿舍。我们认为，让刘××同学搬离不是解决问题的最终办法，在矛盾比较集中时，处理事情要"精细"，避免矛盾激化，引发不和谐的因素，必须通过细致的思想工作解决问题，让他们重归于好。因此，我们根据她们不同的家境、不同的性格、不同的身份（有一个入党积极分子），为她们四人制定不同的谈话方案，采取了"精心"定制与"精巧"指导相结合的办法，"量身定制"了分开谈和集体谈等谈话方式，确定了谈话内容，谈话人。同时引入外化条件，精准细致地做好她们的思想工作，并邀请她们入校时的助班参与谈心。通过我们十多次的沟通交流，刘××和其他三位女生在思想上有了共同的认知，她们明白了同学四年是一种缘分，作为一个大学生，要学会珍惜这种情缘，体谅他人，学会宽厚待人，学会换位思考，学会得理饶人。最终三位同学原谅了刘××的错误，同意刘××同学继续留在517宿舍，一起完成大学四年的学习生活。原来的四个好朋友，又重新做起了好舍友，一起学习，一起吃饭，一起谈笑风生。四个人经过这一事情后，更加懂得珍惜友情，更加懂得关爱别人。

（3）给予关爱，做好就业指导。四位女生当时都是即将进入大四的学生，都面临着就业的压力，她们学习成绩都比较优秀，我们对她们进行个性化的就业指导，为她们改推荐表，为她们模拟面试，为她们重点推荐。四位女生在经历过这起风波后，又经常在一起谈就业理想，一起做就业准备，一起报考银行与企业的考试，分享考试的经验和面试中的喜忧。最后，四位同学有一人通过农信公开招考顺利进入××农信，一人经过中国电信的考试进入中国电信××分公司，梁姓女生进入××保险（亚洲）有限公司，刘××同学经过努力也进入橘子花××服务有限公司。

四、思考启示

（1）对学生充满爱的"精心"态度，是"精致化"工作理念的重要前提。高校女生在社会中可以算得上是佼佼者，尤其是自身条件和家庭条件好的女大学生，更是成为众人仰慕的对象。但对于家境贫困、相貌平平的女大学生而言，相比之下她们的自尊心更强，对漂亮和家境条件好的女生易产生嫉妒仇恨的心理，甚至逃避社会。对于此类女生，我们做学生工作的人，需要付出更多的关爱、关心，关注她们的一举一动，还要鼓励她们勇敢与人交往，并且通过相互交往，诉说自己的喜怒哀乐，增进彼此的感情共鸣，让她们在心理上产生一种归宿感，更要让她们懂得可以经过自身的不懈努力，达到自己的预期目标，实现人生的价值。

（2）"量身定制"式的"精巧"指导，是"精致化"工作理念的重要手段。我们每一位学生管理工作者，管的学生都是 250 人以上，有的甚至更多，女生占所管人数的三分之二，对每一位学生的"量身定制"式的指导可以帮助我们更好地了解每一位学生，然后根据每位学生的特点进行个性化的"精巧"指导。每个学期开学初，我们会根据自己的工作时间做出表格和所管学生进行预约，然后分批分类沟通，记录好每个人的学习情况、家庭情况、特长、问题等，做到每学期和每位学生都有一次面对面的谈话交流，尤其是"问题学生"，通过沟通交流可以了解到他们学习生活中的困惑和难题，重点关注、重点辅导，及时发现问题、解决问题，引导她们树好目标、找准位置、挖掘自身潜力，完成人生的第一步。

（3）对学生培养的"精细"追求，是"精致化"工作理念的内在要求。优雅的女性气质，是智慧和德行的结晶，是任何女大学生经过努力都可以做到的，因此，学生工作者要善于引导女大学生认识自身的优势，培养她们的成才意识、骨干意识甚至精英意识，充分调动女大学生各方面的潜能，使她们在大学期间保持良好的心态，努力学习，积极参加学校的特色活动，提高自身的综合素质，在人生的坐标上找准自己的位置，谱写人生最美的青春乐章。

（4）对自身素质的精益求精的追求，是"精致化"工作理念的必由之路。高校中的学生管理工作要做到"精致化"，就要求我们学生管理工作者，要全面提高自身素质，学习心理学、教育学，了解时事，有一定的专业涵养，言传身教，走近学生，了解学生，掌握学生的思想动态，在关心、关注、关爱学生中获得解决问题的办法，在处理问题的过程中提升自己的能力。只有这样，才能真正做到在态度上"精心"，在效果上"精细"，在方法上"精巧"，精雕细琢，以"精致化"教育理念更好地提升现代高校女生工作。

参 考 文 献

[1] 王秀明. 精益求精　臻于至善——对"精致化"学生工作理念的思考 [N]. 光明日报，2014-03-16.

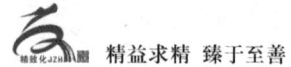

浅析以"精致化"理念促进我校职业培训班的学风建设

莫照宁① 孙澍② 谢飞玲③

摘 要: "精致化"理念的本质即以学生成长为核心,以学生发展为根本,通过管理和服务过程与方法的精心、精细、精巧来培养高素质人才,其理念高度契合现代教育的要求。以"精致化"理念推动我校职业培训班学风建设,深入推进"精致化"理念的应用是促进学生思想教育发展的必然要求,同时也是推进学风建设的良好保障。

关键词: 精致化;职业培训;学风建设

一、"精致化"学生工作理念的意义、内涵和要求

我校党委副书记王秀明在《精益求精 臻于至善——对"精致化"学生工作理念的思考》中提出用"精致化"的理念做好我校的学生管理工作,他指出:"精致化"理念的本质即以学生成长为核心,以学生发展为根本,通过管理和服务过程与方法的精心、精细、精巧来培养高素质人才,其理念高度契合现代教育的要求。"精致化"学生工作理念的理论创新是系统的、长效的、稳定的、宏观整体的工作机制和模式,是现代教育理论发展的必然,应成为我们未来学生工作的引领和导向。[1]

"精致化"的管理理念要求学生工作者以"精致"作为日常工作的目标和方向,时刻用精益求精的工作态度进行自我要求,根据实际情况创新工作方法,更好地解决在学生工作中产生的新情况、新问题。以"精致化"理念推动我校职业培训班学风建设,深入推进"精致化"理念的应用是促进学生思想教育发展的必然要求,同时也是推进学风建设的良好保障。构建"精致化"理念在学风建设中的

---

① 莫照宁,男,讲师,广东金融学院继续教育学院党总支副书记。研究方向:思想政治教育。
② 孙澍,男,硕士,助理研究员,广东金融学院继续教育学院辅导员。研究方向:思想政治教育。
③ 谢飞玲,女,实习研究员,广东金融学院继续教育学院辅导员。研究方向:思想政治教育。

二、我校职业培训班学风建设的现状及问题

（一）学生基础较差，缺乏学习自信

我校职业培训班学生均为高考落榜生，学习基础较差，生源质量参差不齐。据调查，90%以上的学生在高中阶段都位于班级内后十名，大多数学生在高一就已经放弃对数学和英语的学习，甚至有部分学生的水平仍停留在小学初中阶段。由于长期学习成绩不佳，加之受到家庭、学校、社会等多方面的影响，这些学生缺乏对学习的热情和自信。部分学生是迫于家长的要求才到学校读书的。[2]因此，当这些学生接触到大学的课程，在缺乏基础知识储备和接受新知识自信的双重影响下，对学习产生抗拒心理，从而无法主动接受新知识，造成学业的停滞不前。

（二）缺乏人生规划，学习目标不明确

据调查，我校职业培训班学生进入学校后有理想和奋斗目标的人不足10%，由于家庭教育、社会环境的影响，绝大多数人缺乏远大的理想和抱负，没有坚定的信心和信念。很多人认为自己成绩不理想，文化基础较为薄弱，现在所学对今后工作帮助有限，来学校就是为了混个文凭，因此只要按时毕业就可以了，多数人没有进一步提升学历的要求。由于学习目标不明确，学生缺乏学习动力，因此学习氛围也不浓厚。

（三）缺乏良好习惯，学习自觉性不足

步入大学，离开父母的严格监管，面对开放自由的大学生活，学生往往不知道如何安排和进行自我管理。由于缺乏良好的习惯和自我约束机制，很少有学生能够主动地开展学习，缺少学习的计划性和自觉性。[3]根据以往经验，能够主动上自习的人不足5%，个别学生在网络游戏、谈恋爱上占用了大量的时间。上课迟到、早退、旷课的现象屡禁不止。部分学生考试挂科、补考现象严重。缺乏良好习惯、学习自觉性不足阻碍学风的进一步良好发展。

（四）畏难情绪明显，学习能力弱

我校职业培训班学生在学习中存在畏难情绪。一方面是因为没有掌握良好的学习方法，忽略课前预习、课后复习等必要环节，遇到困难选择回避，缺乏持之以恒、"打破砂锅问到底"的学习精神，很少学生能够按计划学习，除课堂时间外，能够有效利用图书馆资源丰富知识，主动与老师、同学交流的人也为数不多。在考试前多以"突击"的形式开展复习。另一方面，由于少数任课老师在传授职业培训班课程时，没有考虑到学生的特点和基础，而是一味地运用教本科的方法和内容去教授学生，导致本来基础较差的学生因为知识门槛太高更加听不懂，从而造成恶性循环，缺乏学习的热情。

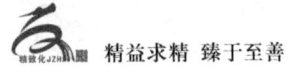

三、以"精致化"理念促进学风建设

（一）以"精致化"理念帮助学生重塑自信

以人为本的"精致化"理念，在工作方法上体现艺术性，注重科学精神和人文精神的结合，根据学生特点和培养目标，激发每一位学生的内在潜力、意志力和创造力，信任学生、鼓励学生。我校职业培训班学生不同程度地存在自卑心理，自信心不足，怀疑自己的能力，从而阻碍自我的人生发展。我们应该以此为切入点，教育和引导学生重树信心，通过开展心理讲座，互帮互助小组，帮助学生分析之前失利的原因，找出解决问题的方法，做好心理疏导，使学生逐步减轻思想包袱。从学生的兴趣爱好出发，发现学生身上的亮点和长处，多表扬、鼓励学生参加活动，表现自我，逐步地重塑自信。

（二）以"精致化"理念帮助学生树立理想、坚定信念

在引导学生树立理想上，应遵循"精致"二字的要求，对不同年级的学生采取不同的方法。对刚入学的学生，应制定合理精准的入学引导方案，通过入学讲座等活动使学生尽快融入广金的大家庭，尽早了解所学专业的前景和未来；对中间年级学生，学生工作应体现如何实践育人，通过职业生涯规划的指导让学生明确目标和方向，以此督促学生进步，使学生素质得到全面发展[4]；对毕业年级的学生，则应结合学生理想及社会需求，进行就业指导和培训、制订扬帆计划等助力起航。将以往毕业生的成功经历作为经典案例，鼓励学生效仿学习，用自己的努力去实现人生价值。通过思想引导、启发教育、案例结合，使学生明确学习目标，坚定理想信念。

（三）以"精致化"理念改善学生习惯，营造良好学习氛围

"精致化"思想理念要求对具有不同特点的学生采取灵活的指导和管理方法。作为职业培训，网络成瘾和纪律涣散的学生十分普遍。我们要在充分了解学生的基础上，有针对性地开展工作，通过谈话的方式对学生的家庭情况、成长经历了如指掌，积极开展理想信念教育活动，将正面引导和反面监督相结合，根据学生的特点做好思想引导工作。在考勤方面，联合任课老师，加强对学生的考勤管理，增加平时成绩在期末考试分值中的占比，由任课老师点名增加对学生到课的约束力。对出勤率低、纪律涣散的学生及时进行批评和教育，定期要求其汇报近况，有进步及时表扬，遇到新问题及时修正，从而帮助学生改正不良习惯。在班风建设方面，将表现好、成绩佳的学生作为楷模，在年级会、班会上反复提及并当众表扬，赋予荣誉并鼓励学生进行学习，通过潜移默化的影响让学生知道好好学习是光荣的。发挥党员、积极分子和班干部的纽带作用，建立帮扶小组，促进班内良好的学习氛围。

（四）以"精致化"理念促进学生的学习效果

在提高学生学习效果上，一方面学生管理者应加强平时的引导，对存在厌学和

畏难情绪的学生，通过细致入微的教育，使学生转变以往观念，充分认可职业培训教育，肯定学习知识的重要性，发自内心地想要学习，从而从本源上抵制畏难情绪的产生。同时，开设专业课程传授学习的技巧，如利用艾宾浩斯记忆曲线背诵单词，学习知识预习—听课—练习—复习的重要性，遇到难题怎样分步解决等。另一方面，保证学生具有良好的学习效果也有赖于任课老师的授课技巧。任课教师应根据职业培训学生基础的特点，适当降低授课难度，增加实践性和动手锻炼的授课环节，以耐心、爱心、责任心去感化学生，时刻注重与学生的互动，让学生感受到被关注；以严格治学的教学态度去要求学生，用爱岗敬业的行为去感化带动学生。

四、结语

"精致化"理念在我校职业培训班的学风建设中具有极好的应用前景，能够产生积极的作用，推行"精致化"理念是进一步规范职业培训教育的内在要求，同时也是提升职业培训班学风建设的必要措施。只要我们能够勤于思考，勇于实践，一定能够将其精神良好地发扬，从而为社会培养出更多优秀的人才。

参 考 文 献

［1］王秀明. 精益求精　臻于至善——对"精致化"学生工作理念的思考［N］. 广东金融学院学报，2014 – 02 – 28.
［2］贾新华. 高职院校学风建设问题研究［J］. 黑龙江高教研究，2011（3）：96 – 98.
［3］王兰. 高职学风建设存在的问题及对策［J］. 电子制作，2013（10）：17.
［4］李明文. 试论高校班级管理精致化问题［J］. 高等教育，2011（10）：33.

辅导员视角

客观地说，广金学生工作"精致化"建设所表现的不遗余力的学习、实践态度，已经远远超越了"围观"形为。毋庸置疑，"他山之石，可以攻玉"，把管理学的"精致化"概念与高校学生工作紧密地联系起来，已经是广金学生工作客观存在的事实。我们知道，把"精致化"理念始终贯穿于学生工作的每一个细节，融入到学生工作的每一个层面，渗透进学生工作的每一个角落，体现在学生工作的每一个阶段，落实到学生工作人员的一言一行之中，是一项庞大的系统工程，需要方方面面的协同配合。广金把精心的态度、精细的过程、精巧的方法落实到学生工作的每一个环节，其实是在集体表达着教书育人的大众主张。

试论高校心理健康教育的"精致化"

彭颖淑①

摘　要："精致化"既是一种管理理念，也是一种教育模式。"精致化"是高等教育发展到一定程度的必然要求。心理健康教育在我国高校推行已有二十多年，同样面临着"精致化"的问题。心理健康教育要实现"精致化"，必须以学生为中心、建立科学的工作体系、优化组织结构、提高工作效率、重视效果评估。促进心理健康教育"精致化"的策略包括：加强队伍建设，提高专业工作能力；改善硬件条件，提高良好的工作氛围；建立科学的评估体系；鼓励科学研究。

关键词：心理健康教育；"精致化"；以生为本

心理健康教育在我国高校推行已有二十多年了，国家的高度重视，社会的迫切需要，心理学学科的飞速发展，都促进了心理健康教育在高校的普及和发展。目前，我国高校基本上都设立了心理健康教育的专门机构，一般在行政上都归属于学生事务管理部门，主要负责大学生心理咨询、心理卫生知识普及、危机干预等相关工作。然而，由于起步较晚，经验不足，且盲目照搬西方高校的运作模式，导致了心理健康教育工作出现了形式大过内容、组织结构混乱、工作流程不规范，等等诸多问题。近几年，"精致化"教育理念的引入，吸引了众多专家学者的目光，"精致化"对高等教育提出了更高的要求，也给予了高校心理健康教育重要的启示。

一、"精致化"的理论内涵

"精致化"概念来源于管理学领域，通常被称作"精细化管理"，要求管理工作做到制度化、标准化、程序化，强调执行力和绩效评估。[1]台湾学者最早将"精细化管理"概念引入基础教育领域，提出了精致教育的理念，将追求精致化的过程绩效设定为当代教育管理的目标之一。[2]"精致化"是高等教育发展到一定程度的必然要求，心理健康教育作为高校育人工程的重点项目，同样存在精致化的问题，其理论内涵有两方面。

---

① 彭颖淑，女，硕士，讲师，广东金融学院学生工作处专职心理教师。研究方向：心理健康教育。

作为一种管理理念，精致化倡导"科学管理"与"人本管理"的融合，科学精神与人文精神的统一。高校心理健康教育在国内外都属于学生事务管理的范畴，在我国是思想政治教育工作的一个部分，工作内容涉及大到学生的生命安全，小到学生的情绪调节，这不是传统的课堂教学能够完成的。心理健康教育既要在日常工作中遵循心理学的科学理论，但更是学校管理工作的一部分，需要遵守学校的行政管理规定及相关法律法规。在工作方法上，心理工作既要重视数据分析，量化评估体系，讲究工作效率，又要尊重个体差异性，考虑文化差异，尊重价值多元化。在"以人为本"的核心思想指导下，遵循科学规律，面向全体，关注个体，这是精致化理念在心理健康教育工作中的首要体现。

作为一种教育模式，精致化注重细节，兼重过程和结果，追求卓越、精益求精、周到细致、精雕细刻。心理健康教育的工作体系比较复杂，每一个业务都有非常具体的要求，尤其涉及学生生命安全的内容，必须严格遵守法律法规，所以该工作必须抓好每一个细节。在对学生的心理素质培养方面，更要面面俱到，满足学生的心理成长需求，精心设计教育内容。对于少数有心理问题的学生，个体心理咨询就是一个精雕细刻的过程，细心研究个案，制定个性化的辅导方案，维护每一个学生的心理健康，这也正是精致化理念的重要体现。

二、心理健康教育精致化的主要特征

精致化是管理与教育的一种境界，是一种理想状态，但它并不是一种虚化抽象的概念，而是对工作有非常严谨而具体的要求。精致化对心理健康教育工作提出的要求主要有几个方面。

（一）以学生为中心

"以生为本"是精致化教育的核心思想。以生为本，强调学生的主体地位，强调学校教育为学生成长服务，以促进学生最大发展为目标。其实，在国外，"心理健康教育"这个概念几乎不存在，多数都以"心理健康服务"而代之。究其原因，我国传统教育思想以教师为中心，强调教师的主体地位和主导作用，强调教师自上而下主动干预，有较强的教育色彩，而学生被视为受教育者，往往处于客体地位，扮演被动从属的角色。[3]提倡"以学生为中心"的服务理念，要求尊重学生的求助意愿、保护学生的隐私、尊重学生的价值观，这也是人本主义心理学所倡导的思想。以学生为中心，不能一味地说教，还应该关注学生的主观体验，调动学生的主观能动性，应该在工作内容中设计一些学生参与度高的活动，让学生在体验中得到成长。以学生为中心，应该紧扣学生的心理发展需求，细分学生群体，提供有针对性、时效性的教育内容。以学生为中心，是心理健康教育开展工作的根本导向，决定了工作的方向和最终高度。

（二）建立科学的工作体系

精致化是精细化管理理念的提升，工作过程的精细化是精致化的前提。高校心理健康教育虽然归属于学生事务管理工作，但又涉及课堂教学，向医院转介重要病人，所以，只有建立科学的工作体系才能保证工作有条不紊。从目前高校心理工作的常规性来看，主要包括日常工作和危机干预两大块。其中，日常工作又包括心理咨询、新生心理普查、大型心理活动、心理知识宣传等；危机干预主要包括危机的预警、干预与事后处理。前者往往是按部就班，细水长流的；后者是突发的，当机立断的，工作方法和流程应该区别对待。从心理工作的组织形式来看，既有针对个体的，又有针对团体的。前者主要是心理咨询，后者既有团体心理咨询又有团体训练及讲座，两者所依赖的理论基础和实施方法皆有不同。再细化到心理咨询这项主要业务，从预约、测试、初次访谈，到咨询、结案、转介、档案管理，每一个环节都要严格把关，不容差错。只有建立科学的工作体系，把握各项工作的区别和联系，才能更好地为学生服务。

（三）优化组织结构

任何工作的精致化都需要一支精致化的团队来完成。高校心理健康教育工作要有专门的机构来管理运作，目前高校基本都设立了心理健康教育与咨询中心。要做到精致化，必须扩大中心的影响力，形成层级管理，建立校、院系、班级、宿舍四级工作网络。中心负责统筹规划，管理监督，提供专业资源，院系设立服务本院学生的心理辅导站，班级设置心理委员，宿舍选任心理观察员，各级组织权责分明，规范管理。中心对于组织机构应该承担培训的责任，不仅对组织成员进行业务培训，而且负责维护组织的凝聚力，建立组织规章制度、建设良好的组织文化。由于心理健康工作与教学部、学生事务管理、校医院、后勤部门都有业务上的交集，尤其在处理危机事件的时候，更需要多个部门的合作，因此，中心除了管理内部组织结构，也要建立与其他组织的合作机制，以便在关键的时候，能够迅速联动反应，得到其他组织的配合。高校心理健康工作是全校总动员的工作，优化组织结构才能让工作事半功倍。

（四）提高工作效率

精致化一定程度上与日本在科学管理思想基础上提出的精益生产思想有关，其主张"追求成本与质量的最佳配置、追求产品性能价格比最优，并且采用灵活的生产组织形式，根据市场需求的变化，及时、快速地调整生产，依靠严密细致的管理，力图通过彻底排除浪费，防止过量生产来满足客户的需求"[1]。精致化兼重过程与结果，但最终需要通过业绩体现。互联网时代的来临，信息技术的普及，对高等教育产生了巨大的影响。不管是教学还是事务管理，善用教育技术是提高工作效率的关键。心理健康工作也应该借助信息技术，加强与学生的沟通，传播心理健康知识，简化学生接受心理服务的程序，科学管理档案资料。如果要保证专业工作的效率，也需要引进先进的仪器或咨询技术，让学生接受最有效快捷的帮助。提高工作效率不仅体现在工作量的增长，更要体现出工作效果，利用先进的硬件技术或是管理理念，都是精致化的具体要求。

（五）重视效果评估

精致化的最终体现是在业绩上，效果评估是检验精致化程度的关键环节。做好心理健康教育工作的效果评估，有利于了解工作开展现状，总结成功经验，吸取失败教训，从而促进工作进一步的完善。效果评估体系必须是科学的，应该做到能够客观地反映工作成效，能够公正地评价工作人员的劳动，能够为改善工作提出参考建议。效果评估体系应借鉴国内外的行业标准，例如心理咨询的效果评估，涉及不同理论流派的观点，所以要考虑到咨询师的理论取向。另外，建立效果评估体系，需要考虑本校的实情，根据学校的现有条件，制定合理的评估方案，否则只能流于形式，缺乏实效。

三、促进心理健康教育精致化的若干策略

目前心理健康教育虽然在高校已经普及，也成立了专门的管理机构，但在精致化的道路上还有很长的路要走，根据相关资料和现状，笔者提出几个促进精致化的策略。

（一）加强队伍建设，提高专业工作能力

有关部门规定，我国高校必须按1∶4 000的比例配备心理咨询师，但很多高校无法达标，这严重影响了心理工作的开展和推广，而在国外这个比例是1∶1 000。因此，首先要保证专职专业人员的数量，再聘请一定的兼职工作人员，保证能满足学生的基本需求。其次，在队伍建设上要整合校内外的人力资源，例如，可以聘请一些心理专家和精神科医生，作为专家顾问。基于我国的实际，高校可以与精神科专科医院合作，把精神科医生请到学校里来，有条件的高校可以设立心理科门诊，减少因学生阻抗心理、交通不方便、挂号等原因而无法得到及时、有效的药物治疗。[4]最后，要建立督导和培训机制，定期让老师接受继续教育，尤其是法律法规方面的培训，以提高业务素质，提升专业工作能力。

（二）改善硬件条件，提供良好的工作氛围

精致化不仅指的是抽象无形的东西，也可以指外显有形的硬件环境。心理健康教育工作中一项主要的业务就是心理咨询。心理咨询室的设计和布置，是需要专业考量的。保证有合适安全的场地，并且具备一定的规模，是开展心理咨询的物质条件。环境对人的影响是潜移默化的，优美温馨的环境，对学生本身就有"治愈"的功能。而在咨询工具方面，应根据需要配备必要的器材，例如沙盘、团辅工具、减压仪器，等等，这些设备的使用能够大大提高咨询的效率。

（三）建立科学的评估体系

心理健康教育工作形式多样，内涵较广，且其内隐性和短时性，让工作效果的评估变得很困难。参考相关资料，基于学生心理健康服务需求导向的心理健康服务

体系构建，其绩效评估要充分考虑服务能否满足学生需求、学生满意度、危机个案干预情况、学生总体心理健康水平以及各界尤其是同行专家评价等主客观因素。2004年，《广东省普通高等学校心理健康教育工作指标体系》出台，这标志着广东省高校心理健康服务工作有了明确的标准，对推动广东省高校心理健康服务科学发展具有重要意义。该标准也为评估高校的心理健康工作提供了科学规范的权威参考。但在建立评估体系时，仍然要结合学校的实情，这样才更有实用价值。

（四）鼓励科学研究

心理健康教育的理论依据主要是心理学，而心理学是一门科学，遵循科学研究的规律，心理健康教育相关工作都能运用心理学的研究方法进行课题研究。现代心理学起源于西方，因此很多理论在中国都是舶来品，包括高校心理健康工作的模式，也多半是仿效西方国家。所以进行心理健康教育的本土化研究很有必要。研究方法可以是临床法、案例分析法、测验法、实验法，等等，课题可以涵盖大学生心理健康教育的各个方面，包括自我认识、人际关系、情绪情感、职业规划、家庭关系、性心理，等等。用科学研究的结论去指导实践，这又是精致化思想的体现。

参 考 文 献

[1] 张彦. 以"精致化"要求推进大学生思想政治教育新发展 [J]. 思想教育研究，2010，179（4）：24-27.
[2] 张彦. 试论大学生思想政治教育的精致化问题 [J]. 中国高教研究，2009（6）：2-5.
[3] 赵崇莲. 广东省高校心理健康服务体系构建研究 [D]. 重庆：西南大学，2011.
[4] 周莉，徐紫薇，雷雳. 美国高校心理咨询服务专业化和精致化的研究及启示 [J]. 心理研究. 2014，7（2）：76-80.

 精益求精 臻于至善

高中发展学生党员的精致化管理研究

——以广东金融学院金融系学生党支部为例

黄镜秋[①]

摘 要：精致化管理是科学精神与人文精神相互交融的管理，是追求卓越、精益求精、周到细致、精雕细刻的管理。因此，在高中发展党员中推行精致化管理有利于高中发展党员在大学生活中蜕变，保持优秀。本文从我系高中发展党员管理工作中推行精致化管理的根据出发，阐述了我系对高中发展党员的精致化管理模式及其作用与效果。

关键词：学生党员；精致化；管理

一、"精致化管理"的内涵

精致化管理是科学精神与人文精神相互交融的管理，是追求卓越、精益求精、周到细致、精雕细刻的管理，是既注重细节、过程，又重视结果的管理，是质量与效益同步提高的管理，其价值取向是科学精神与人文精神的融合。

精致化管理把人的发展放在至高无上的地位，高中学生党员精致化管理以精致化思想为指导，围绕学生党员的发展精心设计、精心安排、精心组织，能使学生党员受到潜移默化的教育，以便实现至真、至善、至美的理想目标。

它要求管理工作做到制度化、格式化、程序化，强制执行与绩效评估，即把科学管理与人文管理思想与模式结合在一起，通过科学管理、人文管理，激发学生党员的潜力、主动性与创新精神，使学生党员在激烈的竞争中取得优势。

二、高中发展党员推行精致化管理的根据

（一）能让党员变得更加优秀

高中发展党员是大学党组织的中流砥柱，高中发展党员的整体素质与精神面貌影响着大学学生对党的认识，对高中发展党员推行精致化管理，其目的是让高中发

[①] 黄镜秋，男，硕士，助理研究员，广东金融学院金融系辅导员。研究方向：思想政治教育。

展党员在完成从高中生到大学生的转变过程中，一步步向优秀靠近。此外，高中生党员中有部分因某种原因，没有良好的生活作风习惯，没有良好的思想觉悟，通过精致化管理有利于高中发展党员自我约束，养成良好的习惯，提高党性觉悟，通过锻炼变得更加优秀，也让广大人民群众看到党员的先进性。所以推行精致化管理有其必然性。

（二）有助于提高党组织的执行能力

精致化管理的意义是重大的，它能让党组织的政策有效地贯彻到各个环节并发挥作用，有助于提高党组织的执行能力。

（三）需要正确认识精致化管理

精致化管理的思路是具有方向性的，在沿着这个方向前进的过程中，需要注意结合各党组织内部的情况，具体问题具体分析，并不是一味地执行精致化管理，有些地方或许不需要再精致化，按其原有的模式进行更适合。在确定了精致化的方向后，一方面要注重实施效率，一方面也要清醒地认识到道路是曲折的，凡事不可能一蹴而就，要分阶段实施精致化管理，每个阶段形成一个体系，一步一个脚印，最终整合全部体系，实现精致化管理在党组织发展中的效果和作用。

三、高中发展党员精致化管理过程中出现的问题

（一）入党动机不纯

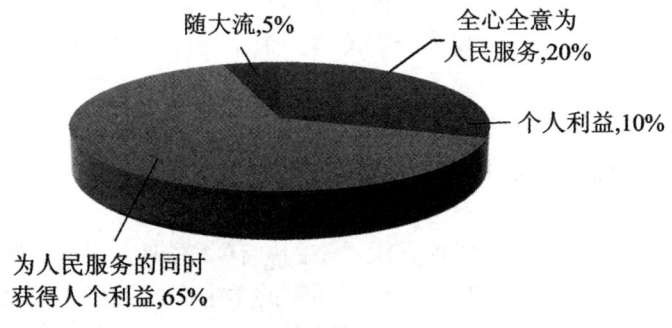

图1　高中学生党员入党动机调查

如图1所示，在对入党动机的相关调查中，发现有个别大学生党员存在入党动机不纯等问题。认为入党的主要目的（单选题）是更好地为党和人民做工作的只占20%；认为为党做工作的同时，个人也获得利益的占65%；认为主要是为获得个人利益的占10%；认为是看到周围人入党、随大流或其他的占5%。从这些数字中，我们不难看出当代大学生党员中入党动机的多元化，有追求功利主义的价值趋向，理想信念弱化。

共产党员是一个神圣的称号，我们本应以一颗诚心加入共产党，但现实中，难免有些人入党动机不纯，以为入党代表了以后能进一个好单位，代表了以后官路亨通，并把这种思想传播出去，让更多的人受到误导，如此恶性循环，以至于一些党

员素质不高，群众开始质疑党员的纯粹性，这种行为是很危险的。一旦一个政党失去了人民群众的支持，其结果必然是灭亡，成为历史的尘埃，因为人民群众是历史的创造者。可想而知，如果高中发展党员从高中这个原本纯粹的时期就开始受到入党功利论的影响，撇开其个人世界观、价值观、人生观或许会因此扭曲不说，其对身边同学、朋友的思想的影响将如病毒般迅速扩散出去，这才是最大的危害。

（二）先锋模范作用不明显

中国共产党是中华民族的先锋队，作为一名共产党员，特别是高中学生党员，理应在各个方面充分发挥先锋模范作用。但部分高中发展党员在入党后，未能以党员的标准严格要求自己，迟到、早退、缺课等行为时有发生，"全心全意为人民服务"的宗旨更是早早地抛之脑后。长此以往，将给我们党在学生群众面前的形象带来巨大的负面影响。

（三）评价机制不完善

一个好的党组织应该是一个积极表彰优秀和敢于指正错误的组织，评价机制的作用在于引导党员，形成一个较为固定的标准和行为规范，让党员有标准可依。但是我们学校党支部里面的评价机制是不完善的，只是简单地以成绩和实践为依据，例如平均分低于80分要做检讨，却忽略了更深层次的精神层面的考察。我们从小的教育就告诉我们，我们要做一个德智体美劳全面发展的人，德在评价一个人的素质的时候是优先于智的。一个无德之人的危害远大于一个无智之人，或许就是我们现存的评价机制的不完善，对德的重视程度不够，才导致部分党员一味追求功名利禄，为名为利不择手段，行为规范严重偏离一个党员应有的表现。虽然精神层面的东西看似飘渺，却是有迹可循的，比如我们可以通过实地去党员所在的班级了解情况，收集同学对该党员思想觉悟、服务意识、公仆意识和奉献精神等精神层面的评价，结合同学的意见全面地评价一个党员的素质。

（四）缺乏后续教育

中国共产党对党员的入党要求是很严格的，有考察期，有教育期，入了党之后还有一年的预备期。但最新的数据显示，35%的学生入党后很少或没有受到培养联系人的帮助和指导，88.6%的党员入党后没有参加过党校培训，近6成的党员表示入党后没有接受过党组织谈话。这反映了高中学生党员在入党后存在缺乏持续教育的现状。之所以会出现这个问题，主要有两个方面的原因，一是高中发展党员的思想修养普遍不高，缺少自我学习、自我教育的意识和能力；二是党支部对高中发展党员的管理力度不够，对高中发展党员的再教育机制还不够完善。

四、我系高中发展党员精致化管理的具体措施

（一）端正入党动机，牢记党"全心全意为人民服务"的宗旨

（1）实践锻炼。端正入党动机的过程不仅仅是一个学习的思想过程，更需要通过不断的实践锻炼加以巩固。为此，高中学生党员应该加强党的群众路线教育学习，坚持从群众来到群众中去，在具体的实践中，认识到作为一名共产党员所背负

的责任与义务。

（2）自我批评。积极开展批评与自我批评，有助于高中学生党员更好地认识到自身存在的不足，并在不断改正的过程中树立正确的入党动机。

（3）组织教育。高中学生党员树立正确的入党动机，离不开党组织的培养教育。党组织应该定时开展以"端正入党动机"为主题的组织生活会，组织党员学习相关的文件精神，观看相关的主题视频，以此帮助高中学生党员更好地端正入党动机。

（二）高中学生党员应该时刻保持党员的先进性，充分发挥党员的先锋模范带头作用

（1）高中学生党员要主动学习党的理论和新时期的方针政策，关注时事热点，关心国家大事。培养爱国主义精神，丰富自己的阅历，并学以致用，积极参加学生工作，在学生群体中以身作则，充分发挥党员的先锋模范带头作用，引导学生更好地为集体服务。

（2）高中学生党员在课余生活中同样应该时刻保持党员的先进性，乐观面对生活，养成良好的个人生活习惯。以诚待人，对生活有困难的同学及时施以援手，全心全意为同学服务。

（三）完善评价机制，加强对高中学生党员的全面管理

（1）科学考核管理。每学期开学初对高中学生党员的学期成绩进行统计，对成绩优秀者进行表扬，对成绩不达标的党员进行批评教育，并通过各种途径对其学习加以监督和帮助。每学年末就思想表现、支部表现、班级表现、工作表现等方面对高中学生党员进行民主评议，同样对评议不达标的党员进行批评教育、再教育。

（2）科学监督管理。逐步完善内部和外部的监督机制以及信息的传导机制，使党员和学生群众有意见有地方提，意见提出来有人管，使得我们的党员管理工作趋向于公开化和透明化，从而更好地发挥监督的作用。

（四）健全后续教育体系，巩固党组织的前期培养成果

各支部根据专业以及支部的详细情况，组织支部特色活动及组织生活会。各支部还积极参与每学期的党员义务活动，并不时组织义教、探望老人院、参观博物馆等一系列活动和迎新送旧活动。通过身体力行，让每个党员在大学生活中能感受到人文关怀，以及带给人们关怀。

五、我系高中发展党员精致化管理取得的成就与建议

（一）实施多层次管理

我系分四个支部管理党员，各个支部又分小组，各小组设置一名小组长，并设置支部委员，共同协助支部书记管理支部事务。把庞大党员队伍细分化，有利于行动的灵活性与党员们感情的交流。支部外又设有学生党建办公室，协助我系党总支管理好全系党员，组织好各项党员活动。

第三支部结合自身特点，在设置组长的基础上，再设置纪律委员、档案管理

员、支部委员形成委员组，对第三支部架构进行改革，促进了第三支部的发展。我系其他支部可以借鉴第三支部的成功经验，对各自支部的结构进行有针对性的调整。

（二）科学制度管理

各支部在日常的管理工作中采取轮流组织的制度，保证每个小组每个人都能参与到其中；每个支部也会轮流组织党员义务活动，让每个党员可以用行动去体验以及见证奉献。在大整体中，又有学生党建办公室在维持各支部的秩序以及监督管理工作。

在日后的建设中，需注意加强各支部间的相互监督，促进各支部相互渗透，形成多维管理机制。

（三）精致化管理日渐成熟

我系的高中学生党员精致化管理日渐成熟，并形成一套规范化、科学化体系，不仅在高中发展党员从高中生转变成大学生的过程中起到良好的引导作用，并为他们在大学生活提供了良好的锻炼平台，也为他们的生活作风、行动习惯、思想觉悟进行了良好的教育与提升。许多高中发展党员成功转型，不断获得进步，在我系学生工作及日常生活中表现优秀，得到了老师们和同学们的认可。

六、结语

综上所述，所谓高中学生党员的精致化管理，就是党组织制度上不断完善，管理上精益求精的过程。在这个过程中，高中学生党员完善自身、走向优秀是主要内容，党组织的有效管理和监督是关键。这就要求所有的高中学生党员要尽快融入组织的精致化管理框架中，以更高的标准严格要求自己，坚定信念，不断加强思想修养，完善自身，为成为一名优秀的共产党员而努力，为建设一个更加完善、更加美好的党组织而奋斗。

学生工作精致化管理视野下的个性化就业指导

余汉钧[①]

摘　要：本文主要站在学生工作精致化管理的视野下，以分阶段分层次就业指导理论体系为基础，将毕业生群体进行分类管理，在就业指导过程中，针对每位毕业生不同的情况和特点开展个性化指导，从而使就业指导工作能落到实处，切实提高大学生的就业竞争力，全面提高就业率和就业质量。

关键词：理论体系；就业指导；个性化

就业指导工作是学生管理工作的重要组成部分，也是高校服务工作的重点。高校学生工作精致化管理的价值取向是人本精神和科学精神，而本人认为，高校就业服务工作则应是最能体现这两项价值取向的工作之一。有鉴于此，本人在就业指导实践中，逐步形成独具特色的就业指导的方式方法，构建起了就业指导理论体系，并以此理论体系指导就业指导工作。以下将详谈一下分阶段分层次就业指导理论体系的内涵和本人是如何开展个性化就业指导的。

一、分阶段分层次就业指导理论体系的内涵

分阶段分层次就业指导理论体系主要是指本人在结合广东金融学院经济贸易系学生工作特点基础上，在引入杰斐尔·亚瑟关于"职业精神"的理念[1]、博恩·崔西关于"职业规划"的理念[2]和奥格·曼迪诺关于"职业能力"的理念[3]的基础上，编撰了就业指导专刊《经济贸易系职业导航》，构建起独具特色的分阶段、分层次的就业指导模式。具体而言，就是分阶段、分层次地引导学生以个人战略规划为手段，充分利用大学宝贵的学习时光，有计划、有目的地培养和塑造将来参加工作所必须具备的职业精神和职业能力。

《经济贸易系职业导航》主要由五大模块组成，分别是职业规划、职业精神、职业能力、择业指导、职业发展。其中职业精神模块强调的是对大学生开展职业道德教育。众所周知，职业精神是一个人事业成功的基础，是安身立命之本。因此，

---

① 余汉钧，男，助理会计师，广东金融学院信用管理系辅导员。研究方向：高校学生事务管理。

开展职业精神教育对于一个人的成长成才是极为重要的。诚如职业精神模块第一篇文章《人格是事业之本》所引用的马丁·路德的话："一个国家的繁荣，不在于殷实的国库、坚固的城堡，也不在于华丽的公共设施，而是在于它有很高的文明素养的人民，即人们受到的良好的教育及他们拥有的高尚品格。这才是真正的关键所在，真正的力量源泉。"而其中职业发展模块则引导和教育毕业生在走上工作岗位后该如何找准自己的定位，提升自我的价值，逐步走向事业成功。

理论体系中所谓的"分阶段"就是指将大学的就业指导工作分为三个主要的阶段，分别是职业精神培养阶段、职业能力培养阶段和择业指导阶段。

（1）"职业精神"培养阶段（本科一年级）：主要是结合本系的专业特点引导学生培养在将来工作中所必备的职业道德和职业礼仪。

（2）"职业能力"培养阶段（本科二、三年级）：主要是引导大学生确立明确的职业能力培养目标，积极培养自身的核心竞争力，为将来走上工作岗位打下扎实的基础。

（3）"择业指导"阶段（本科四年级）：主要对毕业生在就业形势、就业政策、简历制作、面试技巧、工作选择和职业发展等方面进行指导和培训。

而理论体系中的"分层次"主要就是指对学生进行个性化的指导。所谓的个性化指导就是指依据学生的家庭背景、自身素质等因素，把毕业生分为四种类型。

（1）无忧型：家庭条件好，自身素质较高。这种类型的人，找工作可靠家里帮助，也可凭自身的实力找得到。

（2）次无忧型：家庭条件好，自身素质一般或较差的。这种人可凭家里帮助找到工作。

（3）中间型：家庭条件差，自身素质较高。这种类型的人可凭自身的实力找得到工作。

（4）重点服务型：家庭条件差，自身素质也欠缺。

在就业指导中，工作的重点主要放在"中间型"和"重点服务型"，尤为关注"重点服务型"，从而使就业指导工作做到"兼顾全面、重点突出、成效明显"。

二、如何在就业指导工作中开展个性化指导

下面我将重点详谈一下本人"如何在就业指导工作中开展个性化指导"。这里我主要举四个案例，并希望从这些事例引发出一些思考和启迪。

（一）对于无忧型和次无忧型的同学该如何进行个性化指导

案例：2009届051842班经济学专业的陈琪同学，家庭条件非常好。刚考上大学时，家里人便和她讲，只要在学校好好学习就行，工作家里会安排好的。进入大学后，陈琪同学并没有因为家庭条件较好而不用心学习，而是学习非常用功，担任班干部，积极参加社会实践活动，努力通过各种途径提高自身的综合素质，属于典型的无忧型的学生。针对她的情况，我系对她进行就业指导时，根据其性格特点，鼓励其精心准备，参加公务员考试。经过努力，她顺利通过了公务员考试，被揭阳

市地税局所录用。

启示：对于无忧型或次无忧型的毕业生，由于他们无后顾之忧，依托良好的家庭背景，找一份过得去的工作是不难的，因此，我系在对这部分同学进行就业指导时，主要鼓励其懂得充分利用家里的人际关系或通过自身的努力，提高就业层次和就业质量，如考取公务员、进入事业单位或大中型的国企。

（二）对于中间型同学在屡次面试失败后该如何进行个性化指导

案例：我系2008届041811班的女生张幼鸾同学，家庭贫困，自强自立，个子蛮高的，是学生党员，也是我系团总支的常务副书记，学业成绩非常优秀，具有很强的工作能力，总的来说，其各方面综合素质都是很优秀的。然而，2007年9月至11月她参加学校的十多次面试，均不成功，而同班的其他综合素质比她差的同学却早已被银行、大企业等单位所录用。对此，她本人感到非常困惑和苦恼，自信心受到了严重的打击，开始怀疑自身的能力和水平，甚至产生了绝望的念头，不再想找工作了。

当获悉这种情况后，我马上找到了张幼鸾同学，向她具体分析了学校的面试与校外面试的不同之处。我指出学校的面试由于面试人数较多，每个面试者与面试官见面的时间较短，因此，一般用人单位选人时，面试官个人的价值观是决定性因素，简单来说，就是她觉得谁顺眼就挑谁，并不能充分地考察一个人的综合素质。也就是说，学校面试时，是否能被选上，是有很强的主观因素的，并不能说明面试者本身素质是不行的。相反，假如你到校外面试的话，情况则大不相同，面试官往往会花很长时间与你交流，并运用多种手段考察你的综合素质。这种面试，对于真正有实力的人是非常有利的，成功率比较高。因此，你应该坚持在学校面试，同时更应该把面试的重点放在校外。而且，我还给她提出建议，12月份是四大国有银行省分行组织统考招录员工的时间，你应抓住这个机会，因为四大国有银行招人是比较看重学生党员、学生干部和工作能力强的人，且其面试程序比较客观和规范，你在这方面的优势是比较大的。

与我交流后，她的困惑得到了消除，并听取了我的意见报考了省中行组织的统招考试，顺利被中国银行佛山分行所录用。

启示：中间型的同学，由于可凭自身的能力找到工作，这种类型往往被我们所忽略，会认为这种人找工作是一定没问题的。其实，这种人是应重点关注的，这主要是由于他们家庭条件比较困难，一份工作对其来讲是十分重要的，面对屡次面试失败的挫折，如果不及时地给予关注和指导，那么就会很容易产生心理危机，造成严重的后果。故对此类型的人，我们应重点关注，不可马虎了事。

（三）对于因人生目标缺失而导致学业退步的同学该如何进行个性化就业指导

案例：刘长亮同学是本系051814班的本科学生，所学的专业是国际经济与贸易，以专业总分第一名的成绩，成为暨南大学古典文献学专业的研究生，也成为我系考研成功的第一人。虽然刘长亮同学取得如此辉煌的成绩，但刚进入大学时，他也曾有过一段十分迷茫的时期。大一第二学期期末考试成绩出来的时候，刘长亮同学有两门功课不及格，而且有一门功课的考试成绩竟然是零分，而大一第一学期的时候，他的成绩还是比较优秀的，学期平均分排名是班里的第十二名。那么，究竟为什么会出现这样的情况呢？依据一向的工作习惯，新学期开学，我都会找有考试不及格的同学进行谈心，因此，大二第一学期一开学，我就找来了刘长亮同学进行谈话，希望能借此找出刘长亮学业退步的原因。经过详谈，终于弄清了刘长亮同学成绩退步的原因。原来，刘长亮同学当初是因为接受高中老师的意见而选报国际经济与贸易专业，而到了大学学习才发现这个专业并非自己兴趣之所在，自己的兴趣所在是古典文学，并有志于从事这方面的研究。此外，再加上到了大学后发现自己一下子失去了人生目标，也不知该如何确定新的目标，开始感到非常迷茫，不知该做什么，于是整天沉迷于网络游戏，荒废了学业。弄清了原因后，我运用励志心理学中"志商成功论"的观点，在学好现有专业的前提下，提议其通过考研来实现这样的理想，并指导其制定了大学生个人战略规划，制订考研的计划和复习的方案。经过制定个人战略规划后，刘长亮同学明确了自己的人生目标和努力方向，于是学习的潜能被充分地激发，经过两年多时间的认真准备，最终取得上述好成绩。

启示：考入大学后，大学生会普遍存在人生目标缺失的现象。依据存在主义的哲学观点，人失去信仰将会陷入虚无。人生目标作为人类信仰体系的一部分，假如丧失了，就会被虚无主义所困扰，对学业失去兴趣，沉迷于网络、拍拖或享乐。因此，网络对一部分高校的学生状况有这样的描述：大学等于猪圈，大学生等于猪，他们的生活内容就是吃、睡和玩。鉴于此，为了解决当前大学生人生目标缺失的问题，应引入励志心理学"志商成功论"的观点，对大学生开展个人战略规划的教育，使其认识到人生目标对一个人成才的重要性，以及知道该如何制定个人战略规划，并在个人战略规划的指引下，充分利用大学的宝贵学习时光，培养将来参加工作所必备的职业素质。尽管现在高校普遍推行大学生职业生涯教育，但由于其往往流于形式，并未能掌握个人战略规划的精髓而无法引起学生的兴趣。例如，我对国贸专业的学生进行就业指导时，由于外贸从业人员的三大核心职业能力是"外语能力、专业能力和社交沟通能力"，因此，我会引导学生有效运用个人战略规划的方法，构建起由"外语能力、专业能力和社交沟通能力"三大目标所组成的目标体系，有计划、有目的地研究和学习外语、国贸专业知识和人际关系学、沟通学的知识，并将这些知识转变成为能力，最终成为学生自身的核心竞争力。

（四）对于重点服务型的同学该如何进行个性化就业指导

案例：萧艳芬是本系2010届061814班国际经济与贸易专业的同学，其身高仅有一米零四，外表十分普通，父母均是普通的农民，没有什么家庭背景，能力方面也不太突出，是属于典型的重点服务型同学。在找工作过程中，仪表就是一种竞争力。如果从仪表的角度，萧艳芬同学是绝对没有任何竞争力的。对于这一位同学，学院的汤书记，学生处的万处长一直以来都十分关心，多次与这位同学见面，给予鼓励和指导。我接手该班的工作以后，针对这位同学的特点，主要从鼓励其搞好学业、增加自身的就业竞争力和调低工作期望值的角度来进行个性化指导。陈伟业书记来到我系后，十分关注萧艳芬同学的情况，多次对她进行就业指导，指出其实很多用人单位所看重的是个人的品质和做事的态度，而这正是你的优势所在，鼓励她应坚定信心，相信自己的实力，积极参加面试，调整就业目标，不要去面试竞争激烈的银行等热门单位，而选择一些相对冷门的中小企业，努力实现就业。开学以来，经过我系的推荐和多次面试，萧艳芬同学最终因做事认真踏实而被广州浚峰网络技术有限公司所录用，成为她们班上第四位实现就业的同学。

启示：如果你是一位有很多年工作经验的辅导员的话，那么都会发现这样一种现象，班里总有一部分这样的同学，"贫而不思进取"，他们不仅家庭条件不好，而且学业成绩往往是倒数的，不太注意个人职业素质的培养。对于这一类属于重点服务型的同学，不仅要扶贫，更要扶志，端正其学习态度，引导其珍惜大学的学习机会，好好提高自身的职业素质，以知识改变命运。

参 考 文 献

[1] 杰斐尔·亚瑟. 人格魅力 [M]. 北京：时事出版社，2005.
[2] 博恩·崔西. 目标 [M]. 北京：电子工业出版社，2005.
[3] 奥格·曼迪诺. 卓越人士的七种能力 [M]. 北京：中国华侨出版社，2005.

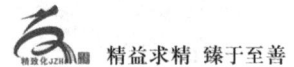 精益求精 臻于至善

国际教育学院推行精致化管理的实践探索

林 升[①]

摘 要：精致化工作理念是当前教育改革与发展的新理念。高校学生管理工作精致化的内涵是对科学管理和人文管理两种理念的优势整合，强调以人为本，注重教师和学生之间形成彼此合作、相互依赖的互动关系，因材施教，尊重学生个体差异性，营造和谐校园环境和氛围，培养兼具科学精神和人文精神的复合型人才。本文从对高校学生工作精致化管理的内涵探讨出发，根据广东金融学院国际教育学院学生管理工作中推行精致化管理的实践探索，探讨中外合作教育背景下学生精致化管理的新模式。

关键词：高校学生工作；精致化管理；中外合作办学

近年来，高校学生管理工作改革和创新的一个新的热点是精致化管理。在高等教育工作中引入精致化理念，创新学生管理工作方式已经成为高校学生思想政治教育的重要发展方向。与此同时，作为我国教育对外开放事业的组成部分，高等教育中外合作办学已经成为跨国高等教育在我国的主要形式。在以全球信息化为条件，以全球市场化为目标的经济全球化背景下，各种生产要素和资源实现了优化配置，推动了世界市场规模的扩大和生产力的大幅提高，促进了全球经济发展，进而推动了人们生活水平的改善和教育程度的提高，由此也推动了高等教育的国际化，加强了各国之间在教育资源方面的交流，迫使各国教育向国际市场开放，从而各国可以利用全球的教育市场来发展壮大本土的高等教育。[1]我国高等教育中外合作办学也在这种全球趋势下迅速发展起来，各高校纷纷开办中外合作项目，建立国际教育平台。由于中外教育理念的差异和特殊的学制，中外合作办学项目的学生管理工作必然存在其特殊性。本文尝试结合精致化管理理念，对如何在国际教育学院学生管理工作中推行精致化管理展开探讨。

一、高校学生工作"精致化管理"的内涵

精致化管理概念本身来源于管理学，最早起源于20世纪50年代的日本。作为

---

① 林升，男，硕士，讲师，广东金融学院国际教育学院辅导员。研究方向：市场营销、高校学生管理工作。

一种企业管理理念,日本企业提出精细化管理的概念,认为科学化管理有三个层次:规范化、精细化和个性化。精细化管理要求管理工作要做到制度化、标准化、程序化,强调执行力和绩效评估。[2]台湾学者将精细化管理理念引入教育领域,提出精致教育和精致管理的思想,他们认为,追求精致化的过程绩效是当代教育管理的目标之一。精致化是指品质管理与效率讲求的整合,即追求卓越、提升品质的"精致文化"。[3]精致化管理倡导"科学管理"与"人文管理"的融合,科学精神与人文精神的统一。[4]从这个角度来看,高校学生管理工作"精致化"的内涵正是融合科学管理和人文管理两种管理理念的优势,强调以人为本,注重教师和学生之间形成彼此合作、相互依赖的互动关系,因材施教,尊重学生个体差异性,营造和谐校园环境和氛围。

二、国际教育学院精致化管理的实践探索

从本质上看,国际教育学院学生与普通院系学生教育同属于本科教育范畴。但国际教育学院的中外合作办学学制和人才培养方案决定了其特殊性的存在,与普通院系学生有较大的差别。从学制而言,国际教育学院的中外合作办学项目实行"2+2"学制,即前两年在国内接受教育,后两年在国外合作大学完成学习;从人才培养方案而言,国际教育学院实行单独编制人才培养方案、独立编班、小班教学(30人)、双语授课。

在精致化管理理念的指导下,国际教育学院的学生管理工作有一些新的尝试,主要包括以下几个方面的实践探索。

(一)建章立制,凝聚共识,加强思想政治教育

精致化的核心思想是"为实现每个受教育者全面的发展",思想政治教育精致化注重教育资源的有效整合,多种手段的综合运用以及德智体美诸育的协调配合,既充分发挥思想政治教育在培育学生政治素质、完善人格和高尚品德方面的重要作用,又充分发挥专业教育在培育学生人文素养、科学精神和学术能力方面的重要作用。[4]国际教育学院因为中外合作办学的办学性质及教学模式的不同,其学生思想具备自身特点,同样学生思想政治教育和党建工作也有其自身特点和规律性。精致化注重科学管理、科学原则,强调制度化、规范化。因此,为提高思想政治工作的针对性和实效性,建立和完善各种规章制度就成为各项工作的起点。

例如:针对国际教育学院学生党建工作的特殊性,形成特色化的国际学院学生党建工作机制:坚持"以生为本,育德为先"为中心,构建国内外两个党建平台,建立集中培训、网络培训、一对一党群关系的三条渠道,完善推优入党制度、发展对象公示制度、支部考核评优制度,以及积极分子、预备党员、正式党员三级教育制度等四项制度。这个工作机制使得学生党建和思想政治工作呈现出良好态势,入党积极分子数量及党员数量不断上升,质量不断提高,结构趋于合理。学生党员队伍在国际学院的学生中已经形成了骨干的中坚力量,在国际学院的学风建设、团队精神,以及学生各项工作的方方面面发挥着先锋模范和骨干带头作用。

（二）以人为本，充分调动学生主观能动性，建立良好学风

精致化工作理念强调以人为本的人文精神，在学风建设方面，也必须体现人本管理模式中尊重人在管理过程中的主导地位的特点，在充分调研学生需求的基础上，全力调动教师的责任感和主动性，同时调动学生的主观能动性，尊重学生的个体差异性，按照"因材施教"的原则开展教育工作。

1. 建立灵活全面的学习评价机制，提高学生的学习主动性

现有的学习评价机制缺乏灵活性，较为片面、机械且单一，通常以最终的期末考试成绩为主，平时成绩为辅。这在很大程度上会使学生产生应付考试的短期学习行为，让学生滋生读书就是为了应付考试的心态，认为只需要考试前根据老师所划的重点进行突击，考试就能过关。在这样的学习评价机制的影响下，学生容易在学习上避实就虚，重结果轻过程，重分数轻学识，从而使得学生的学习主动性、整体学风日益下降。

为避免出现类似的问题，国际教育学院参考国外学习评价机制，提倡"全面考核"，即不仅要考核学生的学习结果，更要考核其学习过程；不仅要考核学生对知识的认知水平，更要考核其对具体问题的分析水平。有鉴于此，国际教育学院建立了以［课程论文+平时测验+出勤率（50%）］+［期末考试（50%）］为框架的考查模式，以此来检验学生的学习绩效。这个考查模式要求任课老师将课程考查的方式、时间和要求详细地写进课程大纲，并且在开学初就明确地告知每一位学生。这种考查方式在很大程度上实现了对学生学习过程的考核，并且充分调动了学生的学习主动性。

2. 健全管理模式，规范学生行为

在强调人文精神的同时，学风建设也离不开科学管理。课堂是抓学风建设的首要阵地，因此要构建学生出勤情况监控和保障体系，保证学生的出勤率，对于违纪甚至作弊的学生一律严肃处理。以辅导员和班主任为主体，建立学生上课签到制度和班级到课情况评比制度，学生的每一堂课必须要签到，任课老师进行监督统计。学生每次缺勤均需跟辅导员说明缺勤原因；对无故缺勤3次以上的学生，学院会发出警告信；对累计无故缺勤6次以上的学生，学院会联系家长，及时将学生在校表现告知学生家长，增进家长对学生的了解，寻求家长的支持，达到家长与学校共同教育学生的目的。

3. 加强与任课教师的信息沟通，提高教学反馈的效率

在学风建设的过程中，学生管理和教学扮演着两个重要的角色，协调好两者的工作关系，对教育教学、班级管理、学风建设都大有裨益。通过与授课教师的定期联系了解课堂教学情况；而授课教师同时也可以对学生管理工作提出相应的意见和要求。此外，在调研中所归纳出来的学生对课堂教学的意见也可以通过我们向授课教师反馈，从而达到改善教学，加强师生沟通，提高学生积极性的目的。

4. 鼓励学生参与科研学术活动，组建学习型社团，打造多方位学习平台

围绕"培植精品、培养精英、国际通行、全面活跃"的工作目标，国际教育

学院提出了"努力为学生搭建良好学习平台"的工作方向，努力做到把社团建设成广大同学培养兴趣爱好、陶冶思想情操、展示智慧才华的广阔舞台和第二课堂。国际教育学院以任课教师为核心组织成立了会计研究社团（Accounting Research Group，ARG），邀请两位教师担任 ARG 指导老师。两位教师均是会计学专业教师，均拥有海外留学背景和 ACCA（英国注册会计师）资格，均为在读博士。指导老师通过小组座谈和 QQ、微信等网络通信工具与学生保持联络，同时在社团成员中挑选优秀学生参与她们的研究项目，从建立基本的研究框架到数据整理方法等方面去引导学生接触一些科研的基础工作，增强学生对自己专业的了解和兴趣。此外，金融研究社团（Finance Research Group，FRG）也在筹建当中。通过这类充分结合学院专业特点和特色资源的学生社团，拓展学生的第二课堂教育，力图把这类学习型社团打造成集学习兴趣小组、实践学习探索与网络学习交流为一体的多方位学习平台。

5. 引进国外合作大学资源，拓宽学生国际学术视野

树立良好学风和构建浓厚的国际性学术氛围是我院学生管理工作的重要工作目标，除了常规的学风建设工作之外，我们也充分利用国外合作大学的资源与平台，定期邀请国外专家举行讲座。在过去的一年中，我院邀请国外合作大学的教授和专家来我校进行了 12 次专题讲座，提高了学生的学术水平，拓宽了学生的国际视野，进一步调动了学生学习的积极性和主动性。

（三）注重细节管理，推行"导师制"，增强服务意识

师生关系是人际关系在教育领域中最基本、最重要的反映，它是教师和学生在教育活动中结成的相互关系。[5]精致化工作理念强调在师生之间形成彼此合作、相互依赖的互动关系，注重师生人格的平等对待。为构建和谐师生关系，国际教育学院积极推行"导师关怀计划"，31 位学生分成 6 组，每组由国际学院包括院长和书记在内的老师担任导师的角色。导师通过面谈、小组定期活动、电话联系和网络等方式与学生保持联系，了解他们的校园学习和生活状况，给予他们帮助和支持。

国际教育学院尝试把"导师关怀计划"打造成维系学生与学校的重要网络，导师作为学校的代表，连接学生和学校，建立亲密的师生关系。同时，导师也需要向学生分享生活和学术经验，培养和推动学生的个人成长，学生由此也可获得导师的关怀和指导，加快国际学院学生对国际式教育模式的适应。

三、结语

精致化是当代教育改革的重要发展方向，是教育改革与发展的新理念。国际高等教育界当前的一个普遍共识是"以能力为导向，以学生为中心"，许多国家开始将"培养科学精神与人文精神结合起来"，在教育发展观上更加强调规模、质量、结构、效益协调发展，更加注重质量和效益。精致化教育理念则提倡融汇科学管理和人本管理的优势，形成一种以文化为特征的教育管理理念与模式，注重过程与细节精致化，强调以学生为主体构建和谐互动的师生关系，以此来培育兼具科学精神

和人文素养的复合型人才。在这个角度上,精致化理念与国际高等教育发展趋势和必然要求是高度契合的。

国际教育学院响应学校号召,坚持"以生为本、立德树人"的工作宗旨,以"精致化"的工作理念为指导,在学生管理各方面做了一些有益的尝试,到目前为止,取得了一定的工作成效。国际教育学院将结合学校精致化工作的开展,进一步梳理各项学生管理规章制度,不断探索和创新,提高学生管理工作的精致化水平。

参 考 文 献

[1] 林金辉,刘志平. 高等教育中外合作办学研究 [M]. 广州:广东高等教育出版社,2010.
[2] 刘洁纯,张莹,蒋佩雯. 深刻理解"精致化"要求 推动学生工作持续发展 [J]. 北京教育,2010 (4):7 - 9.
[3] 王铁军. 精致化:学校管理的新理念、新策 [J]. 教育发展研究,2007 (12B):14 - 17.
[4] 张彦. 以"精致化"要求推进大学生思想政治教育新发展 [J]. 思想教育研究,2010 (4):24 - 27.
[5] 吴钟熙. 新时期高校学生管理模式中推行精致化管理的探讨 [J]. 企业家天地,2010 (11):162 - 163.

以"精致化"教育管理理念引领高校学生党建工作

范斯义[①]

摘　要：如何更好地发挥党组织在基础工作中的作用，进一步落实高校学生党建工作，充分调动学生党员参与学生管理的积极性已经成为新时期高校党建的重要任务。本文在对高校基层党建情况经验总结的基础上，详细探讨了高校在"精致化"教育理念下的学生党建工作的内涵、必要性和具体措施。

关键词：精致化；高校；学生党建

中共中央国务院《关于进一步加强和改进大学生思想政治教育的意见》（中发〔2004〕16号文件）明确指出：学生班级是大学生的基本组织形式，是学生进行自我教育、自我管理、自我服务的主要组织载体，是我们实施思想政治教育工作的主阵地。党的十八大提出"全面提高党的建设科学化水平"，明确了新时期党建的总体要求。因此高等院校的各项工作要"精心""精细""精巧"地开展，特别是学生党建工作，积极探索并创新班级建设与管理新模式，激发并利用好班级"党小组、团支部和班委会"三个组织的活力，树立良好的班风与学风，对于高校加强和改进大学生思想政治教育、做好人才培养工作、提高教育教学质量具有重要的理论与现实意义。

一、"精致化"教育管理理念的内涵

高校教育管理中的"精致化"指的是在工作内容上体现针对性，在工作设计上体现科学性，在工作方法上体现艺术性，依靠以人为本的管理和服务，注重科学精神和人文精神，根据学生特点和培养目标，激发每一位学生的内在潜力、意志力和创造力，信任学生、鼓励学生，除教师引导外，更要培养学生自我教育和自我发展的主体能力，从而具备可持续的竞争优势。因此，"精致化"理念的本质即以学

[①] 范斯义，男，教育学硕士，助理研究员，广东金融学院劳动经济与人力资源管理系辅导员。研究方向：高校学生思想政治教育工作与研究。

生成长为核心，以学生发展为根本，通过管理和服务过程与方法的精心、精细、精巧来培养高素质人才，其理念高度契合现代教育的要求。该本质也正体现了"精细化"与"精致化"的区别，即"精细化"多用于形容"事物"，"精致化"则关注有生命的"人"，涉及人的思想、心态和品格等，具有更多人文情感。

通过这些来激发学生管理人员工作"精致化"的内在动力，努力把"精致化"理念落实到学生党建工作的实践层面，切实改进和创新高校学生党建工作，完善各项工作制度，夯实学生工作基础，着力提升学生党建工作水平，全面促进学生成长成才。切实把"精致化"贯穿于高校学生党建工作的每一个环节，锲而不舍地促进全体学生全面发展，以"精致化"的思维探寻符合现实需要的高校学生党建工作机制和模式。"精致化"则要求学生党建工作必须在科学、宏观的顶层设计的基础上，高屋建瓴地从微观层面进行具体的业务设计和方法选择，深层次地关注学生思想、文化和修养，有意识、有目的地全方位打造高素质人才，精确地解决高等教育长期面临的矛盾和难题，在工作转型和建设中体现"精致化"理念，为实现人才培养目标服务。因此，"精致化"学生党建工作理念的理论创新不仅仅是局部的、独立的、零散的，而是系统的、长效的、稳定的、宏观整体的工作机制和模式，是现代高校学生党建理论发展的必然。

二、以精细化管理提升学生党建工作水平

学生党建工作按照"以精细化管理提升学生党建工作水平"的工作思路，要以"党员全程化教育"与"党建制度化建设"为工作重点，全面推进学生党建各项工作"做精、做细和做实"。

在"党员全程化教育"方面，依托班级三元化管理，践行"精致化"学生党建工作。在传统的高校党建工作中，党员常常被认为是个体，作用常常以个人的行为践行党员的职责，而各级党组织的整体作用常常被分解为个人，这就使得党组织的整体效能被分解。那么如何构建党组织效能呢？特别是基础（班级）党小组的效能，在这一点上可以开展学生党建进班级，形成以党小组、团支部、班委会三者通力协作的团结协作的班级管理力量，形成班级三元化管理模式。

在传统的班级内，团支部、班委会的二元管理已经深入人心，作为另一员的"党小组"要融入班级内部，无论从组织架构，还是工作内容明确性上都需要班上同学的认可，都离不开党员自身的带头模范作用，离不开强有力的氛围的作用与影响。党小组小组长应该将党支部的活动与同学的生活所需相结合，和其他班委共同建设班级。目前在我系各班实施的班级组织形式如图1所示。

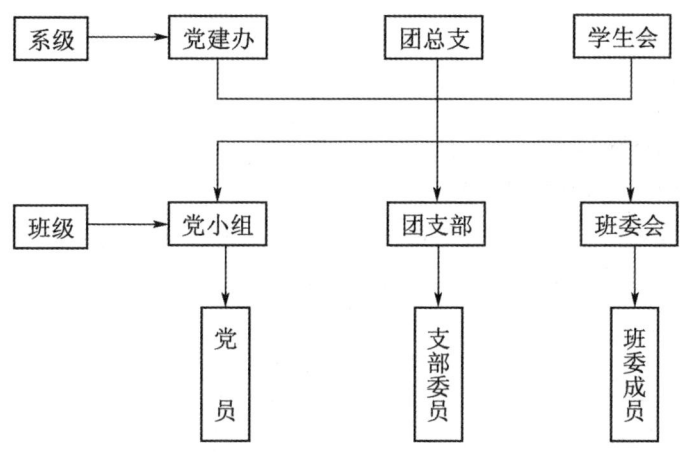

图 1　班级组织形式

目前在"精致化"理念指导下班级"三元化管理"进一步丰富和完善，促进了党员更好地发挥先锋模范作用、增强了班级党小组的战斗力和凝聚力，有利于加强学生党员的自我教育与管理。在班级管理方面，各班在继承发展原有特色项目的基础上，开展了毕业班党员帮扶活动，即通过一名党员帮扶、监督多名学生的活动，促使毕业班的学生尽快找好自己的定位，党员将跟进他们的就业、考研、考公务员的情况，做好就业工作。发挥党员的先进性和积极性，起好模范带头作用，使同学们信赖、依靠党员。

可见，班级实施"三元化管理"，一方面符合管理学中层级对应原则，另一方面也能够赋予班级党员明确的"角色定位"。"三元化管理"中，对于团支部、班委会的工作职能基本不变，班级党小组的工作职能在这里明确如下：

（1）定期开展组织生活会。可由党员事前进行群众意见调查，针对同学感兴趣的话题或能够有实质性建议的活动，组织班上同学共同参与。

（2）积极采纳群众意见。班上同学对党员或党支部的要求及建议应该及时整理成文，落实成策。特别是对于党员同志的要求更应该牢记于心，并组织党员进行批评与自我批评，不断改进。

（3）吸纳优秀人才，发展壮大党员队伍。对于班上表现优异且有入党意愿的同学，小组长可组织党员对其进行全方位观察，积极引导；在入党推优之前和之后都要对推优对象进行谈话，从而使班级党建工作做实做细。

（4）辅助其他班委工作。党员的义务是服务于人民，而非管理同学。作为班委的一分子，小组长应积极配合其他班委的工作，调动党员参与各项工作的积极性，并且将各项工作引向更有意义的方向上，杜绝形式主义。

（5）多形式组织交流活动。可通过沟通或游戏的形式开展舍间联谊，加强班上同学的联系，关注舍间问题，与心理委员共同处理好同学关系，建立党员示范岗；或以素质拓展形式开展班级联谊，促进专业间交流，以开拓同学视野为目标；

或以年级交流形式,模拟面试等多元化活动引导同学向不同年级学习,明确自身目标,早日实现自身价值。

(6)回馈社会小活动。通过组织班上同学参与义工或社会实践活动,以大学生的绵薄之力回馈于社会,加强同学的社会责任感。

班级党小组、团支部和班委会的协调运行。

(1)形成班长—团支书—党小组长三人协商的互助局面,由班长主管班上事务,团支书组织团员活动,小组长以党辅班。

(2)以班级为单位划分党小组,若班上已有学生党员,由党员中民主选举一名担任小组长职务。与班团干部的届满时间相同。

(3)若班上党员未超过3人,则建立党小组临时委员会;在没有学生党员的班级中,暂不设立党小组长职务,由协助考核党小组长的团支书代理。

班级实施"三元化管理"是践行高校党建工作精致化管理的重要实践内容,其目的在于促进班级党小组影响力的发挥,党支部—团总支—学生会三方交流的完善程度,依赖于广大学子的信任与肯定。要做好"三元化管理"必须贯彻服务同学、实用为上的理念,对党支部的进一步发展提出更高的要求。这是对传统二元化管理的创新,要求党建成员首先应打破原先二元化管理的假设和思维方式,再通过行动落实,逐步改变党支部,乃至广大师生之间的二元化思维,使高校党建工作真正细化,落实到实处。

参 考 文 献

[1] 王秀明. 精益求精 臻于至善——对"精致化"学生工作理念的思考 [N]. 光明日报,2014-03-16.

[2] 陈玲. 新时期高校党团建设工作的思考与分析 [J]. 科学教育,2007(1):44-45.

[3] 刘川. 把"党支部建到班上"的实践与思考 [J]. 中共四川省委省级机关党校学报,2004(1):73-75.

[4] 刘炯燎. 关于建立班级党支部目标管理的研究 [J]. 学校党建与思想政治教育,2004(12):55-58.

论"精致化"就业指导体系的建立

——以法学专业为例

肖婉娴[①]

摘　要：精致化管理是一种先进的管理工作理念，其理念的本质是以人为本。大学生就业难是社会普遍关注的问题，其中除了大学生自身的原因外，还有学校在制定人才培养方案和对学生进行就业指导中存在的问题。因此，构建"精致化"的就业指导体系，是解决目前大学生就业困境的迫切要求。具体而言，就是要结合人才培养计划，以全面提升学生的就业竞争力为目标，建立全程化、个性化、全员化、市场化和网络化的就业指导新模式。

关键词：精致化；大学生；就业指导；新模式

精致化管理源于20世纪50年代的日本，是社会分工的精致化、服务质量的精致化对现代化管理的必然要求。"精致化"理念的本质是以人为本，把"精致化"理念运用在学生管理工作中，就是以学生成长为核心，以学生发展为根本，依靠科学和以人为本的管理和服务，根据学生特点和培养目标，激发每一位学生的内在潜力、意志力和创造力，信任学生、鼓励学生，除教师引导外，更要培养学生自我教育和自我发展的主体能力，从而具备可持续的竞争优势。

一、目前大学生就业存在的问题

1. 大学生缺乏自我把握能力

"90后"的大学生，他们一方面有较强的自我意识，对社会和未来有美好的憧憬，注重实现自己的人生价值；但另一方面，他们的性格和心理还不成熟，分析判断能力不够，缺乏艰苦奋斗的心理准备，在未来就业目标定位"重城市，轻农村"的观念仍未改变，他们宁愿在大城市漂荡，也不愿意下基层谋职，造成就业市场

[①] 肖婉娴，女，硕士，助理研究员，广东金融学院法律系辅导员。研究方向：大学生就业指导、大学生心理健康教育研究。

"有事没人干，有人没事干"的奇怪现象。

2. 大学教育与社会需求相脱节

当代社会信息瞬间万变，大学教育传授的知识跟不上时代的步伐，甚至有部分专业在设置时没有充分的社会调查论证的过程，造成学生专业对口就业难度加大。在学校学习过程中，学生的社会实践机会比较少，动手能力得不到锻炼，高分低能的现象未能从根本上得到改善。

3. 就业指导方式简单

系部过分依赖就业部门的各种通知和指示办事，被动地处理行政指令，专业性和针对性的就业指导活动不多，难以满足学生的实际需要和解决学生的实际困难。

因此，构建"精致化"的就业指导体系，是解决目前大学生就业困境的迫切要求。具体而言，就是要结合人才培养计划，以全面提升学生的就业竞争力为目标，建立全程化、个性化、全员化、市场化和网络化的就业指导新模式。

二、构建"精致化"的就业指导体系

（一）全程化的就业指导

就业指导并不仅仅是选择职业的辅导，而应该是一种贯穿于大学生在校学习全过程的指导，具体而言，是分年级建立有计划的、系统的、全程化的就业指导规划。

以法学专业学生为例，大学一年级重点进行启蒙教育，学生刚迈入大学校园，对专业发展前景不了解，未来职业发展很迷茫。这阶段就业指导工作应侧重学习专业基础知识，了解专业现状、前景，激发专业学习兴趣，帮助大学生稳定专业思想，树立正确的理想职业目标，合理规划大学四年的学习生涯。可开展如新生专业教育、法学经典名著读书会、法学类职业人物访谈等，进行职业生涯的初步设计，明确新生要具备的职业素质。

大学二年级是职业生涯的规划与调整阶段，这阶段以强化学生专业知识学习为基础，评估学生的个性特征和职业发展倾向，培养学生的就业兴趣爱好，规划自己未来的职业生涯。可开展一些专业性较强的活动，如4.26知识产权日、12.4法制教育日等大众参与的活动，更好地激发学生对法学专业的兴趣。

大学三年级重点培养学生的综合素质，加强学生的竞争意识，鼓励学生积极参加专业知识竞赛、法律技能大赛和专业实习等，扎实专业技能；指导学生积极报考司法考试、会计从业资格、银行从业资格等各类考试，并取得相应证书。针对有升学、创业倾向的同学，可开展相应的个性化指导。

大学四年级学生面临毕业，在这一阶段要全面推进就业辅导，对每一个学生根据其特点（个人兴趣、学业成绩、专业技能、就业地域、家庭资源、就业能力等）进行个性化指导，重点是就业制度政策的解析和求职技巧方面的指导，同时对在面试中受挫的学生进行心理辅导，帮助学生成功就业。

全程化就业指导过程如图1所示。

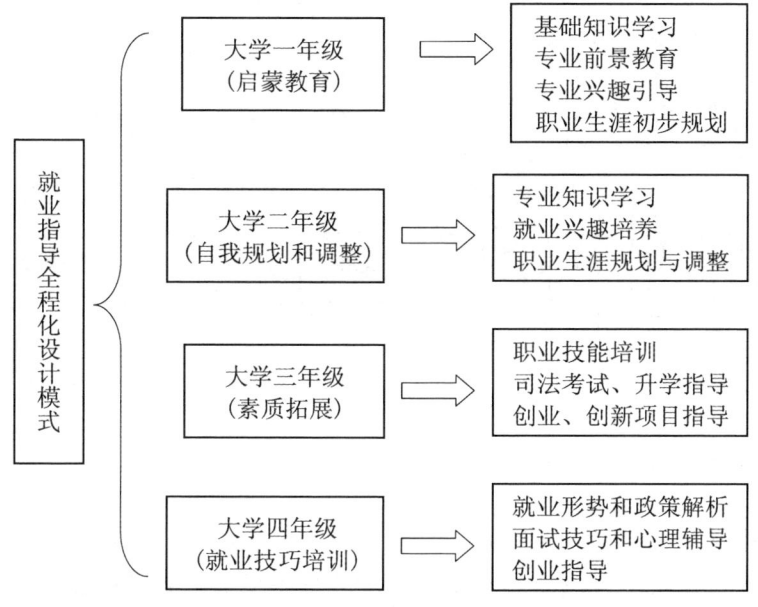

图1 全程化就业指导设计示意图

（二）个性化的就业指导

"90后"大学生表现出的特质：张扬自我个性，但依赖性比较强；追求思想独立，但抗挫折能力低；注重务实的价值观，但缺乏明确的职业规划。因此，就业指导要针对当代学生的特点，进行个性化指导。具体而言，通过个性化测评软件，全面测量大学生的心理和行为特征、优势特长、职业兴趣，把握他们的家庭环境、教育经历、社会资本等信息，为大学生明确自我特征，据此对他们进行个性化咨询，并引导他们形成和发展职业个性。

以法学专业学生为例，在个性化教育方面，把学生分为择业型、升学型、创业型，并对不同类型的学生进行分类指导。对择业型学生，可指导其参加司法考试，使其具备专业对口就业优势，可考虑从事律师、法官、法律顾问等；推荐学生去律师事务所、法院、检察院、仲裁委员会等专业性强的单位实习，以增强学生的专业实践能力；特别针对考公务员的同学，组织行政能力测试和申论的答题技巧学习，模拟面试；针对银行网申同学，组织培训学习相关金融知识和职业技能大赛。对升学型学生，要求其积极申报课题发表学术论文，激励其选择升学，指导其如何安排复习计划、如何填报志愿、怎样调剂，以及出国留学程序、留学考试信息、如何获取奖学金等。对创业型学生，开展大学生创业政策解读、创业项目方案设计、创业应注意的若干事项等内容的就业指导。如图2所示。

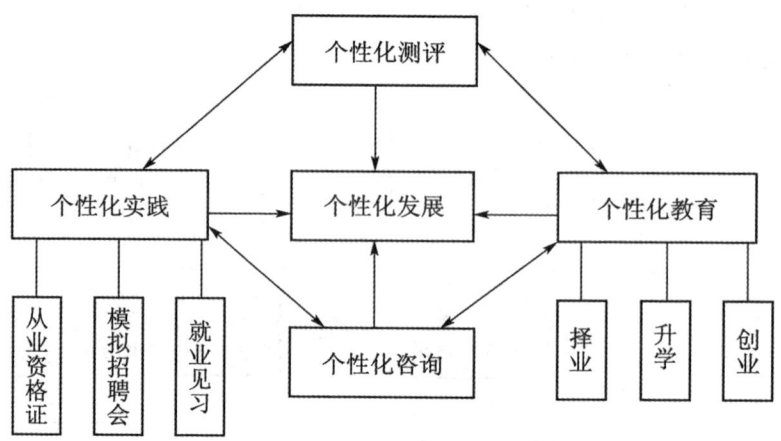

图 2　个性化就业指导设计示意图

（三）全员化的就业指导

全员化的就业指导指的是开展就业指导要成立就业指导团队，在主管领导的带领下，主管就业的辅导员、班主任、专业老师，就业指导课程老师全员参与，为学生提供系统、科学、专业的指导服务。就业指导不仅仅是上就业指导课或搞几场就业讲座，它应该是一个潜移默化的过程，渗透在我们的专业兴趣引导、专业活动开展、社会实践等方面，因此，我们的就业指导团队不能仅仅是书记和管就业工作的辅导员，更应包括专业教师、就业指导课程老师等，给大学生们做的不仅仅是就业时候面试技巧的指导，更应是个人综合素质的培养和职业生涯的整体规划。如图 3 所示。

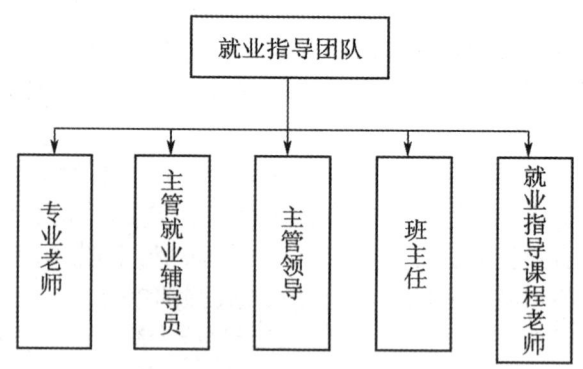

图 3　全员化就业指导设计示意图

（四）市场化的就业指导

市场化的就业指导指的是根据劳动力市场需求和发展态势科学合理设置专业，运用多样化的教学方式培养和提高学生的就业竞争力。因此，我们要为学生和用人单位搭建交流平台，开发更多的校外实习基地，或定期邀请用人单位管理人员来校做讲座，让学生在实践中了解用人单位的需求和要求，树立职业意识和责任感，明确自身能力培养和职业发展目标。通过实习，一方面大学生得到了理论联系实际的机会，更好地激发学生培养就业能力的积极性；另一方面，用人单位通过实习，对学生各方面能力有了深入的了解，可以更好地挑选人才，节约招聘成本。毕业生就业质量跟踪调查要常规化，定期走访毕业生和就业单位，了解毕业生的工作情况和征集用人单位的反馈意见，以此作为调整我们人才培养方案的依据，不断提升学生的就业竞争力，更能有效地挖掘就业资源，有利于推荐毕业生到合适的用人单位工作。如图4所示。

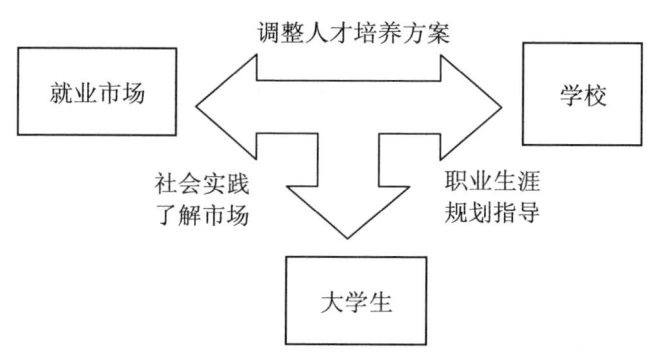

图4 市场化就业指导设计示意图

（五）网络化的就业指导

就业信息在学生就业过程中发挥着重要的作用，健全的就业服务平台能够有效地促进大学生的就业工作。而随着信息技术特别是互联网技术的普及应用，将信息手段运用到高校毕业生就业工作已成为推动高校毕业生就业工作管理创新的重要手段。网络化的就业指导平台能够更加及时地传递就业和指导服务，是现代大学生更乐于接受的便捷就业服务方式。建立健全的网络化服务平台，完善相关的服务功能，丰富就业网络服务平台服务的内容，将有效提升高校就业指导的服务水平。我们要利用招生就业处的就业网站、毕业生Q群、飞信群、微信群等网络平台，及时给学生发布就业信息，分析就业政策，提供就业咨询服务，解决学生信息不对称的问题。

参 考 文 献

[1] 林玲玲，武雪周. "90后"高职大学生思想政治教育精致化管理的思考 [J]. 北京财贸职业学院学报，2010（3）：47-50.

[2] 谢亚平. 大学生思想政治工作精致化模式的构建 [J]. 湖南科技学院学报，2012（3）：113-114.

[3] 曹乐平. 国外高校大学生就业指导基本经验及启示 [J]. 江西青年职业学院学报，2013

(4): 49 – 54.

[4] 向巍. 对大学生就业创业教育引导的思考 [J]. 重庆交通大学学报（社科版），2013（2）: 110 – 113.

[5] 王秀芝，罗嘉珂. 殴美高校提升大学生就业力：模式、措施及启示 [J]. 现代教育管理，2013（5）: 120 – 124.

高校学生工作以人为本的精致化理念探析

吴 雨[①]

摘 要：高校学生管理工作是一项任重而道远的工作，需要与时俱进更新管理的规则规范，特别是体现以人为本的教育理念。把以人为本的精致化理念落实到管理工作中，特别强调学生作为工作重点，学生工作者作为服务者服务于学生，协助学生向全面发展方向发展，对现代教育具有一定的积极意义。

关键词：以人为本；学生；学生管理工作

在科学发展观等伟大思想的指导下，现代教育改革不断深得人心，以人为本的精致化理念将取代传统的教育管理模式，走上真正育人育才之路。

一、以人为本的精致化理念内涵

精致化管理是以以人为本为中心的管理模式，突出对人的主体地位和作用的关注与重视，尊重人、关心人，以服务的精神正确引导人、发展人，充分发挥人的各项能力，促进人向全面发展方向发展，最终实现人的个人价值与社会价值。人是教育的对象，以人为本的教育是教育理念的最终目的。根据教育的对象与性质，高校学生管理工作必须把以人为本作为主线来贯彻实施，使之真正做到精致化管理。整个管理工作都是围绕着学生来进行的，把学生放在中心的位置，在思想政治、心理、道德等方面进行正确引导、指导，激发学生的积极性与创造性，使之成为德智体美全面发展的优秀学生。尤其，学生工作者要明确学生的定位，不能纯粹地把他们当作教育对象，更应将其视为服务人群，从多方面服务于学生，包括服务于学生的学习，服务于学生的生活。从多角度全面地关注与发展，才能使其在成长的道路上健康发展。

二、以人为本的精致化理念对高校学生工作的重要性

（一）学生管理现实工作中存在的缺陷

在当前的高校学生工作管理中，由于以人为本的精致化管理宣传力度不够，学

[①] 吴雨，男，硕士，助理研究员，广东金融学院财经传媒系辅导员。研究方向：思想政治教育。

生工作者没有形成很强的人文主义意识，精致化管理模式未能完全形成，在现实管理工作中存在着众多的问题，具体表现如下：

1. 对学生心理、道德教育的缺失

在经济高速发展的今天，人们过分追求经济效益，更加注重科学文化教育带来的价值，而忽视了思想道德教育的重要性，导致学生的科学文化素质与思想道德素质两者发展不平衡，背离了向全面发展的基本原则。而在教育领域，科学文化教育、心理教育以及道德教育的地位是同等重要的，如果不能正确协调好这三者之间的关系，将导致严重的后果。比如在现实的学校生活中，有的学生由于在学习、生活上遇到各种困难，心理调整能力差，不能及时地处理好问题，导致轻生、杀人等悲剧的发生，值得人们深思。可见，心理教育、道德教育工作仍然任重而道远，以人为本的学生管理工作，需要更加关注学生的心理、道德教育工作，学生工作者应该多关心学生、尊重学生，为学生身心健康发展给予更大的帮助。

2. 实现个人价值与实现社会价值的矛盾

教育的任务归根结底就是培养人，对受教育者的身心发展施加影响，使之朝其目标方向变化。而当今的社会发展亟须人才，学校通过培养人才造益社会，实现其社会价值，这往往容易忽视了个人价值的存在。我们要知道，个人价值是社会价值实现的前提条件，社会价值是个人价值实现的重要保障。社会价值的体现是通过个人价值的发挥来实现的，如果没有注重个人价值的必要性，反而不利于社会价值的形成。所以，高校的生存发展需要凭借学生潜在的才华充分发挥，学生的才华需要利用学校提供的资源，从实现学生的个人价值出发，明确自身的目标，并为之不懈努力，才能将个人价值在学校中、社会中实现，体现社会价值，实现共赢。

3. 管理模式、制度发展的滞后性

以人为本的精致化管理模式就是突出把学生作为主体，但是现实的管理模式中，学生工作者往往起着主导作用，对学生带有命令性、强制性的辅导，与以人为本要求的服务型工作者相违背，甚至疏离了师生之间的关系。尤其在网络化的时代背景下，人与人之间的交流减少了，师生之间原有的交流手段不再适应时代的发展，需要创新交流方式、手段，才能与时俱进，及时地了解学生的学习、生活动态，随时为学生提供服务。传统的管理模式主要是针对学生的科学文化教育。而心理的辅导，对学生情感的关注与关心，是体现以人为本管理理念的重要途径，所以贯彻以人为本的精致化理念，需要培养全面发展的优秀学生，不能仅靠科学文化知识的传播，还要从情感方面深入了解、沟通交流，才能真正体现人文关怀。

（二）以人为本理念是学生管理工作发展的本质要求

学生管理工作的重点是培养学生、发展学生，这就决定了学生的成人成才要求贯彻以人为本理念，以人为本的精致化理念是学生管理工作发展的本质要求。

1. 教育的最终目标

教育的主体、对象是人，教育的根本任务是培养人，从思想政治等方面培养人，使其树立正确的世界观、人生观、价值观，努力学习科学文化知识，提高自身的各项技能，实现个人价值，最终服务于社会，创造社会价值。应用以人为本的精致化理念与教育的本质相符合，将以人为本的精致化管理模式嵌套于学生管理工作中，使得学生工作者更好地服务于学生，将学生的成人、成才置于重中之重，达到教育的最终目的。

2. 学生管理工作的核心内容

因为学生管理工作的主要内容就是管理学生的学习、生活以及未来工作的规划，对学生的身心健康发展进行指导，保护学生的安全以及协助学生成人、成才的工作。这整个工作的过程都是围绕学生来开展的，学生就是学生管理工作的核心内容，以人为本的精致化理念就是将学生这个核心内容进一步升华，落实科学发展观指导思想的具体措施。作为学生工作者要认识到，学生管理工作不单单只是管理工作，而应该是一种以服务的精神协助学生，为学生的发展创造条件、提供可能的工作，这才是管理工作的最终目的。在管理的过程中，要充分尊重学生，多与学生沟通，多听取学生的意见和建议，与学生平等相处，充分调动学生的积极性、主动性、创造性。把以人为本理念贯穿到管理工作中，体现学生管理的真正内涵，真正落实其核心内容。

3. 促进学生全面发展与个性发展的根本动力

高校学生工作就是要完成培养德智体美全面发展的优秀学生，促使其塑造完美的人格。其中，对学生心理、道德等方面的教育是教学实践工作所无法全面进行的，只有将以人为本的理念施行于管理工作中，学生工作者才能突出其工作中心，将学生的全面发展放在首位进行培养。但是，每个学生都是一个独立的个体，由于心智、专业等各方面的差异，每个人在精神上、物质上的需求是有所区别的，学生工作者要准确把握个体的心理特征与实际情况，因人而异、因材施教，重视学生的个性发展，重点发展学生的特长，激发其创造性。通过在以人为本的精致化理念的指导下，学生工作者将准确把握整体与部分的关系，将二者结合发展，促进学生的全面发展与个性发展。

三、贯彻以人为本的精致化学生管理工作

以人为本的精致化理念是高校学生工作的指导思想，我们要将其真正落实到实际工作中，具体的措施如下。

（一）形成以学生为中心的管理模式

以人为本的精致化理念要求学生管理工作应该重点强调学生的主体地位，把学生置于整个管理模式的中心。学生工作者不仅要把学生的教育工作做好，还应该在学生的辅导、服务等方面多下功夫。尊重学生、关心学生、指导学生、服务学生，为学生的成长提供必要的支持，促使其朝着全面发展方向发展，塑造完美的人格。学生工作者要在管理模式中增添新的手段与方式，加强与学生的沟通与交流，了解学生的发展动态，将整个管理过程都围绕着学生来持续进行。管理模式不代表学生工作者对学生的管理只是管理，在与学生的交流中，应该是以一个服务者的身份去

服务学生、帮助学生、辅导学生，真正体现以人为本。

（二）建立强大的学生管理队伍，正确引导学生

高校学生管理工作需要学生工作者来负责执行，这就需要学校建立一支强大的学生管理队伍。而作为学生工作者，对学生具有示范与教育的作用，学生工作者的言语行为都会影响着学生的发展，对他们性格、思想以及世界观、人生观、价值观的形成都会造成一定的影响，所以，加强学生工作者的思想道德教育，提高学生工作者的个人素质具有积极的意义。通过学生工作者的以身作则，才能更好地教育学生。学生工作者还要不断地丰富自身的知识，了解现当代学生的知识层次与思维层次，顺应时代的发展及时更新自身的积累，适应学生发展的要求，对学生进行正确的引导、指导，实现以人为本的教育。这就需要学校统一规划、安排对学生工作者的培训、管理，建立相应的规章制度，明确学生工作者的工作任务与职责，提高责任感。

（三）完善各项学生工作管理制度，体现师生平等

规章制度是工作顺利完成的重要保障，这就需要及时更新完善规章制度的内容，才能保证日常管理工作按照规定正常执行。随着改革开放深入，人们的思想观念不断改进，要求民主、平等的思想逐渐流入校园，科学发展观等伟大指导思想也要求我们要以人为本，要与时俱进更新规章制度，还要将新兴的以人为本的精致化管理理念体现在制度中，突出师生平等的思想。把理念加入制度中，使得学生工作者的工作更加规范，人们执行工作时更加谨慎，把人文关怀真正落到实处，促进教育工作更好发展。

参 考 文 献

[1] 薛天祥. 高等教育学 [M]. 桂林：广西师范大学出版社，2001.
[2] 秦惠民，吕伟东. 创新高校学生管理势在必行——教育部学生司有关部门负责人访谈 [Z].
[3] 戴润丁. 论人本原理在高校管理中的应用 [J]. 湖湘论坛，2002 (3)：23 - 24.
[4] 李明. 浅谈校园文化在思想政治工作中的作用 [J]. 思想政治教育，2001 (4)：11 - 12.
[5] 姜忠华，范源媛. 高校学生工作应确立人本思想 [J]. 中国科技信息，2006 (2)：206 - 207.

高校学生工作以人为本的精致化理念探析

孔雪英①

摘　要：以人为本的精致化理念是高等教育发展和改革进入新阶段后，学生工作必须引入的新理念。这一理念融合了人文化、科学化和艺术化三种管理模式，要求以培养高素质人才为根本目标，在管理过程中以学生为本，体现人本主义，同时注重工作设计的科学性和工作方法的艺术性。要贯彻实施这一理念，需要建立有坚定理念的学生工作队伍；构建以人为本的精致化学生工作机制；利用信息手段，建立技术保障机制。

关键词：以人为本；精致化；学生工作；理念

党的十八大报告提出了"推动高等教育内涵式"发展的目标，十八届三中全会通过了《中共中央关于全面深化改革若干重大问题的决定》，其中对高等教育的改革做了具体的部署，也吹响了新一轮高等教育大改革的号角。为落实中央的决定，国务院在 2014 年做出"关于加快现代职业教育的决定"，全面部署职业教育改革，这标志着新一轮高等教育改革的大幕正式拉开。高等教育的核心是培养高素质的人才，学生工作是人才培养的核心环节之一，因此高等教育的改革中必然包含学生工作的改革。本文旨在高等教育改革的背景下，探讨新的学生工作理念——以人为本的精致化理念的内涵、意义，以及提出实施该理念的若干建议。

一、以人为本精致化理念的内涵

对于以人为本的精致化理念，广东金融学院党委副书记、纪委书记王秀明做了非常好的概括："其'精致化'指的是在工作内容上体现针对性，在工作设计上体现科学性，在工作方法上体现艺术性，在工作绩效上体现卓越性。通过统合科学精神和人文精神，依靠以人为本的管理和服务，根据学生特点和培养目标，信任学生、鼓励学生，激发每一位学生充分发挥内在潜力、意志力和创造力，培养学生自我教育和自我发展的主体性能力，使学生成为和谐发展的人。因此，'精致化'理念的本质：一在于过程的'精'，即精心（尽心尽力）、精细（注重细节）、精巧（注重方法）；二在于目标和结果的'致'，即达到'极致'，也就是追求卓越，

---

① 孔雪英，女，硕士，助理研究员，广东金融学院财经传媒系辅导员。研究方向：中国古代文学。

'化'就是师生的互动，是从'精'到'致'的过程；精致化的根本要求是以人为本，即'以学生为本'，其目标是把学生培养成为卓越的人，途径是人文化、科学化、艺术化的教育、管理、指导和服务。"对这个精要的内涵概括，笔者在此作一个粗略的解读：

其一，精致化理念①首先要求对学生工作过程进行"精"的管理。这包括对细节的关注（精细），对方法的重视（精巧），特别是要同时追求科学性和艺术性。所谓科学性，是指在工作设计上尊重科学规律，注重运用科学手段做好学生工作。所谓艺术性，是指在对学生进行教育指导的时候，要注重工作方法的艺术性，因为学生工作的对象是人而不是物，必须用能引起回应和共鸣的方法进行工作。

其二，精致化理念要求对工作结果有"极致"（完美）的追求。这要求学生工作者在工作中要以追求卓越作为工作目标，同时，密切关注工作的成效，并在工作结束后对工作的实际效果进行评估。

其三，以人为本是精致化理念的根本出发点。以人为本这一根本出发点，决定了精致化理念的根本目标是培养卓越的人才，同时要求将以人本主义的理念贯彻在学生管理的全过程中。可以这样认为，以人为本的精致化理念融合了人文化、科学化和艺术化三种管理模式，要求以培养高素质人才为根本目标，在管理过程中以学生为本，体现人本主义，同时注重工作设计的科学性和工作方法的艺术性。

二、以人为本精致化工作理念对高等教育改革的重要意义

1999年，中央政府制定了高等教育大众化的目标，按照规划，中国应于2010年实现高等教育大众化的目标，即高等教育毛入学率达到15%。由此，中国高等教育拉开了大众化改革的大幕，在1999年当年，中国大学就进行了大规模的扩招，当年的毛入学率比1998年提高了0.7%。由于扩招的速度远超预计，原来预计在2010年才完成的高等教育大众化目标在2002年就已经实现，当年的毛入学率达到了15%，此后更是逐年提高，至2013年，已达到34.5%。② 毛入学率的提升，意味着高校在人才培养规模上的持续扩张，主要表现为招生数量的持续增加，同时伴随着高等学校数量的增加，办学层次的提升，校园规模和各种硬件的提升等。

高等教育大众化的改革，使得更多的年轻学子得到了大学教育的机会，也向社会输送了更多受过高等教育的人才，但同时也给高等教育自身带来了巨大的挑战，最直接的莫过于人才培养质量的挑战。在资源给定的情况下，高校培养人才的数量和人才培养的质量有时候是成反比的，当然，这并不是说高等教育大众化带来的是人才培养质量的下降，毕竟在大众化进程中，投入高等教育的资源例如资金、师

---

① 精致化原是一个管理学的概念，强调的是将人本管理和科学管理融合，是对日本精细化管理概念的发展，精致化管理概念由台湾学者引入教育学理论中，提出精致化教育的理念。

② 毛入学率数据可见教育部公布的历年《中国教育事业发展统计公报》。2013年前数据转引自阎凤桥、毛丹的《中国高等教育规模扩张分析：一个制度经济学的解释》。2013年的数据引自教育部《2013年全国教育事业发展统计公报》。

资、硬件设施都在增加。但不可否认的是，由于我国高等教育大众化改革的进程速度较快，使得资源的投入相对于招生规模的上升速度来说，存在滞后性。高教领域，资源的投入产出时效较慢，并不是投入就马上能提高人才培养质量，这需要一个相对较为漫长的过程。这些都决定了我国从1999年开始的大众化改革过程中，人才培养的模式是较为粗放型，也就是人才培养量的快速增加和资源投入量的相应增加。

正如上文所言，党的十八大提出了高等教育内涵式增长的目标，按照笔者的理解，所谓内涵式增长，意味着高等教育从注重"量"的增长走向注重"质"的增长，表现在人才培养方面是从注重人才规模的数量到注重人才培养的质量，这个转变可以认为是高等教育从"粗放型"发展向"集约型"发展的转变。

伴随着高等教育发展模式的转变，作为高等教育重要组成部分的学生工作也就必然要发生改变。在高等教育大众化阶段，随着在校大学生数量的剧增，学生管理的资源供应也持续紧张，突出的表现为一个学生管理老师所管理学生数量的剧增。在学生数量剧增的同时，高等教育大众化还导致了大学生价值观念和思想观念的多元化、学生心理健康问题增多、自我维权意识增强、学生生活方式的变化等问题，这些问题加大了学生管理工作的难度。因此在急速发展的大众化阶段，学生管理工作主要是应对急剧增长的学生数量和新出现的问题，针对学生出现的主流问题，做好常规性的工作，例如就业、入党、学生组织、意外风险防范、奖助贷管理等。可以说，在以数量扩张为主要标志的"粗放型"发展阶段，高校的学生管理工作主要是常规性、一般性、应对性的，保证在学生数量剧增的情况下，学生管理工作能跟得上整体发展的脚步。

在高等教育告别"粗放型"发展，进入"集约化"发展，以提高人才培养的质量为主要目标的同时，这种常规性的、一般性的、应对性的学生管理模式已经不再适应潮流。新的高等教育发展模式需要新的学生工作模式，以人为本的精致化学生工作理念能适应高等教育内涵式发展、提高人才培养质量的需要，原因如下：

其一，提高人才培养的质量，首先应该是尊重人才，尊重学生，表现在学生工作方面，需改变过去那种将学生仅视为管理对象的模式，要树立以人为本、以学生为本的新理念，学生不仅是管理对象，更是服务的目标。

其二，提高人才培养的质量，必须因材施教，体现在学生管理工作方面，则表现为重视学生的个性化特点，针对学生的独特性开展管理、指导和服务等工作。

其三，提高人才培养的质量，必须引入科学的培养方法，正如在产品生产方面，科学管理是粗放型生产走向集约型生产的关键。在学生工作方面，要提高学生的素质，也必须引入科学的方法，注重工作设计的科学性。

简而言之，高等教育进入新阶段后，以提高人才质量的内涵式增长为基本特点，在学生工作方面需要以人为本，重视学生的个性化特点，引入科学的方法，这些都是以人为本的精致化学生工作理念所包含的。因此，高等教育改革进入新阶段以后，学生工作必然要引入以人为本的精致化理念。

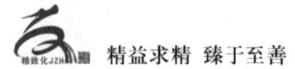

三、以人为本精致化理念在学生工作中实施的若干建议

1. 建立有坚定理念的学生工作队伍

学生工作基本是由学生工作者完成的，因此要把以人为本的精致化理念贯彻到学生工作中，首先要在人的因素上做文章，要让学生工作队伍确立坚定的精致化理念。

精致化工作对学生工作者提出了较高的要求，要求他们必须具备过硬的思想政治素质、处理复杂问题的专业素养和不断思考和创新的意识。学生工作者要具备这些素质和能力，需要自身的努力和学校外在的帮助。

对于学生工作者自身而言，需要对精致化工作理念有深刻的认识，积极主动地加强学习，自觉将这一理念运用到工作中去，才能提高自身素质和能力。同时，这也要求学生工作者要从内心上真诚热爱学生工作，因为精致化的学生工作必然要求学生工作者投入更多的时间、精力，并且要求他们打破以往的工作习惯，进行创新，这些如果没有发自内心的工作热情，是很难做到的。

从学校的角度而言，要做好学生工作队伍的培训工作，通过培训来提高他们的素质和能力，帮助他们尽快进入精致化的工作模式中。要取得较好的培训效果，可以考虑建立分类分层的培训机制，把培训对象进行精细化划分，例如可以分为管理工作者和一线工作者，对于一线工作者特别是辅导员，又可以根据他们所带专业和年级的不同，组织针对性的培训。同时，培训的时候应该着重技能型的培训项目，例如心理辅导的方法、突发事件处理技巧等。

2. 构建以人为本精致化的学生工作机制

要真正做好以人为本的精致化学生工作，就必须建立一套机制。

其一，要建立一套科学的评估机制。正如前文所言，精致化工作追求卓越结果，注重工作的实际成效，要衡量工作的效果是否达到卓越，需要一套评估机制。当然，要建立这样一套评估机制是不容易的，但从探讨的角度而言，笔者认为评估应该结合客观评价标准和主观评价标准，例如既考察客观的工作指标——就业率，也要看工作者本人、其领导和同事对其工作的主观评价，综合两方面来对其工作进行评估，单看一方面都是片面的。在评估的基础上，可以有适当的奖励机制，奖优惩劣，但无论评估还是奖励，都应该针对的是一个较长的工作时间段，例如一个学期，甚至一个学年，因为学生工作具有长期性，很多工作效果要慢慢才能体现出来，如果评估的时间段较短，则会导致评估结果的偏差。

其二，要探索一套科学的工作实施机制。这套工作实施机制实际上是把学生工作流程化，把精致化的工作理念灌注到这些流程中，实现工作效果的可控性。例如精致化工作很重要的一方面就是对学生的分类指导和管理，那么就应该不断摸索如何给学生进行分类，从而建立起一套分类模板，在学生入学后，根据搜集到的信息，把学生分入模板中的不同类别。同时，还要摸索针对不同类别学生的指导，并且尽量把这些方法也流程化，例如对困难学生进行资助，则应该事先设定好困难学生的认定标准，资助的方法、程序和要求。通过设定这样的流程，可以大大提高工作效率，特别是减少新工作者的学习成本，也减少了工作的随意性，提高了工作效果的可控性。在强调建立实施机制的同时，也需要指出，因学生工作的对象是人，精致化理念也要求以人为本，因材施教，所以这些机制流程并不是教条化的，应当根据对象的不同，进行及时的调整和变更，这也有赖于学生工作者在实践中不断地探索创新。

3. 利用信息手段，构建精致化学生工作的技术保障

随着科学技术的发展，现在已经进入信息化、网络化的时代，这些科技可以增强学生工作者的技能，给精致化的学生工作提供良好的技术保障。

在高等教育大众化阶段，在学生规模仍然保持高位的情况下，要做好精致化的学生工作，其实是一个很大的挑战，最大的挑战来自于人力的不足，一个学生工作者所对应的学生数量过多。在这样的情况下，要做到工作的精致化，必须依靠信息和网络的力量。例如，要做好学生工作的精致化，首先是要详细而又全面地掌握学生信息，一个人能掌握的信息是有限的，并且其所掌握的信息怎么样能被其他同事所共享又是一个问题。因此，可以考虑建立起一个较全面的学生信息数据库。这个数据库开放给涉及学生管理的各部门如教务、学生工作部门甚至任课老师，由他们按照一定的流程导入学生数据。同时，也鼓励学生自身按照一定流程将一些数据导入，例如其兴趣、就业意向等。这些数据要保持一定更新频次，从而保证数据的及时性。这个数据库应该开放给学生工作者使用，但必须有一定的管理权限，以保护学生的隐私，防止信息泄露。有了这个数据库，学生工作者可以对所管理学生的信息有较全面的掌握，并且可以在此基础上对这些信息进行二次加工，例如总结规律，对学生进行有效分类管理。这个数据库同时保证了学生管理各部门的信息共享，提高了工作效率。

参 考 文 献

[1] 王秀明. 精益求精 臻于至善——对"精致化"学生工作理念的思考 [EB/OL]. http：// bm. gduf. edu. cn/xsc/news. asp? id = 871，2014 - 03 - 18/2014 - 05 - 18.

[2] 张彦. 试论大学思想政治工作的精致化问题 [J]. 中国高教研究，2009 (6)：2 - 5.

[3] 龚彦忠. 高等教育大众化背景下我国高校学生工作面临的挑战与思考 [J]. 咸阳师范学院学报，2012 (7)：95 - 97.

[4] 阎凤桥，毛丹. 中国高等教育规模扩张分析：一个制度经济学的解释 [J]. 高等教育研究，2013 (11)：25 - 35.

[5] 吕晓轩. 精致化视角下高校辅导员能力与素质建设初探 [J]. 高校辅导员，2011 (12)：69 - 73.

[6] 王铁军. 精致化：学校管理的新理念、新策略 [J]. 教育发展研究，2007 (12B)：14 - 17.

[7] 教育部. 2013 年全国教育事业发展统计公报 [EB/OL]. http：// www. edu. cn/xin_ wen_ dong _ tai_ 890/20140707/t20140707_1147310_2. shtml，2014 - 7 - 7/2014 - 7 - 8.

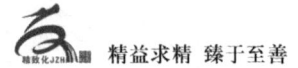

高校班主任工作精致化浅议

方有恒①

摘 要：精致化是高校班主任工作的突破口，只有理解精致化的含义，明确高校班主任工作精致化框架，初步拟定高校班主任工作精致化指导思想和工作方法，才能解决目前高校班主任工作普遍存在的一些不足之处，真正实现精致化管理。

关键词：高校；班主任工作；精致化

一、高校班主任工作精致化的含义

高校班主任在大学生学习成长中肩负着重要的责任，班主任是高校学生工作队伍的组成部分，是学生班集体的领导者、组织者和教育者，是学校各级部门联系学生的桥梁和枢纽[1]。高校班主任工作处于高校学生工作的第一线，对学生管理和学生培养效果发挥着直接的重要作用。探索"精致化"理念在高校班主任工作中的运用，具有重要意义。

"精致化"的核心是"以人为本"，强调人的主体地位和人的内在价值。它不仅仅指向某种具体的教育模式、标准，而且倡导精益求精、追求卓越、至善至美的工作境界和目标[2]。台湾学者最早将精致化思想引入教育学理论，提出了精致教育的理念，将追求精致化的过程绩效设定为当代教育管理的目标之一。精致化的基本要素包括：兼重科学精神和人文精神，兼重过程、细节和结果，追求卓越、精益求精、周到细致、精雕细刻[3]。依据这一理念，可以构建高校班主任工作精致化框架，初步拟定高校班主任工作精致化工作方法，尝试解决目前高校班主任工作普遍存在的一些不足之处。

二、高校班主任工作精致化框架构建

（一）高校班主任选任精致化

大多数学者在讨论高校学生工作包括班主任工作时往往侧重于工作方法等方面，这是缺乏整体视角的。按照精致化理念的要求，首先应该把握好班主任人选

---

① 方有恒，男，副教授，广东金融学院保险系教师。研究方向：高校教育、保险理论。

关，因为班主任个体差异会对精致化的理解和落实导致不同的结果。班主任是一个班集体的组织者、领导者和教育者，一个班级能否形成强有力的班集体，学生能否按照培养的目标成人成才，很大程度上取决于班主任的工作态度、教育方法、管理水平、业务能力，因而配备一支责任心强、业务素质高的班主任队伍是当前高校教育管理工作的重中之重[4]。没有良好素质的人是难以胜任班主任工作的。班主任的总体素质应当包括思想素质、知识素质、能力素质三个方面[5]。

目前各高校普遍忽视班主任的任职要求，造成部分不符合任职要求的人员进入到班主任队伍。这部分班主任的工作表现在此不一一列举，但是其造成的精致化管理难以执行落实必须引起高度重视。各高校应该在班主任选任方面精致化，例如明确任职年龄区间、学历和专业、宗教信仰、工作经历和表现、工作能力和工作态度等各方面的要求（见图1）。各高校除了在选任班主任时把关之外，还应该结合实际情况举办多种形式的培训，鼓励班主任自我学习，持续提升班主任的整体素质。

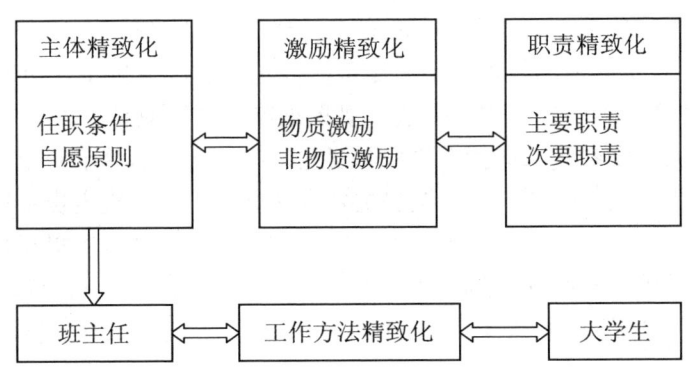

图1　高校班主任工作精致化框架

（二）高校班主任职责内容精致化

精致化管理需要有明确而合理的工作职责界定，只有在满足这个前提之后，高校班主任才能按照要求，充分发挥自己的主观能动性，做好本职工作。要做到这一点，就需要学校相关部门组织人员对各项学生工作内容进行梳理，合理明确高校班主任工作职责，即明确哪些职责属于班主任主要职责，需要以班主任为主导来完成；哪些职责是次要职责，需要班主任协助完成（见图1）。结合高校培养目标、其他学生工作部门和人员岗位职责及工作内容等，明确、合理界定高校班主任岗位职责和工作内容，避免出现不切实际的难以完成的岗位职责和工作内容，避免出现与其他部门和人员职责交叉重叠或遗漏等情况。以思想管理与教育职责为例，从工作难度来讲，部分班主任本身就不是中共党员，要求这部分人去宣讲马列主义和毛泽东思想等执行难度太大；从工作交叉或遗漏来讲，这项工作同时也是辅导员等的工作职责，各主体之间如何协调也值得探讨。再以安全管理与教育职责为例，部分高校要求班主任教导学生掌握各项安全知识和技能，实际上班主任自己都缺乏相关知识和技能。类似问题还有很多，需要认真总结与梳理。

（三）高校班主任激励精致化

实现高校班主任工作精致化，需要有精致化的激励制度保障。即明确行为主体和行为职责内容之后，要对行为本身进行激励。只有构建以人为本的激励制度，才能充分调动高校班主任的工作积极性，才能保证工作过程和效果。由于班主任在学生面前需同时扮演几种角色，因时间和精力问题无法同时满足不同的角色期待，从而产生角色冲突[6]。有相当一部分教师不愿当班主任，于是便出现了硬性摊派或轮流值差的情况，在这种背景下出任班主任的教师，必然缺乏积极性和主动性，难以开创班主任工作的生动局面。教师不愿当班主任的原因是多方面的。首先和我们的政策导向有关，在高校中，考核教师的主要是科研成果和教学工作量。其次，职责不清、奖罚不明是许多教师不愿担任班主任的又一重要原因[5]。

高校班主任工作空间弹性比较大，工作努力程度过度依赖班主任本人的主观意愿。大部分的班主任都是兼职，如果没有有效的制度保障，班主任的工作就可能流于形式。从经济报酬来讲，兼职班主任一般会有少量的补贴（每学年500元左右）。这种补贴占班主任的收入极小的比重，甚至还会因为班主任照顾学生而"倒贴"。班主任工作范围广泛、内容复杂、要求细腻、方法具体，并且很难确定一个明确的、量化的工作界线。这就需要从制度上、政策上、思想上乃至各个方面下大决心，切实解决存在的问题，具体做法主要有从制度上明确规定班主任的来源、职责、待遇、奖惩办法等；真正落实班主任的工作责任制，就必须提高班主任的政治地位和待遇；采用自愿聘任原则等[5]。从学校层面必须设计一套行之有效的激励机制，应进一步提高班主任工作条件的投入，用物质手段刺激班主任的工作热情[6]。

具体做法有很多，例如课时量折算。按要求完成班主任职责，可以折算一定的工作量。不同年级的大学生需要班主任管理和引导的工作重点和难度不同，这种工作量折算可以按照年级不同有所差异。将激励重点放在大一和大二年级，有利于为班级管理打下良好的基础。避免长期以来，班主任工作在学校教育第一线，为学生身心健康发展付出很多，但在待遇上却没有得到充分体现，付出的巨大劳动和智慧得不到应有的肯定[7]。此外，还可以将班主任考核结果作为职称评定等的硬性指标。也可以从非物质奖励方面集思广益，推动高校班主任工作的开展（见图1）。

三、高校班主任精致化工作方法建议

高校班主任在上述工作精致化框架内可以采用以下精致化工作方法，完成工作职责。

（一）点面结合

点面结合即个体管理和整体管理结合。既重视班级整体的管理，又重视班级中个体的发展。由于普遍采用学分制，学生行政班编制与教学班划分可能不一致；学生的来源、教育经历、人生观等不完全一致，导致班级学生的学习和生活等既具有共性又具有差异性。承认这种现象，才能制定合理的管理效果预期，才能在开展工作时有的放矢。对于班级整体学生，要创造良好的学习和生活条件，争取让所有学生健康成长，成为合格大学生，顺利毕业。在此前提条件下，对于每一位同学，要尊重其个人条件和选择偏好，不宜强加班主任的个人影响。以思想政治教育为例，不宜硬性要求所有同学提交入党申请书；以学业管理为例，不可强求每位同学不出现挂科和重修等情况；以专业教育为例，不可要求所有同学热爱本专业；以学生情感管理为例，不得禁止适龄学生恋爱和生育；以安全管理为例，不得禁止学生参加班级旅游和社会实践活动等。尊重学生个人发展还包括对学生进行有针对性的引导，帮助其实现合理的大学梦想。

（二）结果与过程并重

一方面要注意以结果为导向确定工作重心，另一方面要以过程为导向注重学生的成长。在实际工作中，许多班主任往往难以兼顾二者。以学生就业率指标为例，以结果为导向就是要让所有学生尽可能毕业能顺利就业。部分学生毕业之后并未有及时就业的意向，例如自主创业、考研、不就业等。在就业率指标影响下，如果学生考研深造等不纳入毕业统计，则班主任和其他学生管理人员可能对学生考研等不愿投入，甚至故意抵触阻难。作为学生工作者，需要时时反思，学生需要什么，学生个人的成长与管理者的得失孰轻孰重等问题。以结果为导向，可以更好地确定班级工作的重心，组织各种资源；以过程为导向，可以真正体现精致化管理"以人为本"的思想。两者并重才能使得班主任工作既明确又精细。

（三）宣导与沟通结合

对于具有共性的事物，可以采用宣导的方式。在宣导的过程中要注意班级学生的反馈，及时沟通，避免过度宣导或不当宣导造成学生反感。宣导与沟通相结合能强化信息交流效果。以目前比较普遍的大学生创新创业训练为例，班主任可以在本班级宣导相关信息，鼓励本班学生积极参与项目申报。在大学本科生中，真正有科研意愿和科研能力的学生比较少。如果班主任期望值过高，会潜意识地加大宣导的力度，可能会给部分学生造成一种压迫感，干扰其正常的大学规划和生活。在这种情形下，班主任要注意多与学生沟通，定期收集本班学生对班主任工作方法的意见反馈等信息。在做宣导之前要对学生预通报，强化学生的心理预期。通过反馈所掌握的信息，调整宣导的频率和形式，明确宣导内容的针对性，从而提高宣导与沟通的效果。

（四）能动性和协调性相结合

班主任工作是高校学生管理工作的一个组成部分，不是简单的中点站和传声筒，需要发挥工作的主观能动性。在发挥本职工作能动性的同时，要注意与其他管理主体的协调，保持一致和延续。班主任要熟悉其他学生管理部门的主要工作职责、内容和方法等，协调安排本班级工作，强化协同效应。高校班主任还可以有效调动学生参与班级管理，弥补学生人数较多、与学生接触时间有限等所带来的管理上的困难。在高年级选取优秀学生担任低年级班级助理班主任的做法值得总结和推广。

（五）时期管理和时点管理相结合

依据大学生学习生活的时期特点，以学期为时间段划分单位，对每学期学生工作做区分和相应安排。针对大一学生，开展辅导的主题多以大学生活的适应性为主，二、三年级以生涯规划和学业发展为主，同时伴有人际关系以及情感问题。毕业班的学生则以就业择业指导为核心[8]。此外，对大学生影响重大的时间点要做重点关注，例如大学入学的社团报名选择、新生学习伊始的学习方法指导、大二开学的情感与关爱教育、大二结束时的考研与职业规划辅导、大三结束时的实习与就业辅导等。

（六）搭建有效信息交流体系

对学生的充分了解、及时发现学生中的问题是做好深度辅导的前提[8]。做好高校班主任工作必须搭建有效信息交流体系。以交流对象来看，这种交流体系主要包括与学生交流渠道、与学生工作者交流渠道、与任课教师交流渠道、与学生家长交流渠道等。具体的做法主要有定期与任课教师交流、定期与辅导员交流、按需与学生家长交流、按期召开班会、每周约见一次班干部代表、每月约见一次学生代表、尽量参加班级活动、定期和随机走访学生宿舍、建立QQ或微信等社交媒体联系、电话或电子邮箱等交流（见图2）。具体的信息获取方法有面谈、观察、媒介交流等。通过这些交流渠道体系的建立和运行，班主任能较好地掌握班级动态，采取有针对性的工作对策。

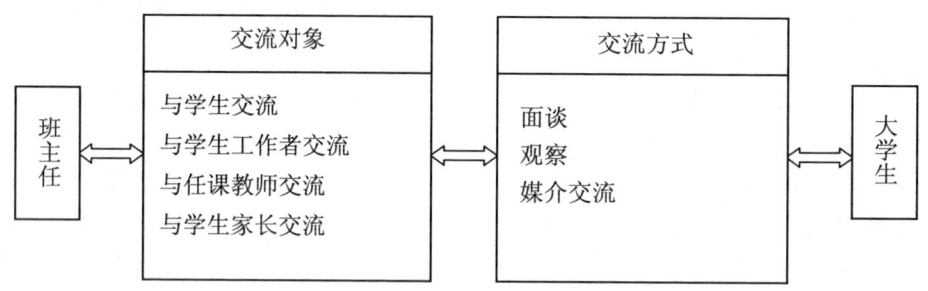

图2　班主任与学生的信息交流

参 考 文 献

[1] 周天茹. 对新形势下做好高校班主任工作的思考 [J]. 中华文化论坛, 2009 (1): 59-60.

[2] 高立伟, 郑懿. 精致化工程: 大学生思想政治教育工作的应然追求 [J]. 学校党建与思想教育, 2012 (19): 29-31.

[3] 张彦. 试论大学生思想道德教育的精致化问题 [J]. 中国高教研究, 2009 (6): 2-5.

[4] 宋虎珍. 高校班主任工作的探讨 [J]. 中国成人教育, 2008 (1): 79-80.

[5] 朱文涛. 改进和加强高校班主任工作的几点探讨 [J]. 上海大学学报, 1989 (2): 23-25.

[6] 李达军. 高校班主任工作的困境和对策 [J]. 职业与教育, 2012 (12): 100-102.

[7] 芮彭年. 班主任工作要实现个性化、精细化和艺术化 [J]. 思想理论教育, 2010 (16): 41-43.

[8] 高蓉, 等. "精致化": 大学生深度辅导探析 [J]. 黑龙江高教研究, 2011 (11): 139-140.

"精致化"目标下的高校学生党支部工作机制的创新与实践

周 鸣[①]

摘 要：管理学中的"精细化"概念最早由台湾学者经过阐释和修正后上升为"精致化"思想引入了教育领域，认为当代教育的重要目标即追求教育过程及绩效的精致化。高校学生党支部建设是保持党的先进性的要求、是巩固党的执政基础的重要保障，是培养新时期社会主义建设者和接班人的内在要求。当前高校学生党支部建设的工作模式主要有五种，虽然这些工作模式在高校党建工作中发挥了巨大的作用，但实践证明它们分别存在着不同的局限性。

笔者在借鉴了以上工作模式的优势的基础上，提出了一种新的"一体两翼"的工作模式。通过借鉴"精致化"的工作理念，通过管理和服务过程与方法的精心、精细、精巧来培养高素质的高校学生党员，提高大学生党支部建设工作成效，使整个高校的党建工作显现出更加灵活高效的状态。

关键词：学生党支部建设；精致化；"一体两翼"；工作模式

一个政党想要赢得将来，必须先赢得广大青年。当代大学生是青年中的优秀群体，青年大学生对于政党的态度将对该政党的执政地位的获得和巩固产生影响。胡锦涛总书记曾经说过：一个有远见的民族，总是把关注的目光投向青年；一个有远见的政党，总是把青年看作推动历史发展和社会前进的重要力量。我们的民族就是这样的民族，我们的党就是这样的政党[1]。

高等学校的党建工作是高校思想政治教育工作的重要阵地，其中学生党支部的建设更是中国共产党建设的总体要求在高校这一特定环境下的具体体现，不仅具有基层党组织的共性特征，而且也有其重要的个性特征。它是我们政党在青年大学生中发挥战斗力、凝聚力和创造力的重要阵地，担负着培养社会主义建设者和接班人的根本任务。因此，抓好高校学生党建工作是时代和我党赋予高等学校的一项非常重要的政治任务和神圣使命。

因此，各大高校要加强对大学生党员的教育和引导，发挥学生党员的先锋模范作用，培养符合时代要求的高素质人才，并将之作为新时期高校学生党支部建设的

---

① 周鸣，女，硕士，助理研究员，广东金融学院保险系辅导员。研究方向：高校学生党建工作。

重要任务。为实现这一重要任务，建立科学的、系统的高校学生党支部工作模式，发挥基层党组织的战斗堡垒作用就具有非常重要的现实意义。

一、目前高校学生党支部的基本工作模式

当前，高校学生党支部常用的工作模式主要有以下五种：支部建在班上的工作模式、支部建在年级上的工作模式、支部建在专业上的工作模式、支部建在宿舍的工作模式、支部建在网上的工作模式。虽然目前这五种工作模式广泛地运用于高校基层党建工作中，但却有着各自的优点和存在的不足。

笔者认为，好的组织结构必须要适应组织不断变换的内部环境和外部环境，将不利因素转化为有利因素，将挑战转化为机遇，这样才能使大学生党建工作走上科学化、规范化、制度化的轨道。要达到这样的目的，就必须转变思想观念，在"新"字上下功夫，把当代大学生的特点和党组织不断变化的内、外部环境结合起来，寻找新方法，探索新途径，力求实现健全严密的组织网络，增强对学生党员的培养、教育和监督，有效地发挥学生党支部的战斗堡垒作用。

二、以"精致化"理念为目标，搭建更为合理的工作平台

如果我们能够充分利用它们的优势，并将它们的劣势转化为优势，那么学生党支部建设将得到更好的发展。为此，笔者根据自身多年在基层工作的经验和体会，提出一种新的学生党支部工作模式，旨在通过建立系统的组织架构，形成一个既合理分工又协作配合的管理机构体系，为保持学生党支部的先进性提供组织保障。这就是"一体两翼"工作模式（见图1）。

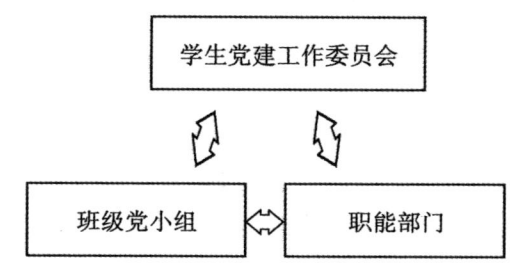

图1 高校学生党支部"一体两翼"工作模式的设置

在这个"一体两翼"的工作模式中，学生党建工作委员会占据了核心的位置。为了保证支部结构的稳定性和各项党建工作的延续性，建议最好由负责党建工作的教师来担任支部书记一职。工作委员会的学生干部一定要由高年级党建工作经验丰富、工作能力强及各方面素质都较为突出的学生党员来担任。学生党建工作委员会的主要职责是根据党和国家的方针、政策、路线及上级党组织的工作要求，制订支部的工作计划和活动方案，合理地分配工作任务给班级党小组和职能部门，定期对各项工作和特色活动的完成情况进行质量监控。

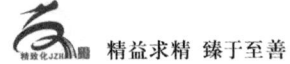

支部工作模式中的"两翼",其实是学生党建工作的两个"着力点",它们相互配合、相互促进、缺一不可。其中一个"着力点"是职能部门的建设。高校可以根据学生党建工作的内容设立不同的职能部门,并对它们的工作职责和工作制度进行规范化,使得它们既职责明确、相互独立,又能密切合作,保证党支部各个工作环节的良性运转。另一个"着力点"是班级党小组建设。它的主要工作职责是深入贯彻落实上级党组织布置的各项工作任务,并带领班内的团支部、班委会有效地建设先进班级、和谐班级,发挥党组织在班级内的政治核心作用。

其实,这个"一体两翼"式的工作模式在运作的时候,党支部的设置是非常灵活的,可以根据每个高校院系的具体发展情况和党员人数采用不同的设置。例如以科研和学科建设为主的学校或者院系可以将支部设置在专业上,综合性大学可以将支部设置在年级上。如果要加强学生党支部的辐射力度,还可以在学生公寓和网络上设置学生党支部。但是不论如何设置,都要以最优于学生党建工作的思路进行设置。

三、以"精致化"理念为指导,发挥新平台在实际运用中的效能

这种"一体两翼"的工作模式在学生党支部的建设理念、工作内容和方法等方面都对原有的几种工作模式进行了突破和创新,能更好地发挥党在青年大学生中的凝聚力、战斗力和创造力。具体体现在以下几个方面。

(一)有利于实现"梯度化"管理,提高学生党建日常工作的成效

所谓的"梯度化"管理,即使学生党建工作呈现树形结构,从上至下建立"党总支—学生党支部—学生党建工作委员会—职能部门部长(班级党小组组长)—职能部门干事(班内普通学生党员)"的管理模式。

它在人员配置和党建工作成果的传承上有优势,做到了重心前移,早选苗,早培养。引导他们努力学习,积极工作,以一名共产党员的标准严格要求自己,逐步树立为群众服务的意识,提高自身在班级内的影响力。这种"以老带新"的工作方式,使得各项学生党建工作既有统一的规划,统一的督导,又有分层管理,分层推进,层层落实,为日常管理工作的落实提供了保障。同时也给学生党员提供了锻炼的平台,有利于学生党员综合素质的提高。

(二)有利于发挥学生党建工作在班级管理中的作用

中共中央、国务院《关于进一步加强和改进大学生思想政治教育的意见》指出:"班级是大学生的基本组织形式,是大学生自我教育、自我管理、自我服务的主要组织载体。"因此,只有高校基层党组织的网络覆盖到各个班级,才能有效地扩大学生党建工作的覆盖面,有针对性地完成各项基层党建工作。

在班级内设置党小组而不是党支部,能将班级党小组的作用最大化,要注意做到以下三点:一是要突出班级党小组组长的作用;二是要明确党小组的工作职责;三是要明确班级党小组工作在班级内的功能定位,发挥其在班级建设中"领头羊"的作用。

（三）有利于更好地整合资源，将各项学生党建工作抓细落实

在"一体两翼"的学生党建工作模式中，班级党小组的管理和职能部门的工作并不是两套互不牵连的组织架构，二者相互依存，相互补充，相互促进，缺一不可。

其中，纵向联系指的是职能部门负责的各项工作，包括支部的组织建设、作风建设、思想建设、制度建设等各方面工作。横向联系是班级党小组工作中的主要内容，包括对学生党员（预备党员）在课堂、寝室、学业、网络以及社会实践方面的监督、教育和管理。于是，便构成了"纵横交错"的学生党支部管理模式（见图2），做到"组织全覆盖，工作全覆盖"。

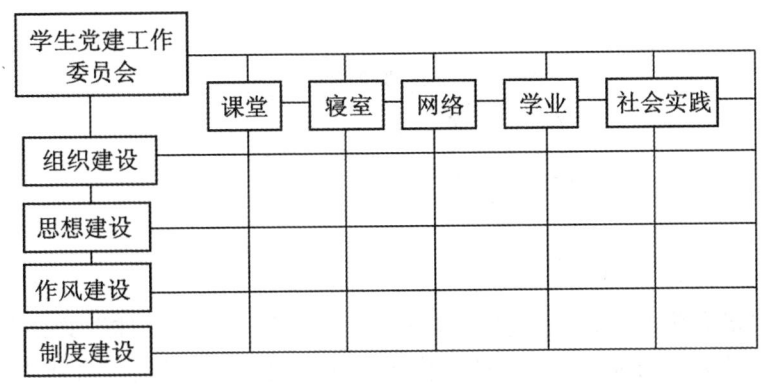

图2　高校学生党支部建设的"一体两翼"工作模式

四、加强制度建设，增强执行力，将"精致化"的工作理念落到实处

江泽民同志说过："只要建立健全了从严治党的一整套制度和机制，大家都自觉坚持和维护这套制度和机制，同时又不断加强党的思想政治建设，我们党就一定会建设得更加组织严密，更加行动一致，更加团结有力，更加朝气蓬勃。"[2]确实如此，良好的制度建设和组织管理能够保证党支部各项活动顺利地开展，同时也是规范支部内党员行为的重要手段。

要加强学生党支部建设，就要以健全的规章制度作为工作的保障，如组织生活制度、民主评议制度、党员发展制度、入党积极分子考核制度、思想汇报制度等。笔者认为，要推行学生党支部"一体两翼"的工作管理模式，除了要坚持执行以上各项学生党建工作的制度外，还必须在以下四方面完善建制，才能更好地促进这项管理机制的良性循环，体现其优越性。

（一）完善班级党小组的工作制度，发挥"三位一体"的工作模式在高校班级管理中的作用

当班级党小组在班内正式成立以后，同一班级内部就会同时存在党小组、团支部、班委会"三套马车"。如果不能正确处理好三者之间的关系，或者它们之间的

配合不当，就会削弱各自的作用，背离当初将党小组设立在班级上的初衷。

苏联著名的教育学家马卡连柯认为："集体是一个具有个人目的的个人集合体，参加这个集合体的每一个人是被组合起来的，同时也拥有集体的机构。"[3]因此，一个组织有序的班级组织机制，其班级党小组、团支部、班委会应该紧密合作、相互补充、各尽其责，形成党小组—团支部—班委会"三位一体"的班级管理模式（见图3）。

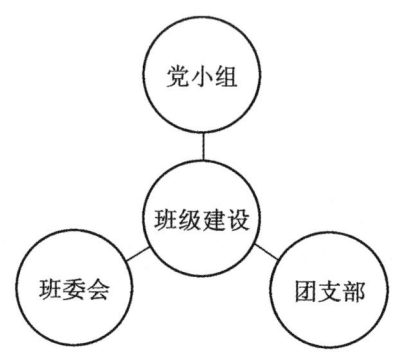

图3 "三位一体"的班级管理模式

高校要最大化地发挥党小组、团支部、班委会"三位一体"班级管理工作模式的作用，就必须明确三个组织的工作职责和管理制度，使得三者能沟通协作发挥最大的合力。

其中，班级党小组作为学生党支部将各项党建工作覆盖到各班的"落脚点"，作为班级建设中的"领头羊"，就更应该有科学化、规范化的管理制度，加强对班级内学生党员的教育和管理。它将积极推进团支部建设，协助班委会做好各项工作，在学风、班级文化和宿舍文化建设中发挥带头作用，与团支部和班委会一起努力营造健康、积极、向上的和谐班级氛围。

（二）完善监督制度，加大管理力度，抓好学生党员的队伍建设

由于大学生党员在校时间较短，很难全面了解一个人，因此很容易出现"入党前拼命干，入党后松一半"的现象。产生这种现象的原因主要有两个：一个是对推优对象把关不严，另一个是放松了对学生党员的教育和管理，忽视了政治理论的学习和党性修养的培养。这就要求大学生党支部加强教育和监督，建立长效的监督机制，不仅应该完善对入党积极分子入党过程的监督和考核，更应该加强对入党后的学生党员的教育和管理，要求学生时刻认识到自己是一名党员，在学习、工作和生活中做好"五带头"，发挥先锋模范作用。

建议高校在实行"一体两翼"式的学生党支部管理模式时，对学生党员的日常行为进行专项的管理和监督。要注意做好以下四项内容：一是做好民意调查工作。二是监督工作是一项长效机制，而不是为了应付某项工作的突击检查。三是拓宽监督的渠道，要将党内监督、组织监督和群众监督有机地结合起来。四是增强监

督主体的责任意识。

(三) 完善考核制度，量化指标体系，健全反馈机制

考核工作是检验特定的时间内学生党建工作管理水平的重要手段，是高校学生党员队伍建设中的一个关键环节。构建一套符合实际，注重实效的考评指标体系，对于发挥学生党员的积极性，加强学生党支部的管理具有非常重要的意义。在考核过程中应注意做到三个结合：一是根据当前大学生的特点将定性考核和定量考核相结合，二是将经常性考核和定期考核相结合，三是将党内考核和群众评价相结合，全面测评大学生党员在思想道德、党性修养、学习能力、社会实践等方面表现出来的先锋模范作用。

在"一体两翼"式的学生党支部工作模式的管理下，考评工作应该从两个层面开展。一个层面是学生党支部对班级党小组进行考评，党小组的考评工作每年开展一次，考评成绩要综合党小组自评、党支部评议和群众评议三部分的意见。

班级党小组考评总分 = 班级党小组自评分×30% + 学生党支部评分×50% + 班内群众评分×20%。总分在85分以上为优秀，75～85分为良好，60～75分为及格，60分以下为不及格。

另一个层面是班级党小组对班级内的学生党员考评。表1为学生党员量化考核标准（部分）。班级党小组每半年对学生党员进行一次考评，考评成绩要综合学生党员自评、班级党小组评议和群众评议三部分的意见。对学生党员的考评可以从政治理论素养、思想素质、学习成绩、作用发挥、日常表现五个方面进行考评，每个考评项目可以细分为若干小项（见图4）。支部或者党小组在对学生党员进行考核的时候，应该在学生党员自评的基础上展开，突出考虑其业绩。总分 = 学生党员自评分×30% + 学生党支部评分×20% + 班内群众评分×20%。总分在85分以上为优秀，75～85分为良好，60～75分为及格，60分以下为不及格。

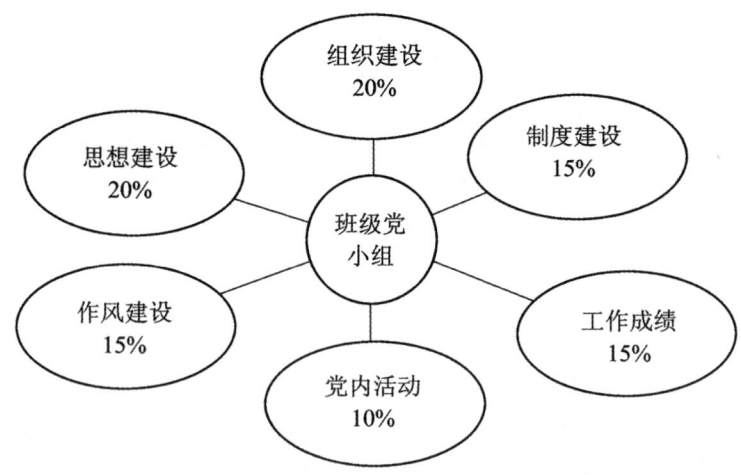

图4 班级党小组考评机制

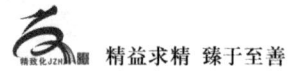

表1 学生党员量化考核标准（部分）

考核项目	考核要求与标准	备注
理论素养（15%）	每学期精读两本马列主义经典著作或者文学名著，撰写读书心得	由班级党小组组长负责审核学生党员的思想汇报。严重抄袭或者下载他人文章的，此项不得分
	每三个月至少写一篇思想汇报，向党组织汇报自己的工作情况和思想动态	
	每个月参加一次《党章》知识和时事政策热点考试，成绩合格	
思想政治素质（20%）	热爱祖国，关心国家大事，具有坚定的共产主义信仰，积极宣传、贯彻党的路线、方针、政策	未经请假，无故缺席支部会议（活动）三次及以上，当年考核直接为不合格
	模范遵守并积极宣传公民道德规范和《×××学校大学生行为规范》。在班级内作风正派，乐于助人；严于律己，诚实守信	
	具有较强的大局意识，自觉服从党组织的工作安排，具有较强的团结合作精神	
	在学习、工作和生活中具有较强的党员意识和模范意识，勇于承担责任	
业务学习（35%）	学习成绩优良，排名至少在年级前40%。综合测评在年级前10%的得5分，在专业前30%的得3分，在专业前50%的得1分，在专业后30%的扣1分；一门课程不及格扣3分，两门课程不及格扣5分	由班级党小组根据学生党员每学年综合测评成绩进行考核
	经过学生的努力，学习成绩有明显进步。学年平均分比上学年在班内进步8名以上的得5分，进步5名以上的得3分，没有进步不得分；有不及格一科扣5分，两科以上扣10分	
	积极参加课外科研活动。获得校级科研立项的得8分，校级以上的每升一级追加2分；有正式发表的论文，一般的得5分，核心的得10分	所发表的文章需要提供复印件及相关证明材料

考核结束后，学生党支部应该认真总结考核工作，及时反映考核结果给相应的班级党小组和学生党员。对于在考核中成绩优秀的班级党小组和学生党员，应该及时给予相应的奖励，例如评选为"先进党小组"或者"优秀学生党员"，并进行表彰。对于考核成绩不理想的班级党小组和学生党员，应该组织他们认真地开展批评和自我批评，找出存在的问题以及解决问题的整改措施，并监督执行。

健全的科学的考评机制不仅有利于树立先进典型，也有利于督促班级党小组和学生党员通过考评结果认真审视自身前段时间工作的不足之处，以评促改，以评促建。

（四）完善激励制度，树立先进典型，形成相互学习，不断进步的良好氛围

健全的激励制度有启发性、平等性、情感性的特点，符合当代大学生的心理特点，能够有效调动大学生党员的内在积极性，激发他们自觉地设定不同阶段的奋斗目标，在实践中规范自身的行径，提高综合素质和党性修养。为了更好地发挥广大学生党员的先锋模范作用，高校学生党支部应该以建立健全的激励机制作为抓好学生党建工作的突破口，见图5所示。

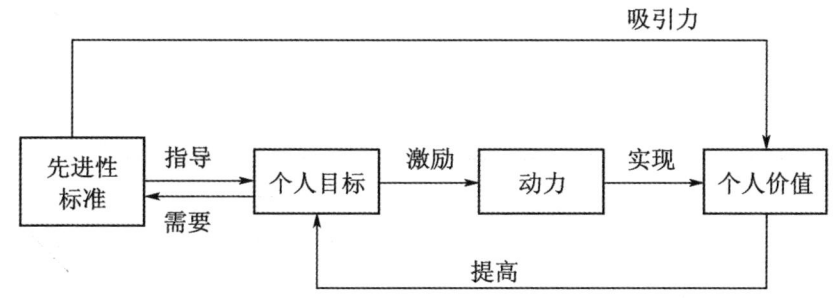

图5 学生党员激励机制动力模型示意图

高校学生党支部可以根据2010年《中央组织部、中央宣传部关于在党的基层组织和党员中深入开展创先争优活动的意见》中的指示精神，将优秀共产党员"五带头"为准则，作为评选优秀学生党员的基本准绳。通过采取可操作性强的、科学合理的考评措施，以典型激励、荣誉或物质奖励等方式调动广大学生党员的积极性，在广大的学生党员中深入开展"创先争优"的评选活动，从中培育出一批模范作用强，具有辐射、引领和示范功能的优秀学生党员。

评选工作完成以后，要注意做好宣传工作，扩大优秀学生党员在普通学生党员中的影响力。可以通过在学生宿舍楼、教学楼、食堂或宣传橱窗等学生相对集中的地方设置优秀学生党员宣传栏，将优秀学生党员的形象进行展示，同时也接受群众的监督。

参 考 文 献

[1] 胡锦涛. 迈向新世纪，创造新业绩——在共青团第十四次全国代表大会上的祝词 [R]. 1998 - 06 - 19.

[2] 江泽民. 论党的建设 [M]. 北京：中央文献出版社，2001.

[3] 李建忠，等. 马卡连柯集体主义教育理论的探析与启示 [J]. 教育理论与实践，2008（1）：14 - 15.

以人为本，尊重为大

——浅谈对"精致化"管理的理解

石飞鹏[①]

摘 要：随着社会的发展与进步，高等院校的学生管理工作也在不断适应时代的需要。特别是面对"90后"的大学生，推行精致化管理成为当前高校学生管理工作的新理念和发展趋势。本文结合自身的工作情况，对精致化管理理念进行了解读，得出以"尊重学生"为核心的管理理念，以期在今后的工作中做得更好。

关键词：精致化；以人为本；尊重

精致化管理是当前高等院校学生管理工作的新理念和发展趋势，推行高校学生工作精致化管理是适应时代发展的要求，有助于高校培养更多高素质的新型人才。目前，众多高校都在探索精致化管理的理念，寻求学生管理工作的新思路。

我国台湾学者较早提出精致教育的思想，他们认为当代教育的重要目标是追求教育过程及绩效的精致化。从学生管理工作这个角度来理解，我认为核心点在于"教育过程"。"教育过程"是教师根据教育目的、任务和学生身心发展的特点，通过指导学生有目的、有计划地掌握系统的文化科学知识和基本技能，发展学生智力和体力，形成科学世界观及培养道德品质、发展个性的过程。[1] 这个过程其实就是我们常说的尊重行为，就是"以人为本、尊重为大"的精致化理念。

何为"尊重"？尊重，是指敬重、重视。我们每个人都渴望得到他人的尊重，但只有尊重他人，才能得到他人的尊重。人与人之间都是平等的，老师与学生之间也是如此。师生之间互相尊重，是一种高尚的美德，也是良好修养的表现，有助于建立良好的师生关系，顺利开展各项工作。

学生工作，千头万绪，如何将以人为本的"精致化"理念植入到日常的学生管理工作中呢？王秀明书记给出了明确的指导方向。总的来说表现在三个方面：一是工作内容上体现针对性；二是工作设计上体现科学性；三是工作方法上体现艺术

---

① 石飞鹏，男，硕士，广东金融学院保险系辅导员。研究方向：思想政治教育。

性。这是我们开展学生工作的指南针。

正如众多学者所言，精致化管理存在于学生工作的每一个细节。那么，我们该如何在实践中贯彻"以人为本、尊重为大"的"精致化"管理理念呢？我认为要做好以下两个要点。

一、充分了解学生的需求

师生关系是学校教育过程中最基本的人际关系。这种关系是建立在为实现教育目标的基础上而产生的相识相知和情感交流。良好的师生关系是保证教育过程顺利进行的基础。如何才能保持良好的师生关系，从而了解学生的需求呢？

1. 打破陈旧观念，追求人格平等

受传统思想的影响，很多人都认为师生关系是"一日为师，终身为父"，将老师的地位凌驾于学生之上，对学生随意训斥、处罚等。这种行为无疑对学生会造成很大的伤害。随着时代的发展，社会的进步，追求人格平等已被更多人接受。师生关系亦如此。身为人师，对学生诚信是第一位的。将爱心倾注给学生，让他们时刻感受到老师的关怀与温暖，在法律法规的前提下保持应有的平等和自由，将会是师生关系的润滑剂。对学生而言也应如此。所以，只有在互相尊重的前提下，教育过程才会有序进行，实现师生人格的升华。

2. 了解学生的需求

需求，是人在实践活动过程中感到某种缺失或不平衡而力求获得满足的心理状态。[2]它是人行为的内在动力，是动机产生的基础。学生是我们工作的主体对象。学生的需求，决定着他们的行为方式。了解他们的需求，有助于正确认识学生的行为，有利于帮助学生解决问题。因此，了解学生需求，对我们来说至关重要。

二、尊重学生的需求

尊重，是师生相识相知的基础。尊重学生的需求，就是尊重学生个体。所以，我们必须充分认识到这一点，并以此为前提来开展各项工作。

1. 为什么要尊重学生的需求

首先，这是教师的职责所在。古人云：师者，传道授业解惑也。为人师者，就是要帮助学生学知识、学技能、学做人、学做事。因此，只有真正了解学生的需求，才能有的放矢、因材施教。如此可见，尊重学生的需求显得尤为重要。

其次，学生群体的需求。我们面对的是来自不同地区、性格各异的90后大学生，他们具有思想活跃、前卫，充满激情和自信、敢于担当、又有较强的优越感等特征。他们不再墨守成规，而是标新立异，始终走在时代的前沿。因此，我们要提高工作的针对性，在"以人为本、尊重为大"的精致化工作理念的指引下，充分尊重他们的成长规律，接受他们的"另类"行为，以更好地开展管理工作。

2. 如何尊重学生的需求

俗话说：教书容易育人难。帮助学生健康成长、成才，树立正确的人生观、世界观、价值观是每个教师的责任与义务。如何才能更好地实现这一教育目标？从这个角度看，尊重学生的需求的重要性是不言而喻的。所以，我们要做好以下两个方面的工作：

（1）发自内心去关爱学生。

第一是要有"爱心"。学生，在学校是弱势群体。他们第一次远离父母，面对陌生的环境、陌生的人群，一起学习、一起生活。其中的酸甜苦辣，只有他们清楚。辅导员是学生接触最多的人，应该把学生当成是自己的孩子，用心对待他们、呵护他们、帮助他们，让他们感受到学校、老师带给他们的温暖。只有这样，学生才会愿意跟你说实话，才会跟你交朋友。久而久之，就会拉近老师与学生之间的距离。

第二是要有"责任心"。安全是学生工作的重中之重，确保学生安全是每一位学生工作人员的首要责任。这就要求我们时刻保持高度的责任心，密切留意学生的思想动态，关注他们的异常情况，做好日常管理和防范工作。同时，要重视学生的每一个诉求，让学生时刻感受到辅导员就在他们身边，让学生在出了问题、需要帮助的时候能在第一时间找到我们，帮助他们解决问题、战胜困难。

第三是要有"细心"。学生工作非常繁琐，学生人数众多，思想复杂，无形中增加了管理的难度。这就需要辅导员同志时刻做一个"有心人"。学生的问题，就是自己的问题。我们要细心、用心去关注学生、帮助学生。带着"细心"去工作，更能发现问题，找到解决问题的办法。同时也有助于防患于未然，确保学生工作有条不紊地进行。

（2）帮助学生实现需求。

就学校而言，学生的需求有很多，比如生活需求、情感需求、知识需求、心理需求，等等。不管是哪个方面，都真实地反映了学生当前的现实需求。作为辅导员，我们要在第一时间给予他们相应的帮助。针对我现在负责的大三年级学生，他们即将面临毕业年，很快就要踏出校门，走向社会。因此，未来就业的选择成为他们最主要的需求。考研、考公务员，还是就业、出国留学？未知的道路在困扰着他们。由此产生了一系列问题，如他们该如何备考、如何提升综合素质、如何选择就业，等等。而这些问题，都需要我们一一去解答。所以，我们首先要练好基本功，通过日常的学习、工作与实践，不断积累经验，提高自身的综合能力；其次，要培养和锻炼自己的思维能力，提倡创新精神。只有这样，才能跟上时代步伐，满足学生需求，更好地帮助学生解答疑惑，指明方向，实现他们内心的需求。也只有这样，才能让学生信服于你，有效推进学生管理工作，最终实现"育人"的教育目标。

精致化管理的对象是人，它注重的是过程和细节的管理，其贯穿于教育工作的每一个细节。当代大学生是未来社会发展、建设的主力军，我们有责任、有义务为他们甘做垫脚石，指引他们。我们崇尚"以人为本、尊重为大"的精致化管理理念，将"尊重"作为连接师生关系的桥梁，并以此为润滑剂，推动学生管理工作的有效进行，实现高等院校"教书育人"的伟大目标。

参 考 文 献

[1] 布鲁纳. 教育过程 [M]. 北京：文化教育出版社，1960.
[2] 亚德里安·斯莱沃斯基. 需求 [M]. 杭州：浙江人民出版社，2013.

工商管理系 2012 级大学生日常精致化管理工作探索

史颖文[①]

摘 要："天下事有难易乎？为之，则难者亦易；不为，则易者亦难矣。"天下事有困难和容易的区别吗？只要去做，那么困难的也容易了；不做，那么容易的也困难了。"天下难事，必作于易；天下大事，必作于细。"凡大事业皆由易事、小事累积而成，细节往往决定成败。恰逢我院党委副书记、纪委书记王秀明提出精益求精、臻于至善的"精致化"的学生工作理念，结合本人在系里面负责的实际工作，做了一些工作思考总结。

关键词：精致化探索；聊天预约；贷款管理

一、研究背景、思路

（1）研究对象介绍：工商管理系 2012 级学生共 469 名，其中男生 168 人，女生 301 人，男女比例达 1∶2。生源来自潮汕地区 140 人、粤西 107 人、珠三角直辖市 102 人、客家地区 61 人、外省同学 35 人、粤北 24 人。

（2）笔者从刚工作开始到现在两年时间里，两次负责毕业班就业指导工作，同时也负责奖、勤、助、贷工作。在这两年的工作中，总结了一些心得体会。现结合自身的职务特点和优势，对 2012 级学生做一个日常管理工作精致化管理的探索总结。

二、毕业班管理工作中存在的问题

（1）部分大四学生出现创新学分拿不够 6 分，达不到毕业条件。创新学分，是纳入毕业的硬性条件，是我校重要的人才培养方案之一。很多学生认为这个 6 分是可有可无的，可以拿其他分抵。没有在大三时拿够 6 分，大四时就比较被动。同时面临着大四实习找工作、毕业论文的压力，无形中给自己增添了负担。

（2）部分大四学生必修、专业选修学分不够，达不到毕业条件。自 2008 年以来，我院实行延长学制，对毕业时达到不毕业条件的学生，实行延长 1～2 年的延

[①] 史颖文，男，实习研究员，广东金融学院工商管理系辅导员。研究方向：思想政治教育。

修模式。据统计，我院每年毕业班都有大约2%的学生毕不了业，要申请延长修业。工商管理系2008级、2009级、2010级就分别有13名、19名、10名学生需要延长修业。

（3）部分学生成绩绩点不足2.0，达不到学士学位授予条件。平均绩点2.0，意味着平均分要68～70分。所以说不挂科，并不意味着就能顺利拿到"双证"。

（4）对学生不熟悉、不了解，较难开展个性化就业指导。因为是临时接任毕业班，而且大四的学生基本没有课程安排，很多在外实习找工作，老师与学生难见面，这就间接地导致就业指导效率低下。

（5）很多毕业生对签三方就业协议、接收函、报到证不了解。不明白档案和户口的相关问题。每当毕业典礼前夕，发报到证时就很多人问起是不是每个人都要交接收函、是不是每个人都要签三方就业协议、是不是档案打回生源地就会失去干部身份，影响计算工龄，影响自己以后的职称评定，等等。

三、助、贷管理工作中存在的问题

（1）四年下来对学生的助、贷统计没有汇总，不能做到随时可以查到自己所带的学生曾获得的资助情况。

（2）部分贷款毕业生毕业后有意无意玩消失，更换了电话号码，家庭电话号码也打不通。例如工商管理系06本李燕冰同学，该生已多年没有联系上，手机号码已打不通，家里电话无法拨通，多次写信邮寄到该生家里地址无果。

（3）辅导员流动性大，很多时候贷款放出去了，到了毕业要还息还贷的时候，辅导员离开管理岗位了，往往这部分贷款是由系里负责奖助贷的老师来负责。首先是没有学生最新的联系方式，其次是学生与老师的认同和相识度不同，客观增加还贷难度。

四、2012级大学生日常精致化管理工作探索

1. 建立辅导员聊谈预约制度

践行"以生为本"的服务理念，如何才能做到更细致、精致地管理学生工作，笔者认为与学生多沟通、交流是最主要、最有效、最直接的方法。刚入职的那一天，系吴书记就对我们说过，如果能在学生毕业前和自己所带的学生谈三次话，那么作为带班辅导员你就合格了。当时我并没有特别的在意这个三次谈话，认为三次谈话那是很容易完成的事情。当我已经工作两年，很多同学连名字也叫不出来的时候，我开始反思自己，会不会到了毕业的时候也跟之前的毕业班一样，个性化的就业指导沦为空谈。当我系副处级辅导员李淑君老师从外地学习交流回来跟我们分享其他高校的学生管理经验的时候，提到辅导员每天找三位学生谈话的做法，使我突然间找到了精致化学生管理的工作方向。

那么如何建立辅导员聊天预约制度，笔者根据自己的实践经验分享如下：

（1）做好聊天预约表（附件1）。要求所带学生必须参与聊天，同时限制每天聊天人数在4人左右。由学生自由组合和挑选时间，甚至可以自由选择谈话方式和

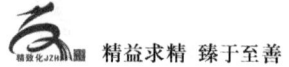

地点。由班长负责做好整个班的聊天预约表。

（2）做好聊天记录电子卡（附件2）。记录卡包含学生的基本信息和每次谈话的记录，做好电子档案的存档和记录。

（3）审阅学生的学生登记卡。登记卡记录有学生的家庭信息和兴趣爱好等，预先了解学生的家庭环境，为聊天做好前期准备，有针对性地问问题、聊天。

（4）聊天的内容：①学业：学业是大学的主业、基石。学生的80%的问题都是由学业造成的。作弊、挂科、重修、重修不及格，每一样都会拖累学生，影响学生前进的步伐。②家庭情况：介绍家里面的情况，可以了解家庭是否和谐，结合之前做的奖、勤、助、贷统计表，可以进一步了解困难家庭的情况，哪些人是真正贫困，哪些人相对没有那么贫困。③参加校内外活动情况：大学是半个社会，在大学期间不仅仅是学习，多参加校内外活动有助于全面发展。我校王秀明书记曾说过，"希望四年后走出校门的'90后'具备自我管理能力、逻辑思考能力、研究分析判断能力、沟通表达能力、团队合作能力、挫折承受能力、人际相处能力，以及跨专业的各种专长，以成就他们完满的幸福人生"。④职业规划/就业方向：有规划才有方向，有目标才有动力，提前了解就业方向，提前做好个性化就业指导，更好地为大四毕业做准备。

（5）根据聊天内容，将每位学生进行分类。可以分为家庭困难型、就业困惑型、心理困惑型、学业困难型。也可以分重点关注型和普通关注型。分类后对重点关注的各类困难学生进行跟踪，记录。

2. 多开班会，多走班级、宿舍

古语云，"往而不来，非礼也；来而不往，亦非礼也"。如果把"建立辅导员聊谈预约制度"作为"一来二往"的"一来"的话，那么"二往"就是：

（1）多开班会，多往班里走。辅导员与学生的交流，大多数是通过开班会的形式。不同于上课老师，上课老师每周至少有一天可以跟学生见面交流，而辅导员却做不到。班会的主题可分为：①学业、学风主题班会：强调毕业的条件是创新学分6分、学分拿够、绩点达到2.0以上。还有很多同学认为四级跟毕业证挂钩，其实不然。强调学业是大学的基础，必须重视学业，如果有必修课程重修不及格，将直接宣布修读大五。重视考风、学风，强调考试纪律，强调作弊所带来的风险。②安全教育主题班会：强调不能以班级名义参加班游，人身安全需特别注意。用电安全，安全意识常记心中。女生安全教育，班级女生比例高，这是一个不得不面对的现实。根据自己的学医经验，强调意外怀孕、人流的危害，树立保护好自己的安全意识。③师兄师姐就业去向班会：联系毕业班辅导员，获取每年的就业情况。每年招生就业处都会要求系部提供优秀就业案例，我们可以拿过来给师弟师妹借鉴。如果条件允许，直接邀请优秀就业的师兄师姐返校分享自己的求职经验。④大三下学期要专门开一个关于毕业生三方就业协议、报到证、接收函、档案、户口等的班会。根据两年带毕业班的经验，这个班会非常有必要，当面跟学生说清楚，有问题当场问。如果这项工作做好了，可以减少以后的工作量。

（2）多往宿舍走。宿舍是学生工作的第一线，学生的生活状态首先反映在宿舍里面，比如去学生宿舍有可能会发现同学打游戏机、使用大功率电器，有可能会发现香烟盒，有可能会发现麻将台。根据聊天的情况，有针对性地查看宿舍，就可以发现问题学生的问题所在。多走宿舍的另一个好处就是可以走近学生，更好地回到生活的层面与学生交流。

3. 加强贷款学生的管理

（1）"建立贫困相对比较体系、加强感恩教育"。①逐步引导学生建立正确的相对比较体系——没有绝对的贫困，只有相对的贫困；不要放大别人的财富，也不要夸大自己的贫穷。②通过获奖感言来表达对国家"三金"的感念之心，进行感恩教育。在此情况下，2013年我系的贷款人数为1人，同时我系欠费比率全校最低（见表1）。

表1　工商管理系2009—2012级学生贷款人数统计

年级	贷款人数/人	贷款笔数/笔	已结清贷款人数/人	已结清贷款笔数/笔
2009级	115	24	88	189
2010级	71	105	10	15
2011级	17	18	0	0
2012级	4	4	1	1

（2）设计一个以班为单位统计学生奖、助、贷获得情况的表格（附件3）。这个表格适用于每个带班辅导员，用于统计自己所带学生的奖、助、贷情况，四年下来可以对自己所带学生获得的奖励和资助一览无余。如果全系辅导员统一使用这个表格，那么对于负责奖助贷的老师来说，这是一个很好的全系奖、助、贷存档资料。

（3）贷款学生建立一个QQ群、在大一大二时收集详细的班级通讯录包括详细家庭住址、家庭联系电话。很多学生毕业后手机电话号码会变更，但是一般不会更换QQ号码，建立QQ群有助于更好地联系到学生，并且可以留下文字类的联系证据。收集详细的家庭住址和家庭联系电话，有助于建立电话号码联系不到、QQ不回复的应急处理方案：①寄信至家里；②亲自上门寻求解决办法。

（4）在同一个部门，贷款管理工作应该是谁放贷谁负责的原则。首先，各位辅导员负责各自的贷款学生，直接跟自己的工作挂钩，这样辅导员会想尽办法做好贷前、贷后管理工作。其次，学生与老师的交流比较多，交流比较密切熟悉，由各位辅导员联系各自贷款学生，会有事半功倍的效果。流动性较大的辅导员，应积极配合系奖助贷老师提供最新的学生联系方式。

五、结语

学工不易不能学工不为。"精致化"的学生管理理念，是我校王秀明书记提出的更高要求的学生管理理念，对管理的要求更加精致、细致到位。我非常赞同学生处李国岳处长说的：推进"精致化"学生工作理念需要的是全体学生管理人员的思想自觉和行为自觉。作为一名刚工作两年的年轻辅导员，需要锻炼的还有很多，需要虚心不断地向前辈学习，时刻保持一颗昂扬向上的进取心、干事创业的精气神，努力在自己所带的2012级实现"精致化"学生管理工作。"天下事有难易乎？为之，则难者亦易；不为，则易者亦难矣。"

附件1：

聊天预约表

第×周	周一	周二	周三	周四	周五
具体时间（上午）					
约谈方式和地点					
约谈人员名单					
具体时间（下午）					
约谈方式和地点					
约谈人员名单					
具体时间（晚上）					
约谈方式和地点					
约谈人员名单					

（1）约谈内容：①介绍自己及家里情况。②学习成绩平均分、补考重修情况、绩点有多少、创新学分获得情况。③大学已参加何种校内外组织和活动。④对自己未来有何想法和规划。⑤自由发挥。

（2）预约时间：无课时间。下午场：2：30～5：00（如果约谈地点不在系办，时间可调，但上班时间必须在系办）。

（3）约谈地点和方式：尽量在系办聊，因为要记录文字。可以一起边吃饭、喝咖啡边谈，也可以一起运动（跑步、散步、打篮球、足球、羽毛球、乒乓球）。

（4）约谈次数和人数：每天一次，一次3～4人。人员自由组合，挑一名负责人并附上短号。

（5）意外情况（如要开会等），时间另行通知。

附件 2：

聊天记录卡

姓 名		性 别		学 号	
生源地		政治面貌		个人联系方式	

基本信息	
学生专、特长	
就业意向	

谈话记录	
	记录日期：
	记录日期：
	记录日期：

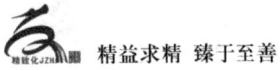

附件3:

奖、助、贷统计表

学年时间				困难认定			2012—2013 学年				
							2012.10	2012.12	2012.10	2013.4	
学号	姓名	性别	生源地	家庭情况调查表	贫困生认定	其他证明	贷款	国家助学贷款中央奖补资金	助学金（3000元）	"VISA金融励志奖学金"（4000元）	地区性补助

高校中横向与纵向的精致化管理模式初探

金俊彤①

摘 要：精致化管理最初源于欧洲发达国家的一种企业管理理念。它是一种注重过程和细节的管理理念，追求卓越，有助于提升品质的"精致"文化，同时以人为本，实现至真、至善、至美的理想目标。精致化的管理理念符合高校大学生思想工作的实际需要，在高校的管理与服务中能不断地提高效率。本文通过运用领导学、心理学的相关方法，分析精致化管理在高校管理中横向与纵向的案例，总结工作当中的经验，同时也进行我校在管理层中横向与纵向的管理模式的初步探索。

关键词：精致化；高校；横向；纵向

精致，可谓是精巧细密且美好，不仅仅可形容一样物体，也可以形容事情、生活。精致化的管理理念亦是如此，它以人为本，精益求精，不仅注重细节与过程，也将结果作为很重要的衡量因素。通过不断对精致化管理的学习，以及自身一年的工作经验总结，对精致化在管理中横向与纵向的模式中有以下的感悟。

一、横向

横向，可以说就是在平行关系，非上下级的管理单位中进行的管理模式。比如在学生工作处，奖勤助贷与学生心理工作的分配管理，就可以说是在同一管理层中的横向管理。

作为在系部这样一个学校工作最基本的管理层，我在这里所看到的横向管理，便是对眼下系部学生的精致化管理。

辅导员的工作看似事无巨细，事事都要非常用心。但在精致化的管理中，我们需要一种选择的智慧。也就是在众多需要处理的事情中，我们首选更加重要、更加紧急的事情去做。换句话说，我们在面对许许多多事情的时候，要根据实际客观情况，去做智慧的选择。

美国西北大学凯洛格管理学院管理经济学和决策科学系的默宁翰教授认为，在横向管理中，我们可以选择把目光放在管理成员中的反应，而非总是聚焦于我们需

---

① 金俊彤，女，实习研究员，广东金融学院公共管理系辅导员。研究方向：思想政治教育。

要实现的终极。可以说，默宁翰教授的智慧让横向管理更像是一个领导团队。或许，可以说在横向管理中，我们亦可以运用领导学的一些方法进行管理。默宁翰教授认为，我们应该更专注于团队中的成员，其次跳出自己的视角与每个人进行交流互动，接下来要从一个社会心理学家的角度尝试预测成员们的行为，而后要主动倾听对方的声音，最重要的是，更要像一个首席执行官一样只是进行适时地交流而不过多地参与。

在我的工作经历中，似乎也在体味和学习这样一种管理模式。一个管理着将近三百个学生的管理者不可能面面俱到，这时要用选择的智慧，通过与每一个群体的代表者进行信息的交换，将重要的情况了然于心。同时，秉承精致化管理以人为本的理念，与需要切实关注的个体进行适时地交流。关注他们，跳出自己的视角，从他们的立场去思考每一件事情。帮助他们，而不是代替他们去解决问题，才会让他们更加成长。

在美国，高校心理咨询工作逐步形成了精致化管理的模式。美国高校心理咨询中心在精致化管理的形成中进行了管理和运作机制的精致化、服务工作的精致化以及人员组织的精致化。他们的精致化管理模式并不是将所有的一切都精细划分，而是选择在心理咨询工作中尤为重要的部分进行精致化的管理。这不仅贯彻了精致化的选择性智慧，也对不可或缺的部分进行了专业化管理。

这样的一种模式，其实在横向管理中，也是对一些重要部分进行更加深入的精致化管理。在青年工作团队中，我们需要改变以往填鸭式教育的训诫，要尊重、相信、理解、依靠和服务学生。依然如前一个模式，跳出自己的视角，帮助他们解决实际困难，创建新的模式，扩大团队的覆盖面，同时还要帮助他们探索思想引导的路径载体，鼓励他们进行校园管理与建设。

我校外语系的范宜波书记在精致化管理的观念上有独到的见解。他的精致化学生工作六大模块如下：一是发展前的精心甄别和发展后的三元化管理。二是围绕人才培养精心设计校园文化活动。一系列的校园文化活动，能够激励学生不断创新与实践，不断打造更好的自己。三是在引导学生的过程中要潜移默化地给予大量的帮助以进行风险控制与防范。四是利用自己的智慧和相关技术完成一系列工作，如助学贷款的催缴。五是精致化的专业实践设计与安排。通过工学结合、通过寻找共赢点来帮助学生将理论与实践结合。六是精心指导就业与建设高端就业市场。其实更多的是通过培养学生利他主义的价值观，进行因材施教与差异化培养，使学生在实践中更加完善。范宜波书记的见解更像是将以上提及的两种模式结合起来，既注重了以人为本的核心，也将团队的专业化进行得更加彻底，使一种新的模式在两者结合中更加完善。

二、纵向

在纵向的管理中，不仅涉及学生与辅导员，甚至与系书记、学校职能部门、校长的合作都会起到至关重要的作用。

有院校将副书记—辅导员—班主任作为一个纵向管理的精致化管理模式。在其精致化模式中，副书记全面负责学生政治思想教育、管理及毕业生工作计划、组织和协调；负责辅导员和班主任的组织、管理、指导工作；全面落实学校布置的工作，及学生管理有关规章制度；负责组织和协调学生各项活动；负责学校学生的安全稳定工作。接着，在辅导员工作中，负责学生日常纪律、生活管理，处理日常事务和各方面检查、评比。最后在班主任指导学生学习和发展规划，帮助构建合理的知识和能力结构，提升学习实践和适应社会能力的工作中落实下来。这样一份严谨的纵向管理模式，是很值得借鉴学习的。

密歇根大学一位著名的组织心理学家卡尔·韦克的"双重互动"似乎更适用于纵向的管理模式。"双重互动"指出，一个人的行为会激发出自然反应，而这一自然反应接着又会激发出另一个自然反应，这些反应会在一定的人际关系空间，或者说在管理层之间发生。如果我们将这一方法应用于纵向管理模式，譬如将副书记对辅导员的指导与帮助所产生的良性反应，进而去激发出辅导员对学生团体的良性反应，或许能够一箭双雕、事半功倍呢！

总结来看，高校纵向与横向的精致化管理都是不可缺少的。我们要秉承的不仅是以人为本，还有尊重与信任。我们的精致化管理模式要基于生活，每一个步骤都要精心。在众多的实例中，矩阵式机制、以基层为主的扁平化结构等都值得借鉴。我们所进行的管理，要成为一种文化、成为一种精神，只有不断地进行创新与提升，才能将精致化管理做得更加完善。

参 考 文 献

[1] 张菊荣. 精致化管理的价值取向、内涵追求及操作智慧［J］. 江苏教育，2009（35）：35－37.
[2] 沈正元. 打造执行力文化——精致化管理的关键［J］. 学校管理，2004（4）：7－10.
[3] 周莉，徐紫薇，雷雳. 美国高校心理咨询服务专业化和精致化的研究及启示［J］. 心理研究，2014（2）：12－15.
[4] 刘亚琼. 三位一体——推进高校学生工作精致化［J］. 河南教育（高教），2013（12）：6－8.
[5] 段天洪. 学校"精致化"管理的反思与实践［J］. 基础教育研究，2013（6）：36－40.
[6] 赵东旭. 在职校三级学生管理中推行"精致化"理念［J］. 中国培训，2013（10）：47－49.
[7] 李楠. 尊重青年主体地位　提升青年工作精致化水平［J］. 高校辅导员，2012（5）：21－24.
[8] ［美］约翰·基斯·默宁翰. 无为而治［M］. 北京：华夏出版社，2013.

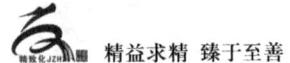

"精致化"理念下浅谈当代大学生心理问题的对策研究

黄珍军[①]

摘　要：在不少高等院校中大学生都普遍存在着一定的心理问题。探究这些问题，能使大学生更好地对自己的心理问题进行归因，对高校的教学管理工作有极大的启发，这很有现实意义也十分必要。本文通过网络对大学生进行调查，结合调查结果分析出大学生心理问题主要在于：角色转化与适应障碍、人际关系、学业成绩、就业难题，等等，进而提出一些相关对策，以帮助更多的大学生健康快乐地度过大学校园生活。

关键词：精致化；大学生；心理问题；产生原因；对策

大学生作为现代社会新科技、新思想的前沿群体、国家培养的高级人才，他们的青春活力给社会增添了许多乐趣，他们的聪明智慧为社会创造了无限的财富，他们的刻苦钻研使整个社会逐渐成为学习型社会。但是随着生活节奏的加快，不少高等院校的大学生都普遍存在着一定的心理问题，严重的还影响到身心健康、休学甚至自杀，这种现象越来越受到社会各界的关注，而精神压力是导致心理问题的重要诱因。因此我认为，探究产生这种现象的原因，能使大学生更好地对自己的表现进行归因，对高校的教学管理工作有极大的启发，这很有现实意义也十分必要。

一、当代大学生心理问题产生的理论依据

随着经济的发展、竞争的加剧，人们的价值观发生了很大变化。大学生作为一个特殊的群体，他们正处于个体成长关键时期，世界观和人生观正在形成，由于缺乏正确对待压力的能力，自我调节能力相对较弱，心理情绪极易波动。而社会变革却需要大学生创新、自信、进取，以适应激烈的竞争。因此，社会需求与大学生现有水平发生了巨大的冲突，以致许多大学生情绪不稳定，出现种种迷惘、忧郁不安等，由此引发了不少心理问题。

美国心理学家马斯洛提出了融合"精神分析心理学"（弗洛伊德）和"行为主

[①] 黄珍军，男，硕士，助教，广东金融学院金融系辅导员。研究方向：思想政治教育。

义心理学"的"人本主义心理学"美学,他从人的需要出发探索人的需求和研究人的行为,把需求分成生理需求、安全需求、社交需求、尊重需求和自我实现需求五类,依次由较低层次到较高层次。人都潜藏着这五种不同层次的需要,人的最迫切的需要是激励人行动的主要原因和动力。他还认为:在人自我实现的创造性过程中,产生一种所谓的"高峰体验"的情感,这个时候是人存在的最高、最完美、最和谐的状态,这时的人具有一种欣喜若狂、如醉如痴、销魂的感觉。大学生为了能够达到自我实现的需求,不断自我追求,努力发掘自己的潜力,使自己成为自己所期望的人。但是当焦虑、忧伤等不良情绪汇集在一起难以得到宣泄时,他们便会产生心理问题。

二、当代大学生心理问题产生的现状及原因

在常人眼里,走过独木桥而在象牙塔的大学生们应该过着快乐的生活,然而部分学子却在心理上蒙上了一层阴影。据中国社会调查所日前对北京、上海、广州、天津等城市在校大学生的心理健康抽样调查显示,75%的同学认为压力主要来源于社会就业;41.7%的同学认为压力来自自己对自己的期望;认为压力来源于家庭环境的影响和人际关系的占16.7%;因恋爱问题而感到压力的占8.3%。据有关部门的一项统计,在大学生退学的人数中,有一半是因为心理问题。

不久前,据《中国教育报》报道,高等教育出版社社会学习资源分社在华中、华东、京津地区28所高校进行大学生心理健康问题调研。本次调研取得的数据显示,大学生最大的心理压力来源是就业,占57.4%,其次是学习,占53.4%,感情占27%,人际交往占23.5%,经济占14.4%,与父母关系占8.6%。就业已经成为学生最大的压力来源。与压力最大来源相关的,社会交往问题占59%,成为大学生最大心理问题,自我感觉中的抑郁为26.1%、强迫症为24.3%、自卑为20.7%,其中自我感觉学习障碍为15%、缺乏生活目标为14.8%。

从相关调查结果来看,当今大学生心理问题产生有以下几方面的原因。

(一)角色转换与适应障碍

首先高中教师为了激励学生刻苦学习,总把大学描绘成"人间天堂",学生也将考大学作为唯一的和最终的目标来激励自己在高中埋首苦读。当他们跨入大学后,感觉高校的社会认可度、办学水平、政策环境等各方面与理想中的大学还存在着差距,部分学生表现出对现实的失落感。

其次大学与高中相比,大学教学模式更具自主性、灵活性和探索性。进入大学后,有些新生感觉从高中的紧张学习中解脱,但又不知如何安排学习,以致心中忧郁、焦虑。

再次相当多的学生表现出生活自理和适应能力差的情况。进入大学后,由原来依赖父母的小家庭过渡到相对自立的大学集体生活,心理上产生孤独、空洞感。有些学生连简单的劳动都不愿从事,衣服、被子请人洗。

还有当代大学生受挫折的心理承受力差。生活在20世纪80、90年代的独生子

女从小就备受家人的溺爱，几乎没有经历什么挫折。进大学前，他们的任务只是学习；而当他们要独自面临挫折时，一些学生显得无所适从，进而对生活丧失信心。

（二）不擅长处理人际关系

心理学家丁瓒先生说："人类的心理适应最主要的就是对人际关系的适应。所以，人类的心理病态主要是由于人际关系的失调而来。"据调查，大学生引发人际关系危机的心理特征有四种：自我封闭（表现为不愿与他人交往，喜欢独来独往），自我否定（由于在学习、社交、社会工作、经济、家庭乃至相貌等方面感到不如人，有强烈的失落感，乃至丧失自信心和进取精神），自我欣赏（表现为在各种场合都希望自己是中心，自我感觉奇好），盛气凌人（由于有较好的成长阅历，表现为肯定自己，否定他人）。

据专家分析，导致大学生交际困难有以下几个原因：现在大学生多为独生子女，从小教育不当造成了一些负面效果，如任性自私、为所欲为；从小缺乏集体环境而导致缺乏集体荣誉感与合作精神；家长的过分包办使独生子女上大学后缺乏最起码的独立生活及为人处世的能力；大学生的文化背景、生活习惯与高中不同，等等。一方面由于不知道与人交往沟通的技巧与原则，导致大学生自闭偏执、生活态度不乐观；另一方面由于缺乏倾诉对象，会加重心理压力。

（三）家庭及外界的不利影响

从历史方面来说，中国长期处于封建社会，形成了腼腆、含蓄、矜持的"内向型"民族性格，它固然有其优点，但如果有压力得不到及时、有效的心理疏导，极易诱发心理疾患。

从家庭方面来说，生活困难和不幸的大学生承受着巨大的经济压力和沉重的心理压力。有些学生因情感的缺陷产生强烈的自卑感，交往退缩，因而产生心理障碍，一旦再受到打击，如他人的讽刺嘲笑、学习成绩不好等就会引发更大的心理危机。而且大学生日常消费呈上升趋势，且有较强的攀比心理，一些贫困学生由于家庭经济影响手头拮据，不敢参与同学聚会，这些都给他们心理投下巨大的阴影，逐渐形成不良情绪。自卑的形成又与个体心理品质有直接关系，同样的遭遇和挫折，意志坚强的人能够挺过去，意志薄弱的人会被困难击倒，不能正确认识自我，形成自卑心理。

另外，生活中的重大变故和意外，如重病、致残、父母离异、亲人亡故等，也是诱发大学生心理问题的重要因素。

（四）情感困惑

我国大学生年龄基本在 18～24 岁之间，从生理上讲，性发育已经成熟，在潜意识中对异性的渴求尤为强烈。但从心理上讲，自我意识增强但发展不成熟，抽象思维迅速发展但思维易带主观片面性，情感丰富但情绪波动较大，意志水平明显提高但不稳定。

但由于缺乏经验和处理恋爱问题的能力，有的大学生往往会产生情绪焦虑等心理问题。有的同学因为谈恋爱疏远同学，与朋友孤立；有的学生害怕别的同学抢走自己的朋友，常胡思乱想；有的学生因为彼此性格不合或其他原因失恋，一方可能陷入感情漩涡而不能自拔，甚至产生自杀等心理危机。

不少大学生也会因为情感极易波动或交际困难，在精彩的网络世界里寻找心理满足。因此，他们对网络的依赖性越来越强，每天花大量时间沉湎于网络世界，与现实世界产生隔阂，甚至染上网瘾。这样影响了大学生正常的认知情感，还可能导致人格分裂，不利于健康性格和人生观的塑造。

（五）学习焦虑两极化

随着科技的快速发展，社会对人各方面的要求越来越高，所以有些大学生为了适应社会的需求，不得不放弃自己的休息时间而投入到紧张的学习中，久而久之出现过分担心、紧张、不安、恐惧等复合情绪障碍，还可能伴有失眠、全身不适等症状，情绪就变得非常糟糕，于是他们便寻找时机爆发出来。

还有一种相对的情况是因对专业不感兴趣而缺乏学习兴趣。在报考大学志愿时，常会有部分学生对各专业情况不了解，因此填报比较盲目或所填报的专业与自己当初的想法相去甚远或志愿服从调配，所学专业并非自己喜欢的专业，因而情绪低落。当他们进入大学后，就会受到就业情况、社会的就业形势，以及自己的主观愿望等方面的影响，认为所学的专业没有发展前途，使一部分学生对大学期间的学习产生厌烦和抵触情绪，从而造成心理上的压力。

（六）就业难题

随着高校教育体制改革与发展，我国高等教育已从"精英教育"走向了"大众教育"。2003年是我国高校首次扩招后毕业生步入社会的第一年，普通高校毕业生212万，2009年据估计有700万人左右，而由于全球经济危机，就业市场的不景气，工作岗位只有150万。虽然高校扩招为更多的学生提供了接受高等教育的机会，对于提高国民素质、促进中国经济和社会的发展做出巨大贡献，但社会对大学毕业生的吸纳能力却并未与高校扩招同步增长，从而导致大学毕业生的就业压力越来越大。

同时，80年代出生的大学生大多是独生子女，父母的呵护使其养成了以自我为中心的习惯，心理素质整体较差。毕业时他们盲目攀高、盲目从众、盲目等待、不自信，大学生找工作或找比较理想的工作越来越困难。这对大学里众多高年级学生造成很大的精神压力，使他们因焦虑、自卑而失去安全感，许多心理问题也随之产生。

三、大学生心理问题解决思考与对策

针对上述的原因，我认为要改变这种状况，在"精致化"理念的指导下，可以采取以下几个对策。

（一）营造社会重视大学生心理问题氛围，帮助他们更好地度过心理危机时期

大学生正处于心理的过渡期，社会生活中的每一变化都会通过各种渠道影响他们的成长与发展，特别是社会中道德价值观念的变化对大学生的道德价值观念的形成起着极为重要的作用。而未来社会的道德价值观又要以当代大学生的观念为基础，因此社会应该积极创设关注大学生心理问题的氛围，帮助他们更好地面对自己的未来。

国家相关部门可以用广播电视等媒介宣传大学生心理的重要性、意义，也可以根据当地条件建立免费的面向所有大学生的心理咨询室；在5月25日的大学生心理健康日，社会各界可以组织新颖健康的活动让大学生打开心扉，说出心里话；针对目前的就业难导致大学生（尤其是贫困生和残疾学生）心理焦虑，浙江省教育厅就为此举办了开展优秀贫困毕业生就业推荐活动，不但能使他们乐观地面对生活，还能以他们的成长经历帮助他人战胜困难，真是一举两得的好事。

（二）构建高校大学生心理教育体系，让文明与道德传遍校园

大学是高校大学生生活和学习的主要环境，为了能让文明与道德传遍校园，也让大学生度过充实愉快的校园生活，高等院校应尽早完善高校大学生心理健康教育体系。

为此，高校可以开展大一新生心理健康调查，采用"心理健康问卷"，从中筛选出有心理症状的学生，做到心理问题早期发现与预防；可以定期开设大学生心理健康课程，创办心理健康协会，帮助大家形成良好的心理素质，更好地帮助大学生在更高的层次上认识自我；高校也可以利用图书馆资源，引导大学生采用阅读治疗，使他们在阅读书籍的过程中产生美的享受，愉悦身心、陶冶情操，引导他们积极向上地面对生活中的挫折与失败。

（三）倡导大学生积极心理自我保健，做新时期健康快乐的新生代

知人为聪，知己为明；知人不易，知己更难。大学生应该对自己的性格、心理、人生有正确的定位，平时要控制自己的心境、自觉地调整内在的不平衡心理、增强心理素质、保持乐观向上的情绪，努力使自己成为充满自信、正视社会现实、独立意识强、正确对待挫折等拥有积极向上心理的新生代。

当心灵受到强烈创伤时，大学生可以自我激励法、注意转移法、适度宣泄法、自我安慰法、合理情绪调节法、自我静思法、广交朋友法、松弛练习法、幽默疗法等方法，帮助自己树立正确的人生观，对未来充满信心，磨炼自己的意志，培养乐观豁达的态度。任何时候都不要惧怕困难、挫折，要始终保持积极向上的精神状态和健康的心理。

总之，21世纪是一个思想文化激荡、价值观念多元、新闻舆论冲击、社会瞬息万变的世纪。面对如此纷繁复杂的世界，大学生随时都可能出现心理危机。全社会、高校和大学生应当齐心协力地关注当代大学生心理健康教育，共同帮助大学生提高社会适应性、承受力、创造力以及自信心等心理素质的教育与培养，使他们真

正意识到：未来是充满挑战性的，不仅需要德、智、体、美、劳的全面发展，更要具备战胜各种困难挫折的心理准备，从而引导他们科学地认识自我，更新观念，超越自我。唯有如此，大学生方能在竞争中风华正茂，书生意气，挥斥方遒，指点江山，激扬文字，参与中国与世界的竞争，迎接新世纪的挑战！

参 考 文 献

[1] 马斯洛. 马斯洛人本哲学 [M]. 九州出版社，2006.
[2] 林安. 大学生心理健康教育的有益形式——图书治疗 [J]. 高校图书馆工作，2005，25 (3): 89-90.
[3] 裘陆勤. 调查显示就业成为大学生最大心理压力来源 [J]. 中国教育报，2008，25 (5): 5.

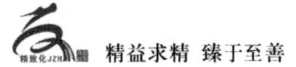

以精致化建设引领系级特色文化建设

——以广东金融学院金融系为例

车明珍[①]

摘　要：系级作为高校的二级单位，系级特色文化作为校园文化的亚文化，体现在明确的院系精神、具有鲜明的品牌活动和师生认可并遵循的管理制度，在培养优秀的多元化人才方面发挥着重要作用。金融系的全体学生是金融系特色文化传播的受众，也是文化活动的主要参与者。通过分析学生对文化活动的主观感受及客观行为，我们将会对已有文化活动开展有进一步了解，加之对文化活动的分析，我们能够大致把握今后文化活动的发展方向，从而提出相关建议以改进我系的特色文化活动，以精致化理念融合金融系的特色文化建设过程，优化特色活动的质量，以更好地为师生服务。

关键词：系级；特色文化；金融系

一、调查背景及目的

金融系作为广东金融学院最大的系部，具有学生人数最多、师资优厚等特点，在发展系级文化建设上有着得天独厚的条件。基于金融系特色文化活动影响还不凸显的现状，本次调研根据目前已有活动的宣传力度、形式与内容的创新度，以及实际效果分别从党员活动、专业竞赛以及公益类活动中挑选出品牌活动进行分析，旨在挖掘出活动效应不够凸显的原因，以精致化理念融合特色文化建设过程，优化特色活动的质量，以更好地为师生服务。

二、调查方式以及问卷回收基本情况

调查方式：问卷调查。

本次调查发放的问卷共300份，回收有效问卷287份，有效率达95.67%，在随机发放后统计的结果中男生占35%，女生占65%。

---

① 车明珍，女，实习研究员，广东金融学院金融系辅导员。研究方向：思想政治教育。

三、系级特色文化建设的问题和现状分析

（一）学生参与活动的情况

系级特色活动的开展，旨在为学生提供一个更丰富多彩的学习生活环境，让学生体验到本系浓郁的文化氛围，同时也增强学生对所在系的归属感和认同感。因此，学生们的参与程度可以作为参考的一个维度。

1. 传统的宣传方式仍占主流，辅以各式宣传

根据数据统计，"班委通知"是同学得知我系文化活动的主要方式，达到43%；展板、横幅、传单等宣传占25%；而摊位宣传和微博宣传分别为19%和11%。传统的"班委通知"的方式占主流，表明同学们大多被动地获知活动信息，班委的主观感受直接影响到班级对活动的认知，同时多渠道的方式有助于活动的广泛宣传，有效补足因为各种外在因素导致的通知不到位或者了解渠道不通畅的情况。

2. 参与目的具有趋同性

从调查结果看，55.4%的同学参与活动的原因是"希望提高自己的能力"，39.1%的同学是"希望有丰富课余生活，扩大知识面"，参与活动的趋同，体现出大学生较强烈的提升自我的愿望和需求。

3. 专业技能比赛凸显，辅以感恩教育、党员教育等活动

对于我系的各项特色活动，学生参与度参差不齐。其中，"证券招商杯"证券投资模拟大赛、"胜券在握"投资理财大赛和模拟银行招聘等与专业联系紧密的比赛较受欢迎，参与人数分别占总人数的21%、16%和14%。同时，作为实践类的"爱心包裹"参与度也达到20%。而党员示范岗和党员责任区PPT大赛的参与度则低于10%，分别为5%和8%。其他为9%。

（二）学生需求的文化活动发展趋势

1. "学以致用"是王道

有59.4%的同学想继续参加与"金融"有关的专业技能比赛，如"胜券在握""招商证券杯"和模拟银行招聘大赛等。大多数同学认为系的特色文化体现在与专业相关的竞赛中，有助于专业知识技能的学以致用。

在关于"我系应加强哪些方面的文化活动"一题中，选择学术科研类和社会实践类的人数分别占总体百分比为34%和33%，说明我院的创新创业项目、"挑战杯"以及三下乡社会实践活动三个活动具有鲜活生命力，在接下来的活动建设过程中可以此三个活动作为重点建设项目，综合提升我系特色文化建设的整体效果。

2. 多方共同完善系特色文化建设

在"对我系特色文化建设的期待"这个问题的调查结果显示，良好的学术氛围、完善的教学设施、健全的系管理制度各自占了统计数据的29.1%、29.3%以及30.1%。除此之外，关注的内容还包括和谐的教学环境、雄厚的师资力量、独特的精神风貌等。这说明大家都明确知道，优秀的特色文化建设是需要多方面的因

素支持的,在接下来的努力过程中可以提高借助外力作用,争取全系师生共同积极参与到我们的活动中来。

(三) 我系现有特色项目现状及分析

1. 现有特色项目现状

学生对我系现有的各项特色活动的认可度参差不齐,其中,证券投资模拟大赛和"爱心包裹"认可度较高,分别占到总人数的21%和20%;"胜券在握"投资理财大赛,模拟银行招聘大赛分别占到总人数的16%和14%;党员示范岗和党员责任区示范岗活动低于10%,分别为5%和8%;其他则为9%。

2. 现状分析

我系大部分学生的就业方向是银行、证券、投资等行业,因此与银行技能和专业知识有关的活动认可度较高。金融系旨在培养具备银行从业、金融理财师知识和技能的专业人才,所以学术型活动应该着重向这个方向发展,真正成为学生扩展专业素质的第二课堂。目前,我系有历经九届的证券投资模拟大赛和举办过四届的"胜券在握"投资理财大赛,前者注重培养实际操作能力,后者注重提高理论分析能力,给学生一个理论联系实践的平台,在校内都有一定的影响力。

党员示范岗与党员责任区PPT大赛的参与度不高。从调研问卷的统计数据来看,有50%的同学认为党员在整个活动过程中没有体现先锋模范作用,并且在认可党员起到模范作用的同学之中,只有20%的同学认为"身边的党员积极宣传"。这与党员的数量与质量息息相关,存在部分同学对党员的不了解,因此在党员活动方面,需要充分发挥党员的主观能动性,把先锋模范作用充分体现在日常的学习生活中来。同时,学生党员需要对我系特色文化有更多的了解,并通过自身影响力在班级上进行积极传播,带动更多的同学参与其中。我系党总支举办的"优秀党员责任区、示范岗PPT大赛"至今为止已成功举办了六届,在金融系学生党员中都有较高的认可度。这个比赛的参赛对象是党员责任区和党员示范岗的成员,比赛形式是通过PPT展示责任区或示范岗的特色。相对于其他活动而言,"优秀党员责任区、示范岗PPT大赛"在普通同学中的影响力稍弱,在宣传过程中可以发挥党员的力量,并通过党员鼓励其所在责任区或示范岗的成员或积极分子积极参与,再者,党员本身的参与带动亦可引起一部分普通同学参与观看,扩大活动的影响力,在学生群体中形成正面的、标杆式的引导。

在针对我系网页、系训调查中,67%的学生表示从未打开过金融系主页,81%的受访者不知道系训是"融你、融我、融大家"。丰富的网络资源和便捷的上网条件,却没能对学生关注特色文化活动产生积极影响,这与部分学生沉迷于网络游戏是分不开的,这部分学生往往对周围环境的感受力和参与意识不高,网上听歌、QQ聊天、看电影、打游戏等过度玩乐。金融系主页并没有充分发挥出它应有的作用,这与学生自我封闭、宣传力度不够、强调力度不够等也是相关的。

另外,应该看到较多活动在举办过程中较少请到专业的老师进行专业性更强的指导。而学生在课后无法和老师进行更深入的交流,导致对知识的理解不全面,部分学生没有充足的信心和专业知识水平去参与更高水平的活动和竞赛。根据统计结果，在我系学生看来，金融系的学术氛围一般，具体体现在：学生自身的专业知识体系不够完善，直接导致指导老师对部分参赛选手的信心大幅度降低；同时部分学生自身存在惰性，对知识的不严谨、加上缺乏监督管理，形成松散的学习和治学态度。

学术类比赛和相关活动受到大部分学生的青睐，其原因主要基于它们贴近学生毕业的就业方向，有利于学生专业知识的强化，尤其体现在与金融行业正相关的活动。"淘金吧"的期望参与度不够高，主要是因为它才刚刚开始实施，同学们还不能真正体会到其带来的作用，因此这项活动应当继续加强其宣传力度，多渠道、多层次地把"淘金吧"普及金融知识的优势体现出来，在未来也会在一定层次上发挥其积极的引导作用的。"爱心包裹"的期望参与度并没有与专业知识类活动的期望参与度持平或更高，因此活动组织方在公益活动这方面应当有所创新，在原有的基础上更多让献爱心的师生看到实实在在的爱心捐献，更多地参与到后续的反馈中来，可以进一步提升"爱心包裹"的影响力，在培养青年学生的社会责任感和使命感发面发挥其实实在在的作用。

四、解决问题的对策及建议

通过分析金融系的文化活动现状，对我系的特色文化建设有了进一步认识，针对我系特色文化建设存在的若干问题，我们可以从以下方面着手解决。

（一）加强学生思想教育，扩大活动宣传力度和影响范围

作为学生，积极的生活态度对大学生活起到良好的促进作用，一个具备积极生活态度与乐观开朗心境的人才能更专注于处理好人与人之间的关系，通过参与健康有趣的文娱活动加强与周围人之间的联系和友好往来。系里可充分利用校内校外各种资源，定期开展讲座、干部培训以及动员工作会议，等等，营造良好的学习氛围和文化建设氛围，重视对特色文化活动的宣传并给予有效的支持。充分调动辅导员的主观能动性，对系部特色活动在班会或者走访宿舍期间可进一步宣传，鼓励学生参与其中锻炼自己。

（二）注重师生互动，学生主动是关键

专业课老师一般都是上课的时候才到学校，要每天随时找得到的可能性不大，因此在这个过程中，学生干部可以充当老师和同学互动交流的桥梁：一方面帮同学们联系老师，让同学可以在课后向老师请教探讨；另一方面可以汇总类似的问题，集中约老师进行交流学习。这个过程，更加侧重要求学生积极主动去思考，把问题记录下来再与老师或者同学进行交流。而作为辅导员，在一般性问题上也可以在一定程度上给予学生支持和鼓励，引导学生做得更好。

（三）重点建设品牌项目，打造精品项目

调查发现，校内的品牌活动组织者的宣传方式、活动方式到位对同学们有实际意义，就是单纯依靠品牌和口碑都能吸引很多同学参与其中。金融系的几个品牌活

动，如"证券投资模拟大赛""胜券在握金融理财大赛"和"爱心包裹"等应在原有的基础上延续，同时在方式上与时俱进，不断创新，积累经验，扩大活动的影响力度，增强活动效果，集中力量出精品活动项目。任何一个省级、国家级的高校活动品牌项目，都需要时间和具体实践的积累，我们需要耐心地重点建设好自己的品牌项目。对于系里这些有活力、有生命力的品牌项目应该重点扶持，如加强"优秀党员责任区、示范岗PPT大赛"的宣传，创新活动发展形式，扩大活动在系里的作用和影响力。

（四）发展多样化，学术公益并航

在今后的发展过程中，可坚持两个原则：

一是百花齐放、兼容并包。可以开展让大学生健康成长的活动，可以围绕专业特色形成理论与实践相结合的专业技能竞赛，也可以发展各种其他非专业的技能活动，如辩论赛、文艺活动，等等。

二是学术与公益并重。学术类活动有助于学生对专业知识的运用，而公益活动有助于培养学生的社会责任感。目前我系志愿服务基地已达到9个，由金融系青协红会干部带班级同学前往基地开展活动，有助于培养学生的社会责任感。

（五）借鉴相关组织经验，改进活动质量

问卷调查数据显示各项活动的效应不一，各项活动的组织者应学会总结，从实践中得真知，如活动的初衷是否达到、效果是否理想、提升空间体现在哪里等，进而保留活动的优点，改善活动的不足之处，在此基础上才会每年都有进步，进而才能举办出更深入人心的活动。

本次调研通过查阅、搜集和整理相关资料，询问相关人员以及分析调研问卷，大致掌握了金融系的特色文化建设现状和发展方向：在整体上沿袭学院崇尚培养实用型人才的传统，着重打造"证券投资模拟大赛""胜券在握金融理财大赛"和"爱心包裹"等学术实践类品牌活动。在实际操作层面，争取院系领导的重视和支持，调动老师同学们的积极性，高效运用各种资源，改进和创新特色活动的宣传方式，在形式、内容等方面进行调整，提高整体的活动效果。"事事精益求精，臻于至善，精雕细琢，就可以由量变最终成就'精致化'的质的飞跃。"系级的特色文化建设同样是一个"路漫漫其修远兮"的过程，相信通过一代代人的不断努力和调整，精益求精的特色文化将朝着更美好的方向前进。

参 考 文 献

[1] 赵红深. 打造高职院校系部特色文化的实践和思考 [J]. 教育与职业, 2010 (642): 40.
[2] 王秀明. 精益求精　臻于至善——对"精致化"学生工作理念的思考 [N]. 广东金融学院报, 2014 - 02 - 28.

精致化管理理念下的高校贫困生资格认定工作

孙章龙①

摘　要：在精致化管理理念下，高校贫困生资格认定工作，要加强制度建设，完善认定程序，改进认定方法，在注重科学性的同时，体现对贫困生的人文关怀，为贫困生资助工作奠定坚实的基础。

关键词：精致化 贫困生 资格认定

贫困生是高校的一个特殊群体，他们本应和其他学生一样拥有一个美好的大学生活，但家庭的困境导致他们生活上种种顾虑，不能全身心投入学习，物质上的匮乏容易造成心理上安全感和存在感的缺失。贫困生在学习和生活中往往会产生胆怯，缺乏自信，自闭，跟人交流沟通少，参与意识低等问题。贫困生是一个物质和精神比较脆弱的群体，需要给予特殊的关怀，在日常工作中，要用科学的方法去推进贫困生资助工作，同时要加强对贫困生的人文关怀。贫困生资格认定是贫困生资助工作的基础，是贫困生资助工作的重点，只有准确认定资助的工作对象，才能有针对性地科学开展工作。贫困生资格认定工作又是贫困生工作的难点，对象复杂，标准不确定，认定方式难统一，这些都考验着高校学生管理工作者的智慧和工作方法。把精致化管理理念运用到高校贫困生资格认定工作，注重科学精神与人文关怀的融合，重视制度的建设，重视细节的把握，有利于我们更好开展贫困生工作。

一、高校贫困生资格认定工作的难点

贫困生认定工作存在很多问题，成为各高校贫困生工作的难点，总结起来有如下几点。

（1）认定对象复杂。认定的对象来自各个不同的地域、地区之间，城乡之间和阶层之间，经济差异较大，不同地域对贫困的认知不同，存在相对贫困和绝对贫困的差别。认定首先需要贫困生提出申请，由于个人对获得资助的期许不同，个别自尊心很强的贫困生有可能不提出资格认定申请，而个别经济条件好的同学却想获

---

① 孙章龙，男，硕士，助理研究员，广东金融学院应用数学系政治辅导员。研究方向：思想政治教育。

得这种无偿的资助，刻意掩饰自己的经济条件而伪装成贫困生。

（2）认定标准不确定。贫困生认定的标准没有严格量化，影响贫困生认定的标准中一些指标，比如家庭成员组成和职业、家庭成员健康状况、个人消费情况等都无法准确量化。家庭人口多可以理解为家庭负担重，但在某种特定情况下也可以理解为家庭责任承担者多。城乡差别和地域差别是认定的重要标准，但这种标准不能简单化。其他如家庭成员职业状况、个人消费情况也都不能一刀切地作为贫困生资格衡量标准。根据困难程度各高校把贫困生划分为一般贫困、贫困和特殊贫困三个等级，但这三个等级之间的认定标准也很模糊。这种认定很多时候都是在特定集体内（比如说班级或系）来进行，集体的差异会客观地造成认定标准执行不统一。在我的工作中就有这样一个案例，有一个班有8个单亲家庭，2个低保家庭，按规定贫困生认定比例，一部分贫困生资格无法得到认定。而另一个班学生普遍家庭经济状况良好，认定为贫困生的学生中有些家庭条件良好，只是相对贫困。我们可以在班级之间进行名额微调，来保证认定的公平性，但如果放在一个更大的范围来考虑，各高校和各系之间同样的认定标准下结果差异肯定存在。

（3）认定方式多样。贫困生认定可以通过生源地贫困认定，个人消费认定，集体公信认定等，但每种认定都不能保证完全公正。生源地认定存在不可控性，生源地地方民政部门作为认定贫困生资格主体，却不是贫困生资助的主要承担者，存在主体功能错位。作为认定重要依据的《高等学校学生及家庭经济情况调查表》在生源地审核宽松，甚至空白表格就签字盖章，容易导致生源地贫困生认定的随意性和不严谨性。把个人消费情况作为认定标准能部分反映个人的经济能力，但个人消费习惯和消费认知的差异降低了个人消费认定的科学性，并且个人消费认定工作难度大，很难准确掌握贫困生的消费情况，饮食消费情况可以通过饭卡消费记录掌握，其他消费难以准确了解。通过日常观察、班级投票方式由集体公信来认定贫困生资格，能够比较准确地反映贫困生的贫困资格在集体中的认可度，但这种方式容易受贫困生个人人际关系和影响力的影响，特别是大一、大二时期，同学们互相不了解，采用这种认定方式容易出现偏差。

二、精致化理念下的贫困生资格认定：繁而不烦，公而不公

在精致化理念下，要做到科学地认定贫困生资格，尽可能保证每一个真正的贫困生得到合理的认定。同时要兼顾人文关怀，在物质上给予贫困生帮扶，在心理上让贫困生得到尊重。贫困生认定工作力争做到繁而不烦，公而不公正是体现了这种理念。

繁而不烦就是力求做到认定过程合理完善，认定手续简单可行。"繁"是要做到制度建设完备化，认定程序完善化，认定标准周全化，认定方式多样化，尽可能做到认定工作科学合理，让贫困生的诉求得到最大程度的满足。"不烦"是力求做到制度完备合理，程序严谨顺畅，认定标准周全而不刻板。从各个认定标准去衡量贫困生的贫困程度，不能简单考虑一个因素，认定方式多样化会增加认定结果的不

统一性，但不能因为认定方式多样而对贫困生本身造成多余的困扰。如果有一种认定方式可以确凿无误地认定其贫困生资格，可以不用考虑其他方式认定的结果。要做到繁而不烦，首先要建立完备的贫困生认定制度，同时进一步理顺认定程序，根据学校具体情况，详尽调查，制定相对合理的认定标准。在认定过程中，给予贫困认定者一定的工作灵活度，只要是合理的认定方式，能够准确地认定贫困生的资格，都应该予以承认。

公而不公的第一个"公"是公平之意，第二个"公"是公开之意。认定过程强调公平，反映了科学的工作理念。要做到公平，需要在完善资格评定程序的同时，加强监督和反馈。监督可以是上级的监督，也可以是内部的监督，监督机制的建立能及时从外部发现问题，解决问题。反馈机制要求建立顺畅的反映渠道，当出现评定不公时，能够及时地把信息反馈给有能力解决问题的部门。贫困生资格公示是很多贫困生资格评定中的重要一环，但在这里我提出一个看法，不公开贫困生的个人情况，以此体现了人文关怀。公开有利于公平，但不公开则能更好体现对贫困生的人文关怀，保护个人隐私。对先进典型，值得宣扬的好人好事一定要公开，这样可以激励先进，带动后进。但贫困生资格这种事情不属于此类，属于个人隐私，公示可能会影响贫困生的自尊。贫困生资格认定公示后，相当于给贫困生加上了一个标签，对贫困生个人和其他人来说容易造成一个心理暗示，不利于贫困生的个人认知和周围同学的个人认同。有个别贫困生想接受资助，但又有很强的自尊心，大范围内公示其贫困生身份，容易让这些贫困生产生心理压力，进而排斥贫困生资格申请。

三、精致化理念下贫困生资格认定工作的几点思考

在精致化理念下，兼顾科学和人文，贫困生资格认定工作将更合理、更高效。但在这个过程中，有几个问题值得思考和探讨。

（一）贫困生资格认定部门

任何一个资格认定都需要一个认定部门，要名正言顺。贫困生资格不需要发证盖章，但准确定义贫困生资格认定部门仍然很有必要，不然认定的权威性就值得怀疑。从认定的整个过程来看，以下几个部门都和资格认定有关：生源地民政部门，学校，系部，班委。生源地民政部门审核《高校学生及家庭情况调查表》，班委、系部和学校也都参与整个认定过程。在这个过程中，各方的权利和责任并不是十分明确，生源地民政部门是否公正，班级评议是否准确，系部意见是否是在充分了解情况下做出，学校是否准确了解情况，这些都和能否准确认定贫困生资格相关联，都值得我们深思。

（二）贫困生认定主动性和被动性

贫困生资格按程序首先由贫困生主动提出申请，相关部门给予认定。在工作中，存在部分贫困生因为自尊、自强等个人原因，不愿意提出申请。按照贫困生资助相关规定，只有经贫困生资格认定后才符合资助条件，如果个人不主动提出申

请，是无法获得资助的。从人文关怀的角度来说，这一类学生确实是贫困生，应该在我们贫困认定的范围内，给予相应的帮扶。但从个人意愿来说，这类学生排斥贫困生这个标签，不愿意接受帮扶。如果因为贫困生这个标签造成这部分学生拒绝接受帮扶，那贫困生资格认定的必要性又值得探讨。

（三）贫困生认定是否应该跟学业和其他行为挂钩

贫困生认定中主要考虑学生的个人及家庭经济情况，但学习和道德情况是否在考虑范围之内，是另一个值得思考的问题。在贫困生认定过程中，学业问题是否应该和贫困生挂钩，出现课程不及格、吸烟喝酒是否可以一票否决贫困生资格，这些都是值得探讨的问题。国家助学金贫困生资助的重要一项，《普通本科高校、高等职业学校国家助学金管理暂行办法》规定：申请国家助学金需要"诚实守信，道德品质优良；勤奋学习，积极上进；家庭经济困难，生活俭朴"。各个学校在工作过程中，可以根据自己学校的具体情况认定什么程度属于道德品质不够优良，什么情况可以定义为学习不勤奋、生活不够简朴。但这个认定经常会引起争议，比如抽烟喝酒取消助学金申请资格，有课程不及格不可以申请助学金，这些规定都值得商榷。

精致化管理追求的是卓越，注重过程和细节，体现科学精神和人文精神的交融。从贫困生认定中存在的难点出发，结合我们的实际工作，思考存在的问题，注重制度和过程建设，理顺工作流程，有利于准确认定贫困生，从物质和精神上给予贫困生充分的帮扶。

参 考 文 献

[1] 王秀明. 精益求精 臻于至善——对"精致化"学生工作理念的思考［N］. 广东金融学院报，2014 - 02 - 28.

[2] 陶红丽，郭钟琪. 高职院校贫困生认定工作的精致化模式研究［J］. 武汉职业技术学报，2011（2）：68 - 100，110.

[3] 李昕. 高校贫困生资助管理体系研究［J］. 时代教育，2011（8）：99.

[4] 赵黎光. 浅析高校贫困生资助管理工作中的精细化管理和服务［J］. 吉林省教育学院学报，2012（12）：66 - 67.

精致化大学校园文化建设研究

侯 嵘①

摘 要：精致化是一种管理文化理念，它是社会分工精细化以及服务质量精细化对现代管理的必然要求。而精致化校园文化建设，即注重过程和细节的建设，以精致化思想为指导，围绕中国的发展国情，顺应时代发展潮流对校园文化进行建设，有助于建设有中国特色的社会主义高校校园文化。

关键词：校园文化；精致化；文化制度建设

大学校园是奇幻的象牙塔，知识文化的广播站。在长期发展过程中，其逐渐形成了独具文化特质的校园文化。因此，每所大学的校园文化里都蕴含着别具匠心的勃勃生机和新鲜活力。大学校园文化建设是文化建设的重要内容和组成部分，加强校园文化建设不仅对当代大学生人生观、价值观、世界观的培育具有积极导向作用，也有助于凝聚民族精神、提高人才培养质量，为中国社会主义建设输送高素质人才。精致化是一种管理文化理念，它是社会分工精细化以及服务质量精细化对现代管理的必然要求。现代管理学认为，科学化管理有三个层次：第一个层次是规范化，第二个层次是精细化，第三个层次是个性化。而校园文化管理精致化，则是科学管理及人文管理进行优势整合，既注重细节、过程，又重视管理结果，是一种创新的管理模式。近年随着时代的发展和社会的进步，传统"粗放式"文化建设面临严峻挑战，而融入科学、人文管理理念的精致化校园文化建设成为时代的要求。基于此，笔者通过对精致化校园文化管理理念进行阐述和引介，指出当前精致化校园文化建设的内涵和意义，以期能为大学校园文化建设提供一定的参考和借鉴。

一、精致化校园文化建设的内涵

精致化是一种理念，一种文化。它是发源于发达国家（日本20世纪50年代）的一种企业管理理念，是建立在常规管理的基础上，并将常规管理引向深入的基本思想和管理模式。其价值取向是将科学精神与人文精神合理融合。而精致化校园文化建设，即注重过程和细节的建设，以精致化思想为指导，围绕中国的发展国情，

---

① 侯嵘，女，实习研究员，广东金融学院金融系辅导员。研究方向：思想政治教育。

顺应时代发展潮流对校园文化进行建设，有助于建设有中国特色的社会主义高校校园文化。校园文化的精致化建设有以下两个特性：第一，与时代发展相一致。一方面，我国正处在黄金发展期和矛盾凸显期，在经济全球化及文化多元化的社会进程中，大学校园文化的建设随着全球化的发展而发展，更加精致化，其中就融合了时代发展潮流的特点，更加精益求精。另一方面，当今的世界是人才竞争的世界，大学校园文化的精致化建设着力于培养高质量人才，为建设中国特色社会主义奠定人才基础。第二，与国家倡导相一致。大学校园和谐文化是社会主义先进文化的重要组成部分。社会主义核心价值体系是建设和谐文化的根本，也是和谐校园的稳定器。校园文化精致化建设是以社会主义核心价值为理论基础，以科学理论为指引方向的建设，符合党的十八大中提出的文化建设要求，有助于培育我国的"四有新人"和实现"中国梦"。

二、精致化大学校园文化建设的功能

当今社会，国际经济竞争日益激烈，文化碰撞融合日益明显，这对中国特色社会主义核心价值体系产生了一定冲击，当代大学生是祖国的栋梁和中坚力量，是建设有中国特色社会主义核心价值体系的核心和新生血液，对中国梦的实现和社会主义文化建设起着决定性作用。校园文化以其独特的优势逐步成为高校教育尤其是品德教育的重要组成部分。因此，精致化大学校园文化建设能够深入传播社会主义先进文化，在学生个人发展、社会主义文化发展、国家发展各个层次也能发挥其特有的功能和作用。

（一）价值导向功能

精致化大学校园文化建设是融合科学精神与人文精神的创新校园文化建设，以科学发展观为统领，以人文教育为导向，坚持以人为本，科学管理的理念和教育主旨，同时注重理论联系实际的马克思主义指导方针。在内容上，更注重学生的文化需求。以广州大学城学生文化需求为例，经过实证调研，大学城学生具有不同于传统大学生的文化价值需求特点，表现出多元化的文化需求，既有对新旧校区文化继承与创新的需求，也有对大学城内高校间、大学与社区间互动的需求，其需求满足情况对于大学生的成长具有重要意义。而精致化大学生校园文化建设不仅面对现实，而且着眼未来，为学生全面发展精细导航，因此，精致化大学生校园文化建设更具针对性和导向性。

（二）行为约束功能

精致化校园文化建设是注重过程和细节的建设，强调质量与效益同步提高，学校投入与产出均衡，追求绩效。精致化建设的内在机制是学校管理者的责任心和敬业精神，在建设过程中，如果没有高度的责任感、事业心，没有崇高的敬业精神，没有深入了解、探讨大学生的文化需求，就不可能做到精细入微、周到细致、尽善尽美，满足大学生的文化需要。校园文化在精细化建设的过程中，对学校的老师、校长起到了约束作用，促使老师以及校长能够深入学生内心，寻找文化建设的切入点,为校园文化的发展精心策划,使得社会主义先进文化深入广大学生的内心,从内心认同并且践行社会主义核心价值观。

(三) 文化凝聚功能

精致化校园文化建设是一个不断发展、反思和提高的工程,在建设过程当中凝聚了时代的各种智慧,以及实践过程中所求得的真理。一位哲人曾经说过:"对学生真正有价值的东西,是他周围的环境。"校园文化作为一种环境教育力量,对学生的发展,综合素质的提高,行为品德的培养具有巨大影响。校园文化在精致化建设的过程当中能够有效剔除外界环境给学生灌输的不良思想,凝聚积极文化,陶冶学生的情操,构筑健康、积极的人格,全面提高学生素质。同时,校园文化还是一个学校发展的灵魂,是凝聚人心,展示学校形象,提高学校文明程度的重要体现。一种被学生所认同的校园文化必能起到团结学生的作用。通过精致化建设校园文化,老师、校长更能深入了解学生内心,理解学生的想法,与学生形成一种思想的沟通,更能促进师生之间的感情,凝聚师生之间的力量,为校园文化发展而努力。

(四) 校园管理的激励与辐射功能

在校园文化建设中,加强精细化指导思想的运用,营造一种和谐的校园文化,便于学生聪明才智的发挥,充分激发学生的创造性和积极性。一位优秀的领导者总是会在工作中自觉地发现问题并且进行自我反省,努力在之后的实践中解决问题,达到个体的自我超越,校园文化的精致化建设不仅以提高学生能力为终极目标,提高教师工作水平也是其中之一。人的最高境界,是个人对组织对他人的承诺,高度的社会责任感。在精致化校园文化建设过程中,表现在教师的心智模式、思维模式的提高以及思维定式和观念的改变上,能够充分激励教师发散思维,创新校园文化建设。同时,精致化校园文化建设还具有辐射功能,这体现在学生个人发展和学校管理的其他层次。对于学生个人发展,有利于培养学生个人的精细化思想,形成精细化工作的习惯,对于高校毕业生进入社会工作后有较强的指导意义;对于学校管理的其他层次,细致化本身作为一种文化也能被广泛传播,并且辐射至校园管理的其他领域和运用,有利于提高校园工作的整体质量。因此,精致化校园文化建设有较强的辐射功能。

三、精致化校园文化建设的策略

精致化校园文化建设是一个周期长、成效缓慢的文化建设工程,需要校园管理者耐心寻求发展的道路,并做好建设规划。精致化校园文化建设包括三个方面,分别为物质文化建设、精神文化建设、制度文化建设,这三方面的精致化建设将为学校树立起完整且具备特色的文化形象。

(一) 校园物质文化建设

校园物质文化是学校在文化建设进程中不断创造和积累的以具体形式存在的一种外在文化,是校园当中无形文化的载体,是创建校园文化的外在基础和前提条件。精细化建设校园物质文化的目的在于将为精神文化价值渗透提供精细化条件,将精神文化价值整合到物质环境之中，构建承载校园文化、校园精神价值的物质基础。主要包括教学设施、科研设备、后勤装备、校园环境、活动设施等。校园物质文化的精细化建设主要从以下几点切入。

1. 营造和谐的校园环境

校园环境对学生有着潜移默化的影响，良好的校园环境建设能使学生心旷神怡，内心平和，有助于陶冶情操，激发学生、教师的开拓进取精神，约束不良风气和行为，营造和谐的校园环境，为学生提供一个宽松的学习氛围。因此，创设和谐的校园环境是物质文化建设的首要任务，也是推进素质教育的有效途径。

2. 完善校园文化活动设施

自从高校扩招以来，我国大学生的数量急剧上升，然而，各大高校的活动设施并没有与此成正比增长，导致校内的休闲活动设施供不应求，学生在校期间视野开拓受限，不利于学生综合素质的提高，因此，完善学生活动中心、活动设备、宣传阵地等校园文化活动设施有助于保障各项校园文化活动顺利开展，对于学生的成长起着重要作用。

3. 优化教育科研的硬件设施

教育科研的硬件设施的优化主要是指图书馆的优化。大学图书馆文化是大学文化的重要部分，而图书馆是教育保障体系的重要组成部分，它不仅是学生获得知识、提高思维能力的场所之一，还是一所学校教学水平、科研水平提高的重要标志之一。因此，在校园物质文化建设中，学校管理者对于图书馆这类文化的硬件设施的建设应予以重视。

（二）校园精神文化建设

校园精神文化建设是校园文化建设的核心内容。校园精神文化主要包含学生的群体思想意识、校园风气、思想品德、价值取向等，它既是一种潜在的教育力量，又是一种无形的教育力量。因此，建设校园精神文化有助于校园文化总体水平的提高，其中，校园精神文化的精致化建设主要包括校风建设、教风建设、学风建设以及班风建设。

1. 校风建设

校风，简单理解为校园的风气。大学校风，凝聚着大学师生所共同具有的理想、志向和行为习惯，是一种精神状态和行为风尚，体现了一所大学的特色和风格。如今，外界社会愈发浮躁，金钱、权利、利益不断侵蚀着人心，大学生这一庞大群体也不免会有个别人员受到社会上不良因素的影响，倘若学校管理者疏于校风建设，让不良风气混杂于校园之中，必会影响学生价值观、人生观、世界观的判断。因此，校风建设对大学生的个人发展起着至关重要的作用，为学生营造一个和谐积极的学习氛围，将社会的浮躁之气杜绝于校园之外，是每一所大学应尽的义务。

2. 教风建设

学校教风的好坏，关乎一所学校的教学质量和教学效果，直接影响着学校的学习氛围、学生的学习态度以及社会责任感。对此，学校可以成立教风监督小组或教风领导小组，由此提高教风，对于教风的精致化建设总结如下：

（1）教学内容、教学方法和教学手段的改革；

（2）对教师的专业知识、综合能力的提高。

学校可以以教研活动、继续教育、学术探讨等形式，使教师具有精深的专业知识，同时，对于相关的边缘学科知识也能大致了解，提高综合教学能力。

3. 学风建设

学生的本职是学习，而大学，也是一个让学生学到扎实知识、掌握本领、培养创新精神的地方。学风的好坏，直接关系到人才质量的好坏，要培育高质量人才，首先应该培养学生的良好学风。近年来，各大高校扩招现象严重，导致总体质量与数量发生偏离，学校在接受众多具备形形色色的个性的大学生时，更应该培养他们良好的学风。对此，学校可以展开各种特色讲座，增加学术调研项目等，激励学风，使校园具备浓厚的学风氛围。

4. 班风建设

校园精神文化建设需要具体到每一个细节，班集体作为校园组成的单位，班风建设能够从日常学习、生活影响学生。在班集体内，由班内品学兼优、关心集体、在同学中有一定威信和工作能力的学生担任班干部，有助于团结同学，形成良好的班风。当然，党员更是要以身作则，不仅要为人民服务，更要为周围的同学服务，形成互帮互助、共同进步的良好班风。

（三）精细化校园制度建设

俗话说，"无规矩不成方圆"。精细化校园制度建设是指立足于各校的实际情况，制定学校内部的规章制度以保证学校建立正常的教育秩序，形成良好的校风。在计划经济期间，传统的学校制度促进了我国学校的发展，但是，随着计划经济体制向市场经济体制的转轨，传统学校制度在促进学校发展上的力量越来越薄弱。因此，随着时代的快速发展，校园制度的精细化建设也刻不容缓，具体可以从以下几个方面入手：

（1）科学发展，建立具备时代特色的校园制度；

（2）以制度为准绳，构建平等的校园环境；

（3）以现代教育理念为引领准则，构建开放性、发展性的制度环境；

（4）校园管理者可以成立制度监督小组，指派专人监督各项制度的实施，强化监督机制，加强质量审核。

精致化校园文化建设不仅是时代发展的要求，也是顺应我国发展的要求。当今社会的竞争是人才的竞争，校园文化的精致化建设有利于激发学生创造力，提高学生的综合素质，增强我国的竞争力以及文化软实力，"中国梦"指日可待。

参 考 文 献

[1] 赵中建,顾吉祥,于家态. 学校管理体系与 ISO 9000 标准 [M]. 上海:华东师范大学出版社,2004.
[2] 万翔,刘俭国. 学校精细化管理及其文化意义研究 [J]. 赤子,2012(9):15-17.
[3] 赵文博,贺凤美. 学生工作精细化管理的可行性研究 [J]. 教育学,2013(7):21-23.

学生视角

事实上，把学生工作导向"精致化"建设的执着心理并不罕见。换句话说，它已是集体共识，很多知名大学已把"精致化"理念作为现代大学的治校方略，被很多人寄予了美好的希望，其人本精神和科学精神被高校学生工作作为一种理念、一种文化、一种习惯，用以表达以生为本的决心和追求。毫无疑问，学生工作"精致化"建设已成为包括广大学生在内的大多数人心中的公约数。坚持以人为本、追求精益求精、崇尚至善至美的工作境界，是"精致化"理念的要义所在，需要在"精心"上提要求，在"精细"上做文章，在"精巧"上下功夫。在这个意义上，广金人在学生工作中的一次次思想碰撞，多是让人欣喜的。

大学校园文化的精致化建设思考

——"幸福班集体"活动经验总结

霍煜妍

摘　要：大学校园文化建设要以大学生的发展需求为中心，活动的形式要丰富，内容要适宜，管理工作应当以学生组织内部成员起引领作用。借鉴"幸福班集体"活动的经验，思考我系团学联的管理建设方向，既要关注大局，也要注重细节，精心设计执行方案，精细安排工作内容，精巧组织成员开展工作，共创我系新辉煌。

关键词：精致化；学生工作；细节

"精致化管理"这一概念，准确来说，是科学精神与人文精神相互交融的管理，是追求卓越、精益求精、周到细致、精雕细刻的管理，是既注重细节、过程，又重视结果的管理，是质量与效益同步提高，教育投入与教育产出均衡的管理。把人的发展放在至高无上的地位，通过打造精致化课程，以精致化思想为指导，围绕学生的发展精心设计，精心安排，精心组织，能使学生受到潜移默化的教育。实施精致化教学，营造精致化校园环境及精致和谐的人际氛围，实现至真、至善、至美的理想目标。

我对它的理解是这样的，大学校园的学生组织，是管理与活动的主要负责者。无论是活动形式的设计，活动内容的安排，还是管理方式的变革，要以学生的发展需要为中心。就以活动的开展为例，活动的前期策划是最不能草率的，这关乎一个活动的初衷是否站在高起点、是否符合学生的发展要求，关乎一个活动成效是否突出，而不是在活动开展时发现一开始就错误，或者活动结束后才发现不仅得不到学生的支持，反而有了反效果。因此，为了改进这种不适应学生发展的费时耗人力的大学校园文化活动，大学校园的学生组织应该采用精致化管理的方式，凡事都要从细节入手，做到精细、精致。

大学校园是一个大学生自主学习、自主发展的宽广平台，校园文化活动也应该以学生为中心。活动的开展不仅要贴近学生的学习和生活，符合学生的意愿，更要能够通过活动正确引导学生，让学生走向健康发展的道路。

精致化建设的提出，为大学校园文化建设注入了新鲜、正确的理念。大学校园文化建设与精致化管理的结合，可谓是继承与创新的典范。我们不妨细读我对本系学生会活动实例的经验总结，来体味这种结合的优势所在。

一、活动实例介绍

"幸福班集体"评比活动是广东金融学院公共管理系的特色系列活动之一，这是一个由我系学生会面向该系全体班级开展的评比活动，通常在每年的3~5月份开展。该项特色活动，通过开展一系列小活动，旨在加强班级凝聚力，丰富学生文化生活，从而进一步促进校园文化繁荣。此活动已成功举办六届并取得了不错的成效，是一项实践时间长、师生参与面广、主题健康向上、教育效果显著的校园文化建设项目。今年的第六届"幸福班集体"活动已经圆满落幕了，本次活动的开展，为研究精致化建设提供了实例。

活动的前期策划时长近一个月。策划小组首先讨论各自做出的策划方案，研究每一份方案的细节，结合活动的宗旨和目的，以及有活动经验的师兄师姐意见，整合策划书，讨论活动如何开展。从形式到内容，从借鉴经验到大胆尝试，从个人力量到团队力量，我们的活动是经过精心筹备的。

关于我系的"幸福班集体"评比活动的简介如下：

为切实加强系风、学风、班风建设，充分发挥班集体的基层作用和学生干部的骨干作用，强化学生"德智体美劳"全面发展的观念，同时，为培养广大学生的集体精神，增强大学生的集体观念，从而有效地配合学生思想政治教育和管理工作，广东金融学院公共管理系特此开展"幸福班集体"评比活动。

大学生活就是集体生活，大学生们除了宿舍舍友外，接触较多的则要数社团和班级了。学习互助、节日互送礼物、活动共同参加，这些都是我们设想的幸福，是属于一个集体的幸福。因此，该系的"幸福班集体"评比活动立足班集体，通过全面的考核以及有趣的活动去衡量一个班级的幸福感。但"幸福班集体"评比活动并不仅仅停留在严肃的资料评比层面，而是增设了具有趣味性、真正能让大多数同学参与其中并能增强班级凝聚力和幸福感的系列活动。该活动的主办方考虑继承性，也考虑创新性，在沿用过往活动效果佳的部分的同时，也根据活动的反馈情况不断地进行改进和创新。

二、实施成效与经验

在我看来，更重要的是通过总结本活动的形式与内容，来体现大学校园文化的精致化建设。

2005年，广东金融学院公共管理系开创"和谐班集体"活动。2013年，我系积极响应构建社会主义和谐社会和建设幸福广东的号召，努力实践建设和谐校园、幸福班级的成果，将"和谐班集体"正式更名为"幸福班集体"。

"幸福班集体"活动既得到参赛班级的积极响应，也得到了领导的肯定和认可,这为我们继续开展更好的活动与申报高校校园文化建设优秀成果备足了信心。

2013年公共管理系第五届"幸福班集体"评比活动3月20—4月2日在广东金融学院校内举行。该次活动主要有班级摄影展活动、"幸福班集体"资料评比以及幸福班级成果展三大部分。

第一部分,班级摄影展的开展方式主要是:各参赛班级提交照片,经过精心制作后,在校园内公开接受投票,票数最高的照片所在班级将获得相应的奖励。一个个班级成员构成的美好画面,向师生们展现了班集体的凝聚力和传递着班级成员的幸福感。照片能把时光定格,能记录过往发生的事情,能比较直观地反映照片中集体的幸福程度。公开展示吸引了众多人围观,也让更多的人了解到我系"幸福班集体"活动,扩大了该活动的影响力。

第二部分,"幸福班集体"资料评比是整个活动中较为严肃的部分,其开展方式主要是:各参赛班级按照评比方案提交相关的资料,交由策划小组按照评分细则进行客观评分。这部分的分数包括幸福组织、幸福生活、幸福成就以及各班参与本次活动的积极性,这一部分得分占总成绩的60%。一个幸福的班集体必须拥有一个全心全意为同学们服务的组织,组成班集体的核心。能否有幸福的校园生活很大部分取决于我们能否有一个快乐充实的课堂生活;课外生活在学习的过程中是丰富多彩的,或晓歌齐唱,或深夜卧谈,或阔论当代,或脱缰齐跑……我们在为班集体争光的同时,不仅赢得荣誉,而且还收获友谊,这种成就感就是幸福。只有每个同学都积极地参与到"幸福班集体"的评选活动中,我们的班级才能真正算得上是幸福;只有每个班级都积极地参与到"幸福班集体"的评选活动中,我们公共管理系才能真正地抵达幸福的彼岸。

第三部分,幸福班级成果展是整个活动过程中较为轻松有趣的一个环节,每个班级准备PPT演讲或特色的表演节目,由评委按照评分准则进行客观评分,在场观众可以感受到班级的温馨、幸福、快乐与团结。而这一部分的得分则占总成绩的40%。当晚成果展上,各班以PPT、微电影、电子书等新颖多样的形式回顾了大家一起追逐梦想的道路,重温了曾经学习、生活的点点滴滴,展示了班集体团结进取的精神风貌和温馨幸福的集体氛围。

最后,根据两个主要部分的加总成绩,分年级评出奖项,以激励获奖班级继续发扬集体精神,也鼓励未获奖班级继续努力,在下一次活动中创佳绩。当然,这几部分活动目的在于让同学们认识到得奖不是关键,活动的更重要的意义在于从活动中收获班级凝聚力、班级幸福感和集体参与的乐趣。

2014年公共管理系第六届"幸福班集体"评比活动在4月21日至5月21日期间,再次在广东金融学院校内举行。本次活动在保留过往活动形式的基础上,新增了一项户外定向越野活动——"公管夺宝"。该活动灵感来源于当代大学生身体素质较差,较少参加体育锻炼这一现状,同时希望增强评比活动的趣味性,故决定增设该项目。这一户外活动的开展,既达到了增强各班凝聚力和培养团结合作精神的目的,也让本系同学参与到户外活动中,锻炼了身体,体验到集体活动的趣味所在。

三、未来发展之路

纵观以上两届活动的举办，确实达到了该活动的目的，大部分班级在活动期间、活动之后表现得积极、团结，也对下一次活动充满期待。"幸福班集体"评比活动的举办，能够使新生增强对学校、对班集体的归属感和认同感，也能够让高年级的学生更加重视集体生活，为学习、生活甚至以后的工作奠定更加坚实的基础。

2014年是我系团总支与学生会联合的第一年，作为其中一员，我既有策划与执行"幸福班集体"活动经验，也有部门工作经验。在总结了以上活动经验之后，对于我系团学联的未来发展之路，我认为不仅要关注大局，更要注重细节。首先，"幸福班集体"活动虽然总体上是成功的，但是人总有缺点，活动办起来也会有纰漏。我们不可能要求学生组织在开展活动和管理学生工作的时候不出错，但是必须要做到的是，在做每一项工作之前，无论大小，都要有一份实施方案。而实施方案的制作，要发挥众人的智慧。然后，关于学生的管理工作，团学联要稳定内部，才能发挥团学联成员的力量，管理好我系学生的方方面面。

整合资源，创新载体，构建活动长效机制，扎实推进校园文化建设，打造校园文化活动品牌，形成学生管理有效机制，建设优秀公管，是我系团学联日后的发展方向。我们必将在过往的基础上不断改革创新，不断提高活动与工作的针对性和整体成效，开创我系的新辉煌！

高校院系团学联组织精致化建设思考

——以广东金融学院公共管理系为例

殷晓蓝

摘　要：精致化管理的本质意义就在于它是一种对战略和目标分解细化和落实的过程，是让组织的战略规划能有效贯彻到每一个环节并发挥作用的过程，同时也是提升组织整体执行能力的一个重要途径。目前，广东金融学院公共管理系学生会和团总支刚合并成团学联，在精致化建设上还有很多的不足，未来的工作任重而道远。团学联要进一步提升学生工作队伍的专业素质，为提升其工作的精致化水平发挥积极的推动作用。

关键词：精致化建设；团学联；不足

　　精致化管理是现代管理学中一种重要的理念和文化。现代管理学认为，科学化管理有三个层次：第一个层次是规范化，第二个层次是精致化，第三个层次是个性化。精致化管理源于日本20世纪50年代的一种企业管理理念，后来被广泛应用于各种组织的管理之中。它是建立在常规管理的基础上，将常规管理引向深入的基本思想和管理模式，并以最大限度地减少管理所占用的资源和降低管理成本为主要目标。精致化管理的本质意义就在于它是一种对战略和目标分解细化和落实的过程，是让组织的战略规划能有效贯彻到每一个环节并发挥作用的过程，同时也是提升组织整体执行能力的一个重要途径。一个组织在确立了精致化管理战略后，就需要结合企业的现状，按照精致化的思路，找准关键问题、薄弱环节，分阶段进行，每个阶段完成一个体系后便实施运转、完善一个体系，最终整合全部体系，实现精致化管理在组织发展中的功能、效果、作用。同时，在精致化管理过程中，要树立规范性与创新性相结合的理念。[1]学生会和团总支等学生组织是连接老师与学生的桥梁，也是为学生服务很重要的部分。将精致化推行到学生组织管理工作中，能够维持学生组织的可持续发展，强化高校学生组织工作的科学性和人文性，加强组织与组织间和组织内部的沟通，使学生组织更好地促进老师与学生的沟通，更好地为学生服务。作为广东金融学院公共管理系团学联的一员，我将对团学联精致化建设中出现的问题提出一些建议。

一、坚持以人为本的服务理念

团学联成立的宗旨是为学生服务。它帮助学生与老师沟通，连接老师和学生，它也通过举办各种活动为学生提供各种锻炼的平台。所以，首先，团学联的学生干部不应当以管理者的姿态与非干部的学生沟通，而应以一个服务者、合作者的姿态，从学生的角度出发，和他们商量沟通各项工作，重视服务的态度，让双方心情舒畅，把事情办好。其次，要多了解学生的实际情况，根据学生的需要举办活动。有的学生干部煞费苦心地组织的活动却没有太多人参加，成效不太好。这就要求学生工作者为学生提供人性化的服务，了解学生的切身利益和重点需要，根据学生的切实需求来举办活动，把服务做到点子上，不要为了举办活动而举办活动。最后就是建立完善的反馈制度。现在团学联在进行任何一项工作时都只是单向地向学生传递信息，没有建立双向的沟通制度。学生对团学联的工作有任何意见和需要都没有路径去表达，只能私下抱怨一下。团学联应当建立有效的反馈制度以供组织内部和外部人员针对团学联的工作提供他们的意见，从而使团学联优化组织工作，更好地为学生工作。

（一）要拓宽服务渠道，使服务方式多样化

团学联在举办活动时，可增加体验式活动等各种各样的活动，丰富活动的形式，让学生走出课堂和学校，在直接接触中开阔视野，丰富认识，将课堂知识和实践经历结合起来，达到学以致用的效果。比如公共管理系可与社工组织合作，举办相关的社工活动，使学生在参与社工活动的过程中巩固在课堂上学到的社会工作知识。

（二）要强调工作纪律，使办事效率系统化

一个组织的纪律性和办事效率的好与坏是评判一个组织很重要的标准。团学联的工作应当形成一个系统，学生干部在系统流程内完成工作，提高组织的工作效率和纪律性，让高效成为公共管理系团学联的标志。

（三）要改善会议管理，使工作部署高效化

（1）在学期末，各部门的活动基本上已经结束，部长会议能不开就不开，节省系办资源，也避免影响大家的期末复习。

（2）理事会要做好会议气氛的引导，避免会议氛围过于松散，提高会议效率，保证问题能够得到解决。

（3）会议前书记处要先和部长们进行简单的沟通，了解会上可能会讨论到的问题。若问题争议较大，要在会前进行初步的沟通协调，避免会上问题争议过大，导致会议气氛僵化，会议效率降低。

（4）要申明会议纪律，台上人员发言时台下人员应当保持安静。会议过程中也避免出现大声喧哗、起哄等现象。

二、建设运行有序的组织文化

一个组织应当建设自己部门优秀的组织精神和组织服务文化，塑造优秀的部门形象。文化是一个组织的灵魂，是一个组织进行活动的宗旨，它对组织成员的成长和组织的发展起着很重要的作用。通过建设组织文化，组织能够对外建立起一个明确的组织形象，并通过文化的建设来增强组织的凝聚力，维护部门成员的感情，吸引和留住优秀的人才。

（一）团学联部门间的交流相对较少，要加强内部交流

现在团学联各部门各有各的活动，团学联内部交流相对较少，从而导致各部门信息交流不畅，降低工作效率。我个人认为各部门之间应加强交流，学习彼此优秀的管理、工作方法，这样不仅可以提高各部门的工作效率、促进各部门的进步，还可以增强团总支内部总体的凝聚力。

（二）我系团总支需要加强与外系的交流

因为工作需要，组织部和秘书部与组织系统、秘书系统有很好的交流与相互学习机会，素质拓展部和红会与外系的交流也较多。但是除此之外，团总支大部分部门跟外系交流较少，而常用的邀请外系嘉宾等交流方式很多时候也只是流于形式，不能实现真正的有意义的交流。"他山之石，可以攻玉。"加深与外系的交流无论是对整个团总支还是对各个部门的进步、创新都很重要，所以团学联各部门需要加强与外系对应部门的深层次的交流。理事会也可动用自身资源帮助各部门建立合作关系。

三、解决组织存在的突出问题

由于学生时间难以配合、积极性不高、宣传不到位等，所以导致活动效果不好，比如青协的志愿活动参加的人为少数固定的人；又比如学习调研部的调研报告交给老师审核后其实并没有太多的学生能看到，从而达不到最初"通过调研给我系学生提供建议"的目的，外联部拉回来的讲座参加人数较少等。针对以上情况，我认为部门自身要积极寻找解决办法，提高宣传力度，调动学生参与的积极性，确保活动成效。理事会也需要加强对各活动的监督，必要时提供帮助、指导。

（一）团学联的活动创新空间较小，灵活性较低

目前来说，无论是模拟公务员考试、党团学新生干部培训等大型活动，还是各部门举办的相对小型的活动，都已经有了一个相对固定的模式，没有进行创新、修改、调整。这样的活动缺乏活力，组织成员在很大程度上成了一个执行者，而不是策划者，从而导致成员工作积极性不高，能力也不能得到更好的锻炼。所以，团总支亟须集思广益，策划一个灵活性高的创新性活动。

（二）团学联需要改善人才的选拔、管理、培养方式

（1）各部门在招新的时候没有明确的选择标准，主观随意性较大。个人认为，各部门需要明确人才选择标准，设定出条例，在招新过程中灵活应用，降低主观随

意性。

（2）由于部分部门会受到比较多人才的青睐，但是部门招收的名额不多，这样就容易导致人才的流失。所以，若这几个部门在招新过程中发现有优秀人才却又不太适合自己部门时，可以推荐给其他部门，让其他部门与面试者进行沟通，从而更好地避免人才的流失。

（3）团学联可以实行实习生制度。在一段时间内，有的部门会比较忙，而有的部门会比较清闲，这样就存在着一定的人力资源的浪费。实行实习生制度，当本部门工作较少时，部门成员可以申请到其他部门进行实习，协助其他部门的工作。这样一来可以加强部门间的联系，也可以减少人力资源的浪费。

（4）部长是一个部门很关键的一个人物。一个好的部长不仅要带领成员完成各项工作，还要让部门成员在活动中得到成长，并推动部门的发展。所以，必须经过严格的考察后选出最合适的人选，而不是谁有意愿有热情就去当部长。书记处也应当对部长们进行工作和管理上的监督和指导。

（5）在开部长会议的时候，如非重要的工作安排，部长可以让成员代为参加。在开会的过程中，与会者语言组织、思维、反应等各方面的能力可以得到很好的锻炼，也可以从中了解各部门不同的做事风格。参加部长会是一个很好的学习机会。

（三）淡化等级观念

现在团学联中有些部门负责的工作相对比较关键，会无意间形成部门等级差异。但是部门地位不对等容易导致各部门成员间形成心理落差，一旦利益发生冲突，这样的不对等、心理落差会加深部门间的矛盾，不利于维持团学联内部的团结。所以，理事会和各部门成员在日常活动中要淡化部门等级观念，强调部门间的平等，理事会在处理部门利益冲突时要保持中立，不偏袒某一方。除此之外，部门内部也不应当有部长、副部长等职位观念，部门内部事务相互协调，部长只起统筹作用，大家地位平等。

四、结语

综上所述，公共管理系团学联在精致化建设上还有很多的不足，未来的工作任重而道远。团学联要进一步提升学生工作队伍的专业素质，为提升其工作的精致化水平发挥积极的推动作用。

参 考 文 献

[1] 龚文华. 高校学生工作精致化管理模式研究 [J]. 湖南涉外经济学院, 2011（8）: 16 – 17.

以精致化建设引领高校学生工作

——以广东金融学院"模拟公务员大赛"为例

郑剑鸿

摘　要：高等教育的快速发展与变革使传统的学生工作模式已很难满足现代人才培养和学生主体性发展的需要。高校学生工作精致化模式作为目前高校教育领域的重要理论创新成果，对于推动高校学生工作的开展具有十分重要的意义。本文将从高校学生工作精致化的内涵入手，进一步分析创新高校学生工作模式，采用精致化管理模式的重要性，结合工作实际，试图探索出一条适合实际需求的高校学生工作精致化管理模式。

关键词：模拟公务员大赛；学生工作；精致化

一、前言

高等教育的快速发展与变革使传统的学生工作模式已很难满足现代人才培养和学生主体性发展的需要。高校学生工作精致化模式作为目前高校教育领域的重要理论创新成果，对于推动高校学生工作的开展具有十分重要的意义。本文将从高校学生工作精致化的内涵入手，进一步分析创新高校学生工作模式，采用精致化管理模式的重要性，结合工作实际，试图探索出一条适合实际需求的高校学生工作精致化管理模式。

二、模拟公务员大赛简介

近年来，随着高校的扩招和社会就业压力的日渐增大，国家公务员考试逐渐升温。如何让那些有意愿报考公务员的大学生在众多的竞争者中脱颖而出？基于此原因，我系特举办了此次公务员模拟大赛，为大家提供一个锻炼机会。

该活动由广东金融学院主办，广东金融学院公共管理系是承办单位，而华图教育集团公务员考试中心广东分校则是此次活动的协办单位。活动流程主要有活动组织形式、活动前期准备以及活动工作安排。

活动组织形式分为咨询培训讲座、行政能力笔试和两轮面试。在活动前期准备

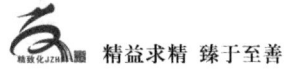

中,我们通过网络宣传和实物宣传等更广泛更具吸引力的方式,使得大部分师生都关注我们、支持我们。活动工作安排是由整个公共管理系团总支共同参与,对人员进行合理分工,书记处、宣传部、网信部、外联部、社会实践部、秘书部以及组织部、青协、红会,都各司其职、各尽其力。一切都是井然有序,工作部署安排周到。

三、关于学生工作精致化的设想与探讨

(一)学生工作精致化的概念与设想

学生工作是指以学生为中心,为学生成长、成才提供帮助和支持的重要教育工作,是高等教育、素质教育中不可或缺的有机组成部分。同时,学生工作必须服从于教学、科研工作,为高校的教学、科研工作从学生思想、生活角度提供有力的支持与保障。高校学生工作,广义讲,就是学校对学生实施的教育、管理、服务工作的总称。学生是学校的主体,学校的一切工作都是因学生的存在而存在,没有学生,学校工作就失去了意义。

"精致化"的概念最早来源于管理学领域,通常被称作"精致化管理",要求管理工作做到制度化、格式化、程式化,强调执行力和绩效评估。台湾学者最早将这一概念引入基础教育领域,提出了"精致教育"理念。模式是以开展工作的目标、内容、形式、方法为支撑的相对稳定的工作运行系统。高校学生工作的"精致化"是一种管理理念,一种教育模式,更是一种价值追求。

"精致化"的核心思想是"以人为本",在教育过程中结合了"科学管理"和"人本管理"的优势,对于提升学生素质、促进全面发展大有裨益,有利于形成"人人成才"的良好局面。另外,"精致化"以实现每个受教育者"自由而全面的发展"为根本目标,在教育实践中倡导"因材施教",注重发挥学生个人的主体性和主动性,有利于培养高素质创新型人才。工作中,要改变传统学生工作观念,研究当代大学生的特点,要树立现代学生工作新理念,积极主动地做好学生工作。

(二)开展学生工作精致化面临的问题

目前高校学生工作存在的主要问题有:工作职能上管教过多,服务过少;教育方式上言教过多,身教过少;管理方式上指挥过多,指导过少;服务方式上被动过多,主动过少,影响了学生工作的绩效。新时期高校学生工作要实现由"被动防御型"向"引领发展型"的根本转变,这就需要我们积极构建高校学生工作精致化新模式。

从"改进"的角度来讲,"精致化"提出的时间还不长,各项工作都还在萌芽状态下,"改进"时机尚未成熟,仍然需要在前行中继续摸索,不断深入贯彻落实。当然,在前进的过程中,我们应当不断发现问题,及时修正。毕竟,育人过程有其自身的综合性与阶段性特征,"精致化"众多工作维度中的一个维度就是具体设定工作要求,也就是说除了"精致化"的要求以外,我们还有其他角度的要求和目标设定,只是当前我们重点强调"精致化"而已。换言之,学生工作系统的

全体干部、教师既要在"精致化"理念的指导下细致工作，不断探索，又要围绕育人工作的初衷和根本，统筹兼顾，扎扎实实地做好各个方面的工作。

四、开展学生工作精致化已有经验借鉴

两年多来，北京大学学生工作系统以"精致化"为要求，开展了一系列改革和建设，全校学生工作的面貌焕然一新。进入新的一年，学生工作系统如何继续深化、落实"精致化"理念，并在现有基础上进一步提升工作水平，这些都需要进一步的理论指导和宏观规划[1]。

在过去的两年中，"精致化"已经成为北大学生工作的一个重要要求，其核心理念有效带动了工作的改进和提高。具体表现在：

第一，学工部、团委、各中心及相关院系对于"精致化"热情高涨，纷纷结合自身的工作实际，见仁见智，发表各自的看法。《北大青年研究》开设了"精致化"专题，刊发了多位同志的多篇文章，所有的文章都对提出"精致化"的发展要求给予了肯定，多数文章探讨了在相关领域进行工作实践的思路，部分文章就"精致化"的理论内涵和实现路径进行了深入的探究。客观地讲，"精致化"理念的提出，对于学生工作系统和干部教师是一个挑战，但更是一个共同思考和理论探索的机会。

第二，学生工作系统的干部教师积极贯彻"精致化"的精神，以提高本单位的工作效率，绩效喜人。"精致化"具有一定的层次性，实现"精致化"的过程对于不同人、不同单位、不同工作需要作出更加细化的要求，循序渐进，逐步理解掌握这一理念，再到科学贯彻相关原则，乃至在原有基础上实现更高的工作目标。我校学生工作系统的各单位虽然工作内容不尽相同，工作基础也不一样，但是大家都坚持贯彻精致化理念，对以此为指导改进工作都表现出了积极的态度，很多单位取得了良好的工作成效，发展态势令人欣喜。

五、关于模拟公务员大赛工作精致化的思考

为使整个模拟公务员大赛贯彻精致化的要求，结合模公的活动工作实际，提出以下推进策略。

（一）加强对工作精致化的重视，制订活动工作计划

由于整个模拟公务员大赛的时间需要一个半月左右，持续时间较长，且涉及的工作面广、人数较多，因此需要针对整个大赛的活动组织形式、前期准备和工作安排制订详细的工作计划，要具体到活动每一个环节的工作安排，考虑好每个工作人员的空余时间；如需向其他部门借用同事来进行宣传、通知、现场布置等工作时，需要跟理事会、各个部门的部长先沟通好，确定到场工作人员的人数；要考虑到每个工作环节可能出现的紧急情况，如讲座课室多媒体无法正常运作、到场工作人员人数过少等问题，要制订相关的应对计划等。

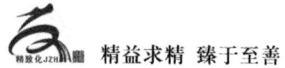

（二）加强部门成员对精致化的重视，树立工作精致化意识

要跟部门成员强调学生工作精致化的重要性，制定"精致化"的工作要求，严格要求部门成员贯彻"精致化"的要求，监督模拟公务员大赛活动流程的精致化是否达到要求，在每个工作环节中贯彻精致化要求，树立工作精致化意识，以便在今后的学生工作中坚持精致化要求，推进学生工作精致化建设。

（三）加大宣传力度，加强工作积极性，确保参赛人数与质量

由于模拟公务员大赛是我校的校园巡礼活动之一，大赛面对的是全校学生，甚至其他学校也会借此机会来提高自己，因此参赛人数会很多，但由于合作单位的工作要求和本部门对于活动成功程度的追求，我们特别重视参赛人数的质量，对于活动的前期准备和宣传极力做到最好。

为使宣传工作达到精致化要求，我们也会制订详细的宣传计划，安排相应的参与宣传人数，印制足量的宣传单，确保商家的宣传物资到位，使整个模公的宣传工作达到最好，提升模公大赛的宣传质量，增加模公的参赛人数。

六、结束语

学生工作精致化，对于我们学生工作人员来说是一项意义重大的工作。部门工作贯彻"精致化"的要求，对于部门未来发展与日常工作的进行和运转都会带来极大的益处，相信坚持贯彻"精致化"思想的我们定能举办好每一次模拟公务员大赛，让模拟公务员考试活动继续为广大金融学子考取公务员贡献力量！

后记

向精心要定力　　向精细要动力　　向精巧要活力

2014年伊始，学校党委副书记、纪委书记王秀明提出将学生工作导向精致化建设的新思路，学校各院系纷纷热烈响应，积极组织了一系列别开生面的学生工作"精致化"建设研讨活动。学生工作的诉求、学工人员的命题——"精致化"理念已成为做好我校学生工作的重要引擎，具有越来越多的现实指导意义。透过学校"精致化"学生工作窗口，让我们看到了实事求是的基本态度，也感受到了稳中求索的不懈努力，广金学生工作充溢着"精致化"走向的正能量。

一是秉持精心的定力。面对学生工作的时代性、普遍性困惑，各院系、校区学生工作勇于探索有利于学生全面发展的工作机制和工作模式，探讨有利于人才培养的指导理论和现实问题，探寻有利于学生专业学习力、社会适应力、发展创新力等工作效果增强的内容、方法和手段，探究有利于学生工作科学发展的顶层设计，以学生工作人员昂扬向上的进取心、干事创业的精气神、春风化雨的创造力、攻坚克难的好担当，积极倡导和不断推进"精致化"学生工作，才能使常规工作有序运行，重点工作目标闪现，特色工作动力集聚，广金人始终有做好学生工作的虔诚和愿望。与此同时，当前学生工作的各种压力依然较大，稳中向好的基础还需要夯实，辅导员职业倦怠的问题值得高度重视。如何推进工作、怎样应对问题，既测试着学生工作人员的学习力，又考验着学生工作队伍的执行力。

二是追求精细的动力。学生工作是一项系统性工程，唯有持之以恒的信念坚守，始终坚持底线思维，始终坚持问题导向，努力激活全体学工人员的智慧存量，创新工作方式，提高工作效率，沉着应对工作中的各种压力，以追求精细为动力，方能成就"以人为本"的学生工作"精致化"格局。纵观高校学生工作压力产生的缘由，固然有社会环境、学生规模、生源素质等各方面的原因，也有学生发展需求多元化、学生文化特质个性化、学生认知结构碎片化等诸多因素，同时也与高校学生工作发展速度是否匹配、驱动方式是否协调等有必然的联系，进而引发学生工作定力、动力及活力等诸多思考和讨论。显而易见，学习贯彻"精致化"理念，既是学生工作在合理区间稳定运行的主动选择，也是学生工作保持连续性和稳定性的思想储备，更是学生工作继续拓展充分发展空间的根本保证。

三是着眼精巧的活力。学校推进学生工作"精致化"建设，需有着眼精巧的活力。通过推进学生工作观念转变和制度完善，准确把握高校学生工作的基本特征和时代取向，是"精致化"理念在学生工作中起关键性作用的源头活水。学生工作持续发力，既要谋好篇、布好局，审时度势，牵住学生工作的牛鼻子，又要补短板、强实体，提质增效，走好人才培养的先手棋，使学生工作更好地遵循办学规律的科学发展，更好地遵循人才培养规律的可持续发展，更好地遵循学生工作规律的包容性发展。把学生工作导向"精致化"建设，彰显了学校对学生工作发展趋势的准确把握，凸显了学校对学生工作发展策略的科学谋划。只有摒弃重拾精神、重树理念、重燃激情的畏难情绪和茫然心理，克服工作中的种种困难和压力，才能保持稳健前行的基本潜力，释放教书育人、立德树人的应有张力。

常言道：欲认其形，先观其势。登临高峰回顾，弯曲的来路方能清晰。只有从人才培养的全局高度，全面审视当前学生工作的方向和内容，从学校发展的长远角度，客观评价当前学生工作的思路和效果，才能正确判断学生工作的未来走势，准确把握当前学生工作的基本特点，并进行有针对性的规划和推动，因势而谋、应势而动、顺势而为。

"千川汇海阔，风好正扬帆。"学生工作者们需抓住机遇，携手同行，共同谱写学生工作"精致化"建设新篇章。

广东金融学院党委学生工作部部长、学生工作处处长　李国岳
2015 年 3 月于广州